城市轨道交通及地下工程建设人员培训教材

城市地铁工程
施工质量管理指南

中建三局集团有限公司　组织编写
程景栋　主编

中国建筑工业出版社

图书在版编目(CIP)数据

城市地铁工程施工质量管理指南 / 中建三局集团有限公司组织编写；程景栋主编. — 北京：中国建筑工业出版社，2021.3

城市轨道交通及地下工程建设人员培训教材

ISBN 978-7-112-25879-6

Ⅰ. ①城… Ⅱ. ①中… ②程… Ⅲ. ①地下铁道—铁路工程—工程施工—质量管理—技术培训—教材 Ⅳ. ①U231

中国版本图书馆 CIP 数据核字(2021)第 026414 号

本书为城市轨道交通及地下工程建设人员培训教材。主要内容包括地铁工程质量管理概述、地铁工程质量管理组织机构、车站土建工程施工质量控制、停车场土建工程施工质量控制、区间隧道土建工程施工质量控制、轨道工程施工质量控制、站后工程施工质量控制、试验检测管理、施工测量管理、样板工程管理以及地铁工程质量管理的思考。本书可作为从事城市轨道交通地铁工程的相关技术人员参考用书。

责任编辑：李　阳
责任校对：李欣慰

城市轨道交通及地下工程建设人员培训教材
城市地铁工程施工质量管理指南
中建三局集团有限公司　组织编写
程景栋　主编
*
中国建筑工业出版社出版、发行（北京海淀三里河路9号）
各地新华书店、建筑书店经销
北京红光制版公司制版
北京建筑工业印刷厂印刷
*
开本：787毫米×1092毫米　1/16　印张：15½　字数：382千字
2021年5月第一版　2021年5月第一次印刷
定价：**45.00**元
ISBN 978-7-112-25879-6
(37149)

本书编委会

前　言

近年来，我国各大城市规模不断扩大、人口数量快速增长、机动化出行需求剧增，城市交通拥堵及尾气污染已成为阻碍城市发展的重要因素。地铁区别于传统的机动化出行方式，是一种大容量、便捷、快速、环保、可持续发展的城市公共交通方式，能够有效缓解城市交通拥堵、改善城市环境质量、提高居民出行水平、优化城市空间布局，是城市未来发展的大趋势。截至2020年底，中国大陆地区共有45个城市开通了城市轨道交通运营线路208条，运营线路总长度7978.16km。其中，地铁运营线路6302.79km，占比79%；其他制式城市轨道交通运营线路1675.40km，占比21%。与此同时，由于地铁建设施工复杂、工艺要求高、资金投入大，随之也导致了地铁工程施工风险更大、返工成本更高，做好工程质量管控显得尤为重要。

为实现工程目标进行工程质量过程管控是必不可少的工作。地铁工程质量管控应做到事前、事中、事后管控相结合，从而把握施工过程中的每一个环节，真正实现对施工质量的有效控制和管理。本书依托中建三局集团有限公司承接的首条地铁全线工程（成都轨道交通6号线三期工程），以国家质量验收规范、工艺标准和中建三局集团有限公司相关施工工艺与质量标准为依据，详细介绍了车站以及停车场土建工程施工质量控制、区间隧道工程施工质量控制、轨道工程施工质量控制、站后工程施工质量控制、试验检测管理、施工测量管理、样板工程管理等方面内容。本书可作为地铁工程项目现场专业工程技术与管理人员的培训教材，也可作为地铁施工管理的参考用书。

本书编写工作得到了成都市建设工程质量监督站轨道交通分站、成都轨道交通集团有限公司等单位的大力支持与帮助，在此一并表示诚挚的感谢！

由于时间仓促，书中难免存在一些疏漏，真诚恳请广大读者给予批评指正。

目　录

1 地铁工程质量管理概述

1.1 地铁工程相关定义

地铁是在城市中修建的快速、大运量、用电力牵引的轨道交通。本书主要介绍城市地铁工程的施工和质量管理。地铁工程施工质量验收的程序和组织可以参考本书执行，具体专业施工和验收还需要参照相应的专业验收规范。

1.1.1 地铁定义

地铁，即“地下铁路”的简称，英语为 Metro（Underground Railway or Subway），原本指在地下运行的城市轨道交通系统，但随着城市轨道交通系统的发展，实际上地铁有时会因建造环境而将部分路线铺设在地上。地铁是沿着地下铁路系统的形式逐步发展形成的一种用电力牵引的快速、大运量的城市轨道交通模式。地铁是路权专有的，无平交，列车在全封闭的线路上运行，位于中心城区的线路基本设在地下隧道内，中心城区以外的线路一般设在高架桥或地面上。主要包括车站和区间两部分。

1.1.2 车站定义

车站是城市轨道交通路网中一种重要的建筑物，它是供旅客乘降、换乘和候车的场所。车站应保证旅客使用方便、安全、迅速地进出车站，并有良好的通风、照明、卫生、防火设备等，给旅客提供舒适、清洁的环境。

地铁车站由主体结构和附属结构组成，主要由站厅层、站台层、设备层、出入口及风亭组成。地铁站台按照线路分布情况，又可分为岛式站台、侧式站台以及混合式站台。

1.1.3 区间隧道定义

区间隧道主要是指连接地铁线路中相邻地铁车站间的隧道。主要用于通行地铁列车，包括行车隧道、渡线、折返线、地下存车线、联络线及附属建筑物。

1.1.4 地铁车站施工工法

目前地铁车站主要施工工法包括明挖顺作法、盖挖顺作法及盖挖逆作法。

1.1.4.1 明挖顺作法

明挖顺作法简称明挖法，指的是地下结构工程施工时，从地面向下分层、分段依次开挖，直至达到结构要求的尺寸和高程，然后在基坑中进行主体结构施工和防水作业，最后回填恢复地面。

明挖法是各国地下铁道施工的首选方法，在地面交通和环境允许的地方通常采用明挖法施工。明挖法具有施工作业面多、速度快、工期短、易保证工程质量和工程造价低等优点，但因对城市生活干扰大，应用受到各种因素的限制，尤其是当地面交通和环境不允许时，只能采用盖挖法或新奥法。明挖法适用于浅埋车站、有宽阔的施工场地，可修建的空间比较大，如带有换乘站、地下商场、休息和娱乐场所及停车库等的地下综合体车站，如上海地铁徐家汇站。

明挖法的关键工序有降低地下水位、边坡支护、土方开挖、结构施工及防水工程等。其中边坡支护是确保施工安全的关键技术。

1.1.4.2 盖挖顺作法

作业顺序为在地面修筑维持地面交通的临时路面及其支撑后，自上而下开挖土方至坑底设计标高，再自下而上修筑结构。适用于建筑物比较密集、地面交通繁忙、场地条件比较狭窄且规模较大的基坑工程，对于开挖范围较大、地下水位高、地层自稳能力较差、降水比较困难的地下工程或采用敞口开挖难以保证施工和环境安全时，可考虑采用盖挖顺作法。

1.1.4.3 盖挖逆作法

作业顺序与传统的明挖法相反，开挖地面修筑结构顶板及其竖向支撑后，在顶板的下面自上而下分层开挖土方分层修筑结构。当开挖面较大、覆土较浅、周围沿线建筑物过于靠近时，为尽量防止因开挖基坑而引起的邻近建筑物沉降，或需要及早恢复路面交通，但又缺乏定型覆盖结构时采用盖挖逆作法施工。

1.1.5 区间隧道施工工法

目前区间隧道主要采用暗挖法，具体可分为盾构法和矿山法。

1.1.5.1 盾构法

盾构法指用盾构机修筑隧道的暗挖施工方法，在盾构钢壳体的保护下进行开挖、推进、衬砌和注浆等作业的方法。一般适用于从岩层到土层的所有地层。但对于复杂的地质条件，或特殊地质条件，应进行认真的论证并选型。对于盾构穿越下述地层，应结合盾构性能进行细致分析和论证，如整体性较好的硬岩地层、岩溶、膨胀岩、含坚硬大块石的土层、卵砾石层、高黏性土层，或可能存在不明地下障碍物的地层等。

1.1.5.2 矿山法

矿山法指用开挖地下坑道的作业方式修筑隧道的暗挖施工方法。传统的矿山法指用钻眼爆破的施工方法，又称钻爆法，现代矿山法包括软土地层浅埋暗挖法及由其衍生的其他暗挖方法。它是以木或钢构件作为临时支撑，待隧道开挖成型后，逐步将临时支撑撤换下来，而代之以整体式厚衬砌作为永久性支护的施工方法，是山岭隧道最常用的施工方法，我国的铁路、水路、公路等地下通道绝大多数采用此种方法修筑。现代矿山法的基本原理主要是隧道开挖后受爆破影响，造成岩体破裂形成松弛状态，随时都有可能塌落，基于这种松弛荷载理论依据，其施工方法是按分部顺序采取分割式一块一块的开挖，并要求边挖边撑以求安全，所以支撑复杂、木料耗用多。随着喷锚支护的出现，使分部数目得以减少，并进而发展成新奥法。

1.2 工程质量管理

1.2.1 工程质量管理概述

工程质量管理是指为保证和提高工程质量，运用一整套质量管理体系、手段和方法所进行的系统管理活动。工程质量好与坏，是一个根本性的问题。工程项目建设投资大、建成及使用时期长，只有合乎质量标准，才能投入生产和交付使用，发挥投资效益，结合专业技术、经营管理和数理统计，满足社会需要。世界上许多国家对工程质量的要求，都有一套严密的监督检查办法。

1.2.2 工程实体质量管控

工程实体质量管控是指按照“施工质量样板化、技术交底可视化、操作过程规范化”的要求，对涉及主体结构实体质量的关键工序做法以及管理要求作出相应规定，主要包括材料设备进场管理、样板示范、施工工序控制、成品保护、质量隐患排查及预防、缺陷整改处理、成品保护、质量管理信息化建设等。

1.2.2.1 材料设备进场管理

(1) 建立材料设备进场验收和使用前检验制度。材料设备进场时，应对其质保书、合格证、外观质量、品牌规格型号、数量、检验情况等进行核验，并进行标识；材料设备进场后如需进场复检的，应及时按规范要求进行进场复检，复检合格并报监理批准后方可使用；复检不合格的，应及时退场，相关资料应齐全。

(2) 建立材料设备现场管理制度。材料设备进场后，管理员进行分类、分级管理；材料设备仓库的选址应有利于材料的进出和存放，符合防火、防水、防盗、防风、防变质的要求；进场的材料应按型号、品种分区堆放，并分别编号、标识；有防潮湿要求的材料，应采取防潮湿措施，并做好标识；有保质期要求的库存材料应定期检查、防止过期，并做好标识；易损坏的材料应保护好外包装，防止损坏。

(3) 严禁使用不合格的材料；禁止使用已被淘汰、被禁止使用的建材产品或施工技术（工艺）。

(4) 对涉及结构安全的试块、试件以及有关材料应按规定进行见证取样检测。

1.2.2.2 样板示范

在分项工程大面积施工前，应以现场示范操作、视频影像、图片文字、实物展示、样板间等形式直观展示关键部位、关键工序的做法与要求，使施工人员掌握质量标准和具体工艺，并在施工过程中遵照实施。样板工程应符合现场实际，以同等施工条件下可以普遍达到的为准。通过样板引路，将工程质量管理从事后验收提前到施工前的预控和施工过程的控制。按照“标杆引路、以点带面、有序推进、确保实效”的要求，积极培育质量管理标准化示范工程，发挥示范带动作用。

1.2.2.3 施工工序控制

(1) 在施工过程中应坚持“自检、互检、交接检”程序，落实“三检”制度，提高自我管理、自我控制以及自我提高的能力。

（2）应组织开展施工班组间的以“工前教育、工中检查和工后讲评”为主要内容的“三工”活动，提高质量管理的实际效果，防止质量问题重复发生。

（3）质量管理强调过程控制，对于达不到质量要求的施工工艺必须进行改进，把质量通病消灭在萌芽状态。

（4）工序完成之后，由工班长进行自检。自检合格之后，应向项目部质检员报检。项目部质检员根据本分项工程的控制要点进行验收，验收合格之后携带填好的质检表格向监理工程师报检。

1.2.2.4 质量隐患排查及预防

（1）应建立质量隐患排查及预防管理制度，并明确责任，落实到人。

（2）排查内容应全面，对容易产生质量隐患的工序、部位应作为重点控制对象进行排查。

（3）对排查出的隐患应及时进行整改，整改合格后才能进行后续或下一道工序的施工。

（4）现场应建立隐患警示牌，起到警示教育的作用。

1.2.2.5 缺陷整改处理

（1）应建立缺陷整改处理管理制度。

（2）质量缺陷的统计应完整、详细、真实。

（3）应有针对性地编制质量缺陷整改技术方案，并按规定进行审批，整改过程资料应齐全，整改完成后应组织验收。对重要的关键性缺陷整改应先行进行工艺验证。

（4）应由专业队伍进行缺陷整改。

1.2.2.6 成品保护

（1）应根据成品内容和施工范围，划分责任段，落实责任制，制定详细的成品保护措施，确保成品质量。

（2）应派专人负责对成品进行保护、保管与标识。

（3）成品在储存、保管过程中，如遇到外界因素或客观条件影响时，应根据实际情况采取相应的保护措施。

（4）成品在储存、保管期间发生损坏或不适用时，看管人员必须予以记录，并及时处置。

1.2.2.7 质量管理信息化建设

（1）质量管理信息化是以管理活动流程化、管理流程表单化、流程表单信息化、信息管理集成化为主要手段，实现质量信息的录入、归档、集成、查询、预警等功能。

（2）推广BIM技术在质量管理过程中的应用。通过BIM技术实时显示未施工构件或部位的工艺工法、质量控制点、控制参数；已施工构件或部位的检验状态、质量数据、组织机构及人员等信息，实施覆盖全过程、全生命周期的质量管理。

（3）推广信息技术的运用。利用二维码等信息技术，实现重要工程材料、设备、半成品、工程实体质量自我声明和质量追溯功能；扫描二维码即可知道结构构件的施工时间、质量控制点以及实测实量数据；推广在工程项目的质量管理活动中利用数字化终端，实现实时在线录入、统计、集成、自动生成档案资料及报告等功能（如材料、工序及分项工程检验验收、实测实量、甲方监理及上级对项目检查考核等），实现过程质量的实时监控。

2 地铁工程质量管理组织机构

2.1 地铁项目质量管理特点

地铁建设作为城市基础设施建设的重要组成部分，有着一般大型工程的共性，诸如建设投资大、参建单位多、变更索赔多等，除此之外，其在质量管理方面有着鲜明的特点：

（1）工程质量要求高。地铁工程属于一个永久性标志工程，是设计使用寿命长达100年的公共建筑工程，所以对结构耐久性提出了较高要求。同时，其质量水平也受到社会各界的广泛关注，这就要求在质量管理工作中严把过程关，进行科学决策。

（2）工程质量管理难度大。地铁工程一般规划为长线形工程，地下结构埋深较深、地下水位较高，对于渗漏的管控难度大。由于工期紧、环境要求高、土方外运时间紧，未采用“跳仓法”施工，对结构裂缝的管控难度大。同时，工程建设一般采用分阶段、分专业、平行交叉施工方式，在同一个时间，工程参与单位的数量往往很多，项目质量管理在沟通与协同工作上存在许多困难。

考虑到地铁工程体量大、参建单位多、专业复杂等因素，建设期的管理任务常采用国内较为常见的工程总承包管理模式来完成，总承包管理单位对于众多参建单位采取空间位置分散化、管理方法多元化的管理模式。因此，本书中地铁工程质量管理组织机构建设主要基于总承包管理模式。

2.2 质量管理组织体系

质量管理组织体系的建立，可有效改进现有的过程质量管控模式，对工程行业各参建主体也有重大影响和生源意义。对于施工企业来说，建立标准化的质量管理组织体系和质量管控过程，既可以规范自身行为，建立良好的市场信誉，也能有助于及早发现自身在质量管控中存在的问题，有利于企业自身的持续改进。

工程总承包合同是由项目发起人（当地地铁集团）通过与投资者签订合同，由投资者负责项目的融资、建设，并在规定时限内将竣工后的项目移交项目发起人，项目发起人根据事先签订的回购协议分期向投资者支付项目总投资及确定的回报。投资者应成立建设指挥部（或项目公司）负责项目具体的建设履约、投融资、财务、法律合约及董事会日常事务管理，下设若干项目部负责具体工程实施。因此，质量管理组织体系应构建“建设指挥部—标段项目部—分包单位”三级质量管理组织体系。具体要求如下：

（1）建设指挥部负责建立完善的质量管理体系，成立质量管理委员会（以下简称“质委会”）。质委会是总承包项目质量管理最高决策机构，办公室设在建设指挥部质量管理部，主要职责有：制定并下发质量管理办法、细则；审议质量奖罚；处理重大质量事项；完成质量考评；组织进行无人员伤亡质量事故的调查与处理；总承包项目其他质量监督、管理的有关决策。

（2）建设指挥部质量管理部是总承包项目日常质量管理的归口部门，负责质委会日常工作的开展及项目质量体系运转的维护，部门经理兼任质委会办公室主任。质量总监协助指挥长，建立全方位的质量管理体系，负责组织协调、督促以及检查标段项目部的质量管理工作。

（3）标段项目部成立质量管理领导小组，明确相关部门和岗位的质量职责，全面负责项目质量管理工作。标段项目部设置质量总监一名，全面负责标段项目部质量管理的各项工作，并接受建设指挥部质量总监、质量管理部的监督及指导。标段项目部设置质量管理部，配备满足质量管理需求的专职质检员，负责标段项目部工程质量管理的具体工作。

（4）分包单位应根据工程现场情况设立质量管理部门或配备专职质量管理人员，分包单位质量管理工作接受标段项目部质量管理领导小组及标段项目部质量管理部的监督及指导，负责落实现场质量管理指令，落实现场质量管理工作。

（5）城市轨道交通建设的特点决定了其质量管理人员配置与房建领域的不同。因其标段项目部众多、地理位置分散、空间距离大、涉及专业多，建设指挥部根据工程特点，设立“两条线”管理思路：一是区域线，按照区域划分，设区域质量主管，负责区域内各专业质量的日常管理工作；二是专业线，根据不同专业设置专业主管，每名质量主管分管一至两个专业，对专业内质量管理方面的重难点进行管理。两条管理线路相互交叉、相互补充，达到全方位质量管控的目的。质量组织机构管理如图 2.1 所示。

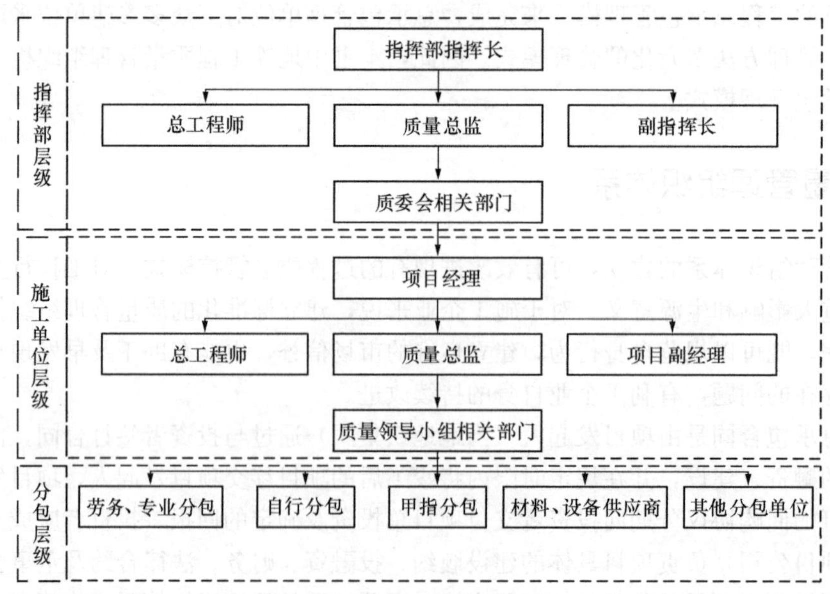

图 2.1 质量组织机构管理

2.3 质量职责

2.3.1 建设指挥部

负责编制《项目质量策划》，在正式发布后，组织对标段项目部进行交底，并填写质量策划交底记录。质量策划的内容包括：

（1）明确目标：建设指挥部对项目的定位，根据合同明确及细化质量管理目标。

（2）资源配置：根据项目定位合理配置质量相关资源（人、机、料、法、环）。

（3）环境认知：识别质量相关的社会环境、政府环境、现场环境。

（4）风险识别：识别质量相关的风险点及规避措施。

2.3.2 建设指挥部质量总监

负责牵头汇总、编制《质量管理总体实施计划》《年度质量工作计划》，经建设指挥部指挥长审批后发布实施。

2.3.3 标段项目部

定期向建设指挥部质量管理部报送年度、季度、月度质量管理工作计划、样板验收计划、质量培训计划等各级计划，并按照计划组织实施。

2.3.4 标段项目部项目经理

在工程正式开工 15 日前，组织编制项目《质量管理实施计划》，报上级单位审核完成后，再报建设指挥部质量管理部审核。审核通过后，标段项目部需对管理人员进行交底并组织实施。项目《质量管理实施计划》除工程有重大变更或者管理目标有重大调整外，一般不得变更。如确需变更，由标段项目部项目经理提出变更原因和变更方案，按原审核和审批程序进行变更方案的审核、审批，并按照审批后的方案执行。

3　车站土建工程施工质量控制

土建工程施工是地铁车站工程施工中的一个重要环节，本章节将对地基加固与处理、围护结构、土石方工程、防水工程、主体结构五个分部工程施工质量控制进行分别描述。

3.1　地基加固与处理

车站常用地基处理包括水泥搅拌桩地基和高压喷射注浆地基。水泥搅拌桩按主要使用的施做方法分为单轴、双轴和三轴搅拌桩，适用于处理淤泥、淤泥质土、泥炭土和粉土土质；高压喷射注浆常采用单管、双管和三管法工艺施工，适用于淤泥、淤泥质土、流塑、软塑或可塑黏性土、粉土、砂土、黄土、素填土和碎石土等地基。本书中高压喷射注浆指高压旋喷桩。

3.1.1　水泥搅拌桩

3.1.1.1　工艺概述

水泥搅拌桩是指通过特制的深层搅拌机，将软土和水泥（固化剂）强制搅拌，并利用水泥和软土之间所产生的一系列物理、化学反应，使土体固结，形成具有整体性、水稳定性和一定强度的水泥土桩，使软土硬结而提高地基强度。

3.1.1.2　施工工艺流程

水泥搅拌桩施工工艺流程如图 3.1 所示。

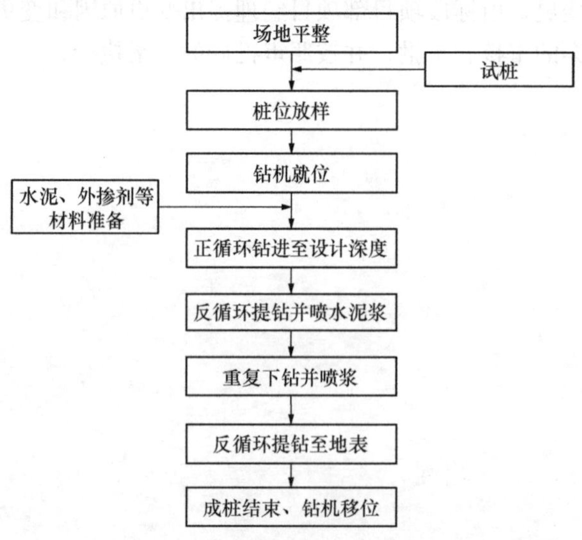

图 3.1　水泥搅拌桩施工工艺流程

3.1.1.3 质量控制要点

(1) 施工前现场地面应予平整，必须清除地上、地下一切障碍物。

(2) 开机前必须调试，检查桩机运转和输料管畅通情况。

(3) 施工时，设计停浆（灰）面应高出操作面标高 0.5m，在开挖时应将该施工质量较差段挖去。

(4) 试桩工艺试验及设计来确定参数，控制喷浆量和搅拌提升速度。为保证施工质量、提高工作效率和减少水泥浪费，应尽量连续工作。输浆阶段必须保证足够的输浆压力，连续供浆。一旦因故停浆，为防止断桩和缺浆，应将搅拌头下沉到停浆点 0.5m 以下，待恢复供浆后再喷浆搅拌；如停工 40min 以上，必须立即进行全面清洗，防止水泥在设备和管道中结块，影响施工。

(5) 严格控制搅拌时的下沉和提升速度，以保证加固范围内每一深度得以充分搅拌；确保桩身强度和均匀性。

(6) 深层搅拌施工中采用少量多次喷浆的方法，搅拌过程中均匀地喷水泥浆。

(7) 根据水泥用量计算每槽用水量，在储水罐上做好标志，在施工中严格做好计量工作。制备好的浆液不得离析，泵送必须连续，拌制浆液的罐数固化剂和外加剂的用量以及泵送浆液时间等应有专人记录。

(8) 施工记录必须详尽完善，施工记录必须有专人负责，深度记录误差不得大于 10cm，时间记录误差不得大于 10s。施工中发生的问题和处理情况，均须如实记录，以便汇总分析。

(9) 施工中应经常检查施工用电及机械情况，发现问题及时修理。在制作水泥浆时可适当掺入外加剂。

(10) 第一次下钻时为避免堵管，可带浆下钻，喷浆量应小于总量的 1/2，严禁带水下钻。第一次下钻和提钻时一律采用低挡操作，复搅时可提高一个挡位。

(11) 为保证水泥搅拌桩桩端、桩顶及桩身质量，第一次提钻喷浆时应在桩底部停留 30s，进行磨桩端，余浆上提过程中全部喷入桩体，且在桩顶部位进行磨桩头，停留时间为 30s。

(12) 水泥搅拌桩地基验收主控项目要求：复合地基承载力不小于设计值，单桩承载力不小于设计值，水泥用量不小于设计值，搅拌叶回转直径允许偏差±20mm，桩长不小于设计值，桩身强度不小于设计值。

3.1.2 高压旋喷桩

3.1.2.1 工艺概述

高压旋喷桩是以高压旋转的喷嘴将水泥浆喷入土层与土体混合，形成连续搭接的水泥加固体，具有施工占地少、振动小、噪声较低等优点。

3.1.2.2 施工工艺流程

高压旋喷桩施工工艺流程如图 3.2 所示。

3.1.2.3 质量控制要点

(1) 施工前检查水泥、外掺剂等的质量、桩位、压力表、流量表的精度和灵敏度、高压喷射设备的性能。

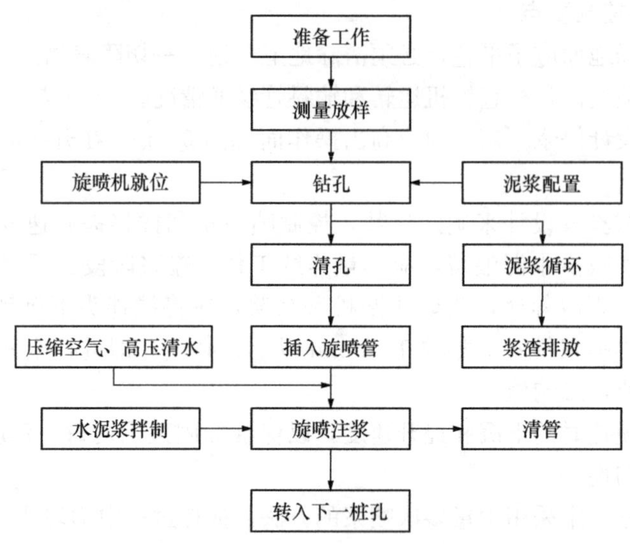

图 3.2 高压旋喷桩施工工艺流程

（2）正式施工前进行试桩确定具体施工参数，施工时一般采用跳孔施工。

（3）桩位、桩长、垂直度、钻机转速、沉钻速度、提钻速度及旋转速度等的控制。

（4）水泥投放量、浆液水灰比（宜用比重法控制）、浆液泵送时间、搅拌下沉及提升时间控制。

（5）终孔深度大于设计开喷深度 0.5～1.0m。开孔口径不大于喷射管外径 100mm，终孔口径应大于喷射管外径 20mm。孔斜率不大于 0.5%，桩体直径偏差不大于 50mm。

（6）喷射过程中，冒浆量控制在 10%～25%之间。喷射注浆作业后，应及时用水泥浆进行补灌，并要预防其他钻孔排出的泥土或杂物进入。

（7）高压喷射注浆完毕后，应迅速拔出喷射管。施工中做好泥浆处理，及时将泥浆清理，水泥土强度符合设计要求。

（8）高压喷射注浆（旋喷桩）地基验收主控项目要求：复合地基承载力不小于设计值，单桩承载力不小于设计值，水泥用量不小于设计值，搅拌叶回转直径允许偏差±20mm，桩长不小于设计值，桩身强度不小于设计值。

3.2 围护结构

地铁车站基坑围护结构主要承受基坑开挖卸荷所产生的水压力和土压力，并将此压力传递到支撑，是稳定基坑的一种施工临时或永久挡墙结构。目前主流的围护结构形式主要有钻孔灌注桩和地下连续墙。

3.2.1 钻孔灌注桩

3.2.1.1 工艺概述

钻孔灌注桩是指通过机械钻孔在地基土中形成桩孔，并在其内放置钢筋笼，灌注混凝土后而形成的桩。其具有承载力大、稳定性好、沉降量小、受施工水位或地下水位高低的影响较小等优点，在地铁车站主体围护结构设计中被广泛应用。

在钻孔灌注桩施工中，常用的成孔机械有旋挖钻和冲击钻。在黏土、亚黏土、淤泥质土层、粉砂层的施工中，一般采用旋挖钻机钻进，其具有施工效率高，成孔质量好，低噪声、低振动、移动方便等优点；而在卵砾石、漂石、块石、基岩等复杂地层及旧基处理施工中，冲击钻施工效率则优于旋挖钻。因此根据不同的地层采用合适的成孔机械可加快施工周期，提高钻进效益，确保工程质量。

3.2.1.2 施工工艺流程

钻孔灌注桩施工工艺流程如图3.3所示。

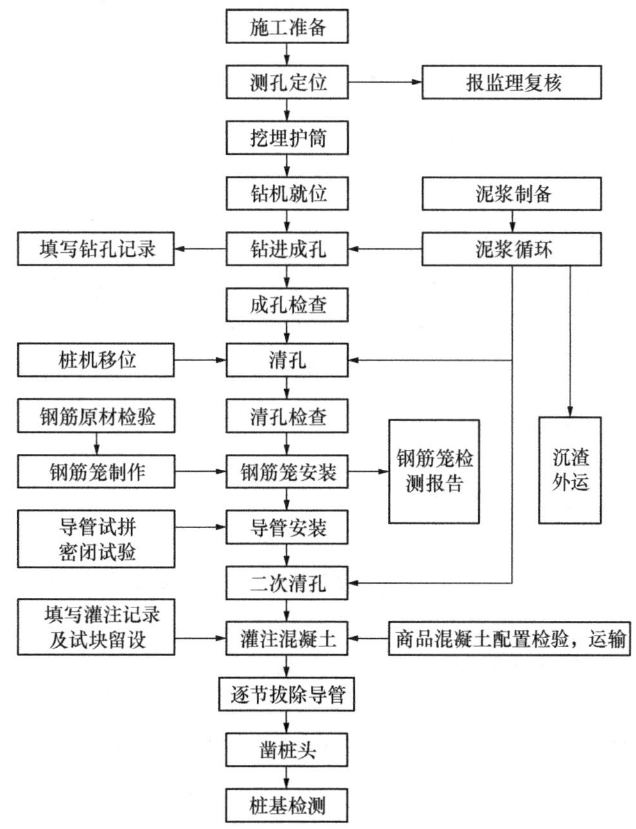

图3.3 钻孔灌注桩施工工艺流程

3.2.1.3 质量控制要点

（1）泥浆制备控制要点

1）严格按照操作规程和配合比要求进行泥浆制作和搅拌。

2）泥浆使用一个循环之后，对泥浆进行分离净化并补充新制泥浆。

3）泥浆的相对密度、黏度、含砂率、pH值均应符合要求。随时对泥浆进行测试，对不符合要求的泥浆进行处理。

4）泥浆拌制后应充分水化后方可使用。

5）保持泥浆稳定性、泥皮形成性能、泥浆流动性等。

（2）灌注桩成孔控制要点

1）成孔前必须检查钻头保径装置、钻头直径、钻头磨损情况，施工过程对钻头磨损超标的部件须及时更换。

2）围护桩应根据实际情况考虑外放 60～100mm。

3）保证钻杆的垂直度，控制成孔垂直度。

4）根据地层情况控制泥浆质量符合设计及规范要求。

5）旋挖钻机钻孔过程中根据地质情况控制进尺速度：由硬地层钻到软地层时，可适当加快钻进速度；当软地层变为硬地层时要减速慢进；在易缩径的地层中，应适当增加扫孔次数，防止缩径；对硬塑层采用快转速钻进，以提高钻进效率；砂层则采用慢转速慢钻进，并适当增加泥浆相对密度和黏度。

6）钻进过程中，应随时清理孔口积土，遇到地下水、塌孔、缩孔等异常情况时，应及时处理。

7）钻孔作业应分班连续作业，如因故停机时间较长时，应将钻头提出孔外，并对孔口加盖防护。

8）泥浆液面控制和及时清孔、清渣。

9）按试桩施工所确定的参数进行施工，设专职记录员记录成孔过程，包括钻进深度、地质特征、机械设备损坏、障碍物等情况，记录必须认真、及时、准确、清晰。

10）桩位允许偏差≤50mm，孔深不小于设计值，垂直度允许偏差≤1%（灌注桩排桩采用桩墙合一设计的情况垂直度允许偏差≤0.5%），沉渣厚度允许偏差≤200mm，孔径不小于设计桩径。

（3）钢筋笼制作与吊装控制要点

1）钢筋笼原材符合设计及规范要求。

2）主筋间距必须准确，主筋接头应互相错开。钢筋笼长度允许偏差±50mm，钢筋笼直径允许偏差±10mm，主筋间距允许偏差±10mm，箍筋间距允许偏差±20mm。

3）安放钢筋时，避免碰撞护壁，采用慢起、慢落、逐步下放的方法，不得强行下插。

4）钢筋笼安装后经测量复核确保其平面位置，标高均应符合设计及规范要求。

（4）混凝土灌注控制要点

1）灌注混凝土前需进行二次清孔，复核孔底泥浆性能与沉渣厚度。

2）导管必须进行试拼装，进行严密性和压力试验。

3）导管插入混凝土的深度，拔管速度与时机应符合设计及规范要求。

4）进场混凝土应进行配合比核实及性能检测，满足设计要求。

3.2.2 地下连续墙

3.2.2.1 工艺概述

地下连续墙是地铁基坑工程的一种围护结构。该工艺是在地面上采用挖槽机械，沿着围护结构轴线，在泥浆护壁条件下，开挖出一条狭长的深槽。清槽后，在槽内吊放钢筋笼，然后用导管法灌筑水下混凝土筑成一个单元槽段，如此跳仓逐段进行，在地下筑成一道连续的钢筋混凝土墙壁，作为截水、防渗、承重、围护结构。

本工艺特点是施工振动小，墙体刚度大，整体性好，施工速度快，可省土石方，适用于各种地质条件，包括砂层、砂砾层等。

3.2.2.2 施工工艺流程

地下连续墙施工工艺流程如图 3.4 所示。

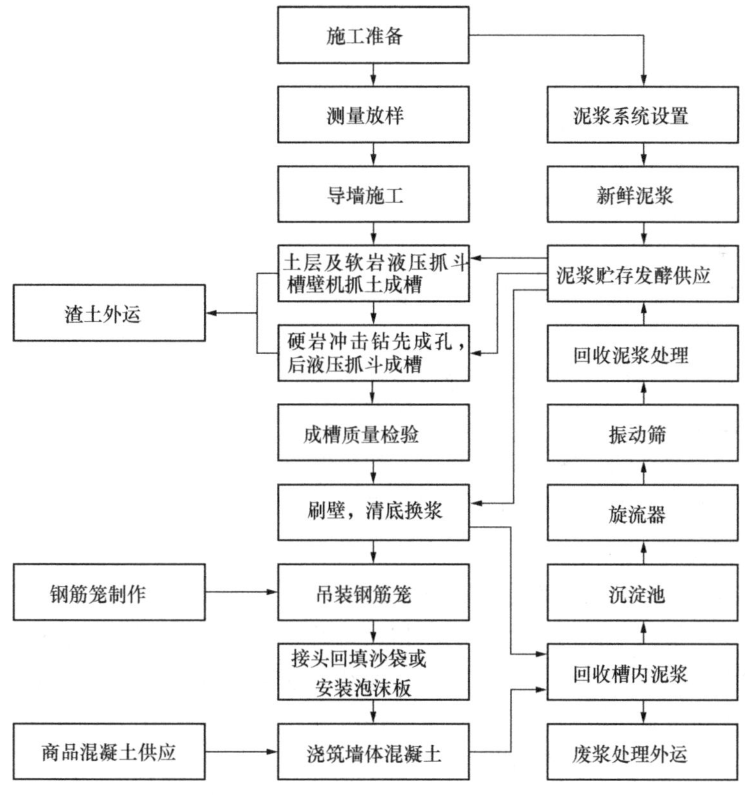

图 3.4 地下连续墙施工工艺流程

3.2.2.3 质量控制要点

(1) 导墙施工控制要点

1) 导墙的位置应满足允许偏差。为避免围护结构侵限，导墙应根据实际情况考虑外放 60～100mm。

2) 开挖前做好坑探工作。导墙内侧土胎膜应人工挖土修边。

3) 模板及其支架的强度、刚度、稳定性要好，垂直度应满足要求。

4) 导墙的施工缝应与地下连续墙接头错开。

5) 混凝土浇筑时应两侧对称浇筑。

(2) 地连墙成槽

1) 泥浆制备控制要点

① 严格按照操作规程和配合比要求进行泥浆制作和搅拌。

② 泥浆使用一个循环之后，对泥浆进行分离净化并补充新制泥浆。

③ 泥浆的相对密度、黏度、含砂率、pH 值均应符合要求。随时对泥浆进行测试，对

不符合要求的泥浆进行处理。

④ 泥浆拌制后应充分水化后方可使用。

⑤ 保持泥浆稳定性、泥皮形成性能、泥浆流动性等。

2）成槽控制要点

① 合理安排槽段开挖顺序。

② 根据不同底层调整泥浆性能，确保沟槽稳定。

③ 根据设计要求核实终槽条件。

④ 按照设计要求控制槽深及槽壁垂直度。

⑤ 控制槽段刷壁质量。

（3）钢筋笼制作与吊装

1）钢筋笼制作控制要点

① 钢筋笼制作前应核对单元槽段实际宽度与成型钢筋尺寸，成槽后根据槽段深度调整钢筋笼长度。

② 钢筋的间距、预埋件的位置需符合设计要求。

③ 严控机械连接与焊接质量。

④ 根据专家论证后的方案合理布置吊点的位置。

⑤ 注意钢筋笼基坑面与迎土面，严禁放反。

2）吊装控制要点

① 钢筋笼吊装方案须经过专家论证并审批交底后实施。

② 吊装机械、吊具、锁具、滑轮、卸扣、钢丝绳质量应满足使用要求。

③ 严格检查吊点位置和焊接质量。吊装前必须进行试吊，对周围环境进行检查。

④ 钢筋笼吊放入槽时，严禁强行冲击入槽。

（4）水下混凝土施工控制要点

1）灌注混凝土前需进行二次清孔，复核槽底泥浆性能与沉渣厚度。

2）导管必须进行试拼装，进行严密性和压力试验。

3）导管插入混凝土的深度，拔管速度与时机符合设计及规范要求。

4）进场混凝土应进行配合比核实及性能检测，满足设计要求。

3.3 土石方工程

地铁车站土石方工程主要包括基坑开挖、钢支撑制作、安装及拆除、基坑降水以及基坑回填等。基坑开挖方式分为明挖法和盖挖法施工。车站基坑开挖一般采用明挖法施工。当车站位于现状道路或跨越路口时，且处于比较繁华而狭窄的街道下，无明挖条件，但允许短时间中断交通或局部交通改移时，通常采用盖挖法施工。盖挖法依据施作顺序可分为盖挖顺作法和盖挖逆作法。

3.3.1 基坑开挖

3.3.1.1 施工工艺流程（图 3.5～图 3.7）

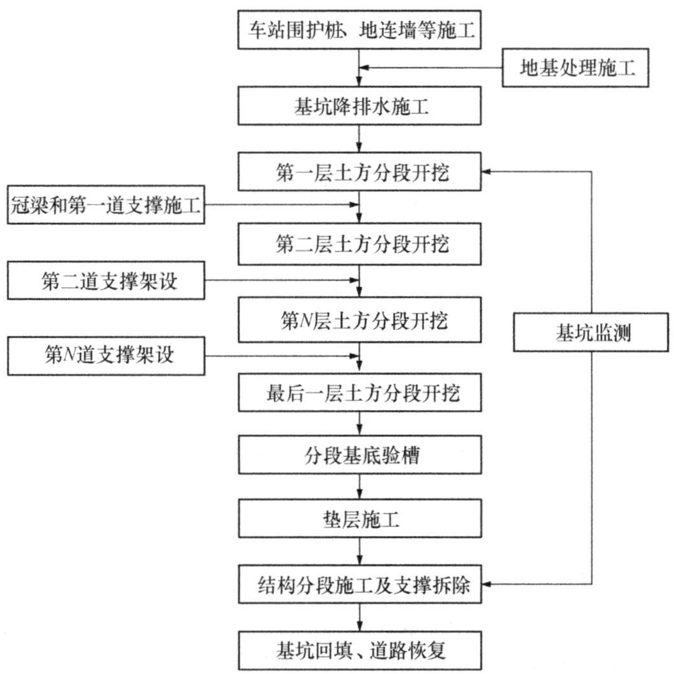

图 3.5　明挖法车站土石方与地基处理施工工艺流程

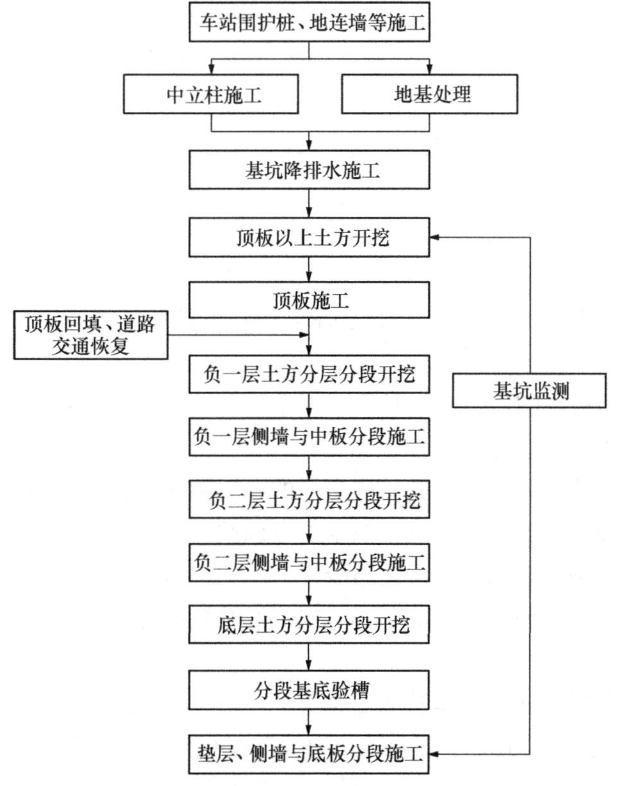

图 3.6　盖挖逆作法车站土石方与地基处理施工工艺流程

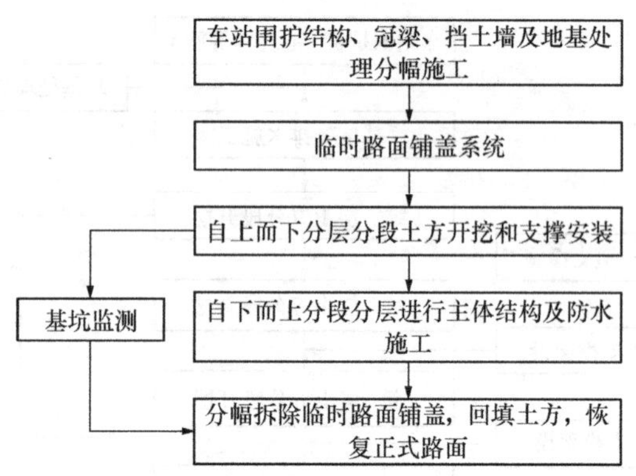

图 3.7 盖挖顺作法车站土石方与地基处理施工工艺流程

3.3.1.2 质量控制要点

（1）明挖法车站基坑开挖

1）基坑开挖专项方案（包括基坑降水、基坑监测）经专家论证并上报审批通过。施工严格按照审批通过的方案执行。方案中应明确以下内容：

① 方案需说明基坑所处地质及水文条件，并根据水文地质条件确定基坑降水设计及施工方案。

② 对基坑周边环境及地下管线进行详细概述，明确开挖过程中可能受影响的建（构）筑物、管线，制定相应的加固与保护措施，开挖过程中进行监测。

③ 根据现场地理位置、土质条件、基坑开挖深度、周围环境及工期节点目标等特点，选择合适的施工机械设备，明确分区情况、分段长度及开挖先后顺序；结合设计工况及相关要求，明确基坑开挖过程中分段长度、每层厚度、每小段宽度、每小段开挖支撑架设时间。

④ 方案中明确开挖过程中纵横向边坡放坡安全坡度。方案中明确开挖过程中纵横向边坡放坡安全坡度。根据地质条件及设计要求，基坑开挖深度经稳定性分析后确定，必要时采取防护加固措施。

⑤ 方案中有合理可行的应急救援预案与安全文明施工保证措施。

2）基坑开挖前准备工作：

① 制定控制底层变形和基坑支护结构支撑的施工顺序及管理指标。

② 划分分层及分步开挖的流水段，拟定土方调配计划。

③ 落实弃、存图场地并勘察好运输路线。

④ 根据现场条件，合理进行场地布置，规划好基坑内外的排水，防止基坑土体浸泡，保证正常施工作业面。

⑤ 按监测方案在周围环境及基坑布置监测控制点，并测取初始值；基坑土方开挖过程中，加强施工监控量测，随时掌握土体压力、支撑结构受力及地下水位变化等情况，做到信息化指导施工。

⑥ 按照设计要求提前降水，水位控制在开挖面以下不小于 0.5m。

3）基坑必须自上而下分层、分段依次开挖，严禁掏底施工。放坡开挖基坑应随基坑开挖及时刷坡，边坡应平顺符合设计规定；支护桩支护的基坑，应随基坑开挖及时护壁；地下连续墙或混凝土灌注桩支护的基坑，应在混凝土达到设计强度后方可开挖。

4）机械挖土时，坑底以上200～300mm范围内的土方应采用人工修底方式挖除，不得超挖或扰动基底土。

5）基坑开挖的分层厚度宜控制在3m以内，并应配合支护结构的设置和施工的要求，临近基坑边的局部深坑宜在大面积垫层完成后开挖。

6）基底应平整压实，其允许偏差为：高程+10/－20mm；平整度20mm，并在1m范围内不得多于1处。基底经检查，基底验槽合格后，应及时施工混凝土垫层，进行结构施工。

7）基底超挖、扰动、受冻、水浸或发现异物、杂土、淤泥、土质松软及软硬不均等现象时，应做好记录，并会同有关单位研究处理。

8）开挖过程中应及时封堵或疏导墙体上的渗漏点。

9）经常检查钢支撑及支护结构的稳定性，若发现松动及轴力损失应及时补充，防止松动脱落。

10）根据现场地理位置、土质条件、基坑开挖深度和周围环境的特点，结合设计工况，采用“分区、分层、分段、对称、平衡”的开挖方法；按照“时空效应”施工方法实施，尽量减少基坑暴露时间，以机械施工为主，人力施工为辅的开挖方式，合理选择施工机械及施工现场布置。

11）施工前应充分研究地质勘察报告，对各段地质情况认真分析，以便施工中能够根据不同地质条件及时调整施工工艺和工序，对地质情况不明的地段要进行补勘。在施工过程中应根据现场施工实际情况与地质勘察资料进行核对，若有变化应立即通知监理、设计单位现场调整处理，以满足设计要求。

12）基坑开挖过程中严禁大锅底开挖，其纵横向边坡放坡应根据地质、环境条件取用开挖时的安全坡度，满足设计要求的安全坡度。

13）根据基坑所处水文地质条件及设计要求，采取合理可行的基坑降排水方案，确保降排水效果和基坑稳定与安全。

14）根据支护结构类型和地下水控制方法，选择基坑监测项目，并应根据支护结构构件、基坑周边环境的重要性及地质条件的复杂性确定监测点部位及数量。选用的监测项目及其监测部位应能够反映支护结构的安全状态和基坑周边环境受影响的程度。

（2）盖挖法车站基坑开挖

盖挖法车站基坑开挖除满足明挖基坑开挖控制要求，还应注意以下要点：

1）基坑开挖方法的确定应与主体结构设计、支护结构设计相协调，主体结构在施工期间的受力变形和不均匀沉降均应满足设计要求。

2）应根据基坑设计工况、平面形状、结构特点、支护结构、土体加固、周边环境等情况设置取土口。

3）主体结构兼作为取土平台和施工栈桥时，应根据施工荷载要求对主体结构进行复核计算和加固设计，施工设备荷载不应大于设计规定限值。

4）面积较大的基坑，宜采用盆式开挖，先形成中部结构，再分块、对称、限时开挖周边土方和施工主体结构。

5）施工机械及车辆尺寸应满足取土平台、作业及行驶区域的结构平面尺寸和净空高度要求。

6）暗挖作业区域应采取通风和足够的照明措施。

（3）基底应平整压实，其允许偏差为+10/−20mm；平整度 20mm，并在 1m 范围内不多于 1 处。

3.3.2 钢支撑制作、安装及拆除

3.3.2.1 工艺概述

钢支撑系统包括钢围檩及钢支撑，当支撑较长时（一般不超过 20m），还包括支撑下的立柱及相应的立柱桩；钢支撑由活络头、钢管撑中间节及固定端组成。

钢支撑施工主要包括钢管撑拼装、托架及牛腿安装、钢围檩安装、钢支撑吊装、施加预应力、施工监测、支撑拆除等施工工艺流程。钢支撑施工与拆除顺序应与设计工况一致，必须遵循先支撑后开挖的原则。

钢支撑安拆施工简便、质量较易控制，适用于各种地层下的基坑工程。

3.3.2.2 施工工艺流程

钢支撑施工工艺流程如图 3.8 所示。

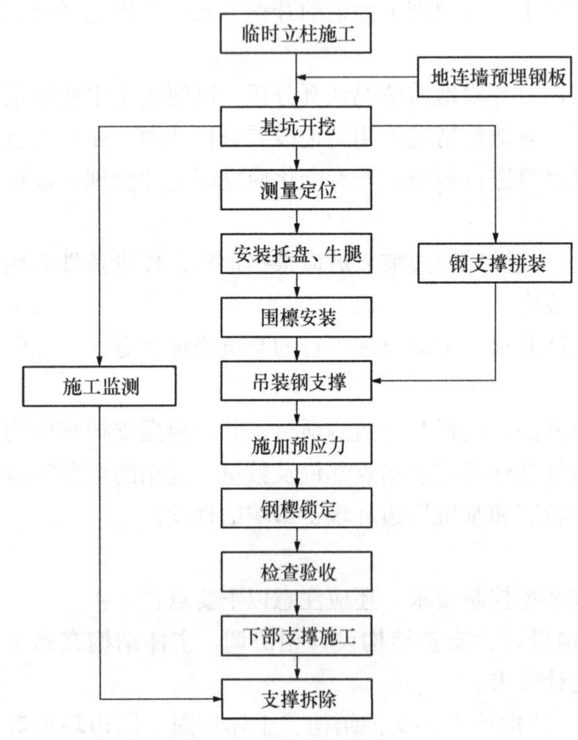

图 3.8 钢支撑施工工艺流程

3.3.2.3 质量控制要点

（1）钢支撑制作

1）地铁车站基坑支护钢支撑一般采用钢管水平对撑或斜撑，钢管支撑由活动、固定端头和中间节组成，各节间采用螺栓连接。钢管支撑事先在加工厂内分节制作，每节标准长度为 3m、6m，同时设一定数量活动段。

2）钢管材质符合设计要求，钢支撑连接必须满足等强度连接要求，应有节点构造图，焊接工艺和焊缝质量应符合《钢结构焊接规范》GB 50661—2011 的规定。管节间采用法兰盘螺栓连接，焊接管端头与法兰盘焊接处，法兰端面与轴线垂直偏差控制在 1.5mm 以内，法兰盘加工必须符合相关规范要求。

3）钢支撑构件加工完毕后，先除锈后涂两道红丹，一道面漆。

（2）钢支撑进场

钢支撑进场时项目上安排专人负责检查和验收，对检验合格的材料设备应编号登记，杜绝不合格材料设备在工程中使用，以确保钢管支撑材料的质量。钢支撑材料断面、壁厚

尺寸符合设计要求，管段外观表面平直、无严重锈蚀、扭曲变形现象，法兰平整、垂直，管壁拼缝焊缝饱满、完整。

（3）钢支撑拼装

1）支撑安装前根据车站设计跨度有关计算每根支撑长度，将标准管节先在地面进行预拼接并以检查支撑的平整度，其两端中心连线的偏差度控制在 20mm 以内，经检查合格的支撑按部位进行编号以免错用。

2）每根钢支撑的配置按总长度的不同，配用一端为固定端一端为活动端，中间段采用标准管节进行配置。按照车站跨度和吊装设备确定分段长度，一般标准车站跨度 20m 左右，中间不设立柱桩时，拼装成一段整体吊装；跨度超过 20m 且中间设置临时立柱时，支撑宜根据车站跨度拼装分两段或多段进行吊装，吊装至基坑内采用法兰螺栓连接。

3）钢支撑在基坑附近提前拼装，当开挖到相应钢支撑设计中心标高以下 500mm 处时，应及时安设钢围檩与钢支撑。

（4）测量定位

根据已计算出需安装的每根支撑中心标高及按围檩顶面标高换算的垂深，采用全站仪，沿墙面量测出支撑安装中心轴线及标高，并标记出钢支撑位置。以便混凝土凿除、膨胀螺栓预埋钢板以及钢牛腿安装和后续的支撑安装，安装后要做到支撑和侧墙要平直。

（5）安装托盘、牛腿

围檩和支撑通过托盘或者牛腿固定于围护结构上，牛腿与围护结构通过高强度膨胀螺栓或预埋钢件通过焊接与钢围檩焊为一体。当支护结构为连续墙时可不设钢围檩，型钢直接支撑在连续墙预埋钢板上，在钢板上一般通过焊接托盘固定支撑端部。

1）当支护结构为地连墙，钢支撑直接支撑在连续墙预埋钢板上，横向钢支撑架设前先在预埋钢板上焊接托盘，以利于钢支撑的安全架设，焊接时注意焊接牢固、焊缝均匀。托盘宜采用矩形钢板，两侧保护板为三角形钢板。

2）当支护结构上设置钢围檩，钢支撑支撑在钢围檩上，需采用三脚架固定钢围檩，三脚架（即牛腿）采用膨胀螺栓或与支护结构预埋钢板焊接固定于支护结构上。

（6）围檩安装

当挖土挖到支撑设计标高后，钢支撑位置挖至支撑底以下 500mm 左右（挖出牛腿焊接工作面）应停止向下开挖工作，进行围檩的安装。

1）应在准确测放出围檩安装的位置以及人工修凿围护桩表面的泥皮后，先安装三脚架、斜拉筋上部固定角钢，以膨胀螺栓紧固；当支护结构采用地连墙，且地连墙中预埋钢板时，应对应地凿出钢板预埋件，焊接三脚架。

2）吊装钢围檩，紧靠桩身平面，再安装斜拉筋并拉紧；钢围檩与围护桩之间以及桩间凹槽须用强度等级不低于 C30 的细石混凝土填充密实。

3）相邻节段的围檩设有连接板进行连接，在单节围檩安装固定完毕后，再将相邻节段间的连接板连接好，确保围檩形成一整体，保证相邻墙体整体受力。

（7）吊装钢支撑

钢支撑在基坑附近提前拼装，当开挖到相应钢支撑设计中心标高以下 500mm 处时，应及时安设钢围檩与钢支撑。支撑安装前根据有关计算，将标准管节先在地面进行预拼接并检查支撑的平整度，其两端中心连线的偏差度控制在 20mm 以内，经检查合格的支撑按部位进行编号以免错用，支撑采用龙门吊整体一次性吊装到位，人工配合安装。

1）安装时，必须保证钢围檩、固定和活动端头、千斤顶各轴线在同一平面上，横向法兰螺栓采用对角和等分顺序扳紧，保证其他垂直吊装不准冲击钢支撑。

2）由于支撑较长，起吊时采用二点起吊，吊点一般在离端部 0.2L 左右为宜，并系上防晃绳，做到安全、平稳、精确吊装。

3）钢支撑吊装到位，不要松开吊钩，将两端活络头子拉出放在牛腿或钢围檩上，再将 2 台液压千斤顶放入活络头子顶压位置，同步施加预应力，达到设计应力值后，塞紧钢楔块，取下千斤顶，保证钢管支撑两端与围护结构接触处密切结合，最后解开起吊钢丝绳，完成支撑的安装。

4）支撑施加预应力时应考虑到操作时的应力损失，故施加预应力值应比设计轴力增加 10%，并对预应力值做好记录备查。支撑需安装轴力计对支撑轴力进行全程监控。

（8）施加预应力

1）施加预顶力应根据设计轴力选用液压油泵和千斤顶，油泵与千斤顶需经标定。

2）支撑安装完毕后应及时检查各节点的连接状况，经确认符合要求后方可施加预顶力。千斤顶压力的合力点应与支撑轴线重合，2 台千斤顶应在支撑轴线两侧对称、等距放置，且应同步施加压力。

3）钢支撑施加预顶力时应在支撑两侧同步对称分级施加，每级为设计值的 10%，施加每级压力后应保持压力稳定 10min 后方可施加下一级压力；预压力加至设计规定值后，应在压力稳定 10min 后，方可按设计预压力值进行锁定。

4）支撑施加压力过程中，当出现焊点开裂、局部压曲等异常情况时，应卸除压力，在对支撑的薄弱处进行加固后，方可继续施加压力；如发现实际变形值超过设计变形值时，应立即停止加荷，与设计单位研究处理。

5）钢支撑预顶达到设计值后，采用特制定型钢楔锁定钢支撑活动端，支撑端头与钢围檩或预埋钢板应焊接固定，或采用设置防坠钢丝绳等固定措施。

6）为确保钢支撑整体稳定性，各支撑之间通常采用连接杆件连系，系杆可用小断面工字钢或槽钢组合而成，通过钢箍与支撑连接固定。

7）当监测的支撑压力出现损失时，应再次施加预压力。

（9）支撑拆除

钢支撑的拆除流程为：吊车就位、钢丝绳扣扎支撑→活动节内安放千斤顶施加顶力→撤除钢楔→分级解除顶力，同时卸下千斤顶→支撑杆体下放（拆除高强连接螺栓）→钢支撑分节吊出→钢围檩分段吊出。

1）支撑拆除应在替换支撑的结构构件达到换撑要求的承载力后进行，否则应进行替代支承结构的强度及稳定安全核算后确定。

2）钢支撑拆除前，先对上一层钢支撑进行一次预加轴力，达到设计要求以保证基坑安全。

3）逐级释放需拆除的钢管支撑轴力。拆除时应避免瞬间预加应力释放过大而导致结构局部变形、开裂。及时对墙顶位移和地表沉降进行监测，每天两次。如出现异常情况应加大监测频率，找到原因后立即进行防护措施，确保基坑处于稳定、安全可控的状态。

4）轴力释放完后，取出所有楔块，采用吊机双吊点提升一定高度后，拆除下方支架和托板，再将钢管支撑轻放至结构板上。

5）钢管支撑在结构板上分节拆除后，再垂直提升到地面，及时运到堆放场进行修整。凡构件变形超过规定要求或局部残缺的需进行校正修补。

（10）施工监测

1）钢支撑水平位移监测。主要宜用经纬仪或全站仪进行监测，监测点埋设在同一支撑固定端与活端头处。

2）钢支撑绕曲变形监测。包括水平挠曲变形和竖向挠曲变形，监测点设在端部及跨中，跨度较大的支撑杆件应适当增加测点。

3）立柱竖向变形监测。测点布设在立柱顶部，使用水准仪进行监测。

4）水平位移、挠曲变形、立柱竖向变形的监测在基坑支护过程中应每天进行一次，基坑土方开挖至基槽底、基坑变形稳定后，根据实际情况确定监测频率。

5）钢支撑的轴力监测：

a. 钢支撑轴力测试采用测力计，测力计安装在钢支撑活接头一端，每层均应布设测力计。

b. 轴力测试前对测力计进行校验并读取初始数值，开始时每天读两次，土方开挖至槽底，可三天或一周读一次。

6）对各项检测记录应随时进行分析，当变形数值过大或变形速率过快时，应及时采取措施，确保基坑支护安全。

（11）材料检验

支撑系统所用钢材的材质应符合《钢结构工程施工质量验收标准》GB 50205—2020的要求；焊接质量应符合《钢结构焊接规范》GB 50661—2011的规定。

（12）实测项目

钢支撑系统工程质量检验标准见表3.1。

钢支撑系统工程质量检验标准 **表3.1**

项目	检查项目	允许偏差或允许值	检查方法
主控项目	支撑标高（mm）	30	水准仪
	支撑水平位置（mm）	30	全站仪
一般项目	围檩标高（mm）	30	水准仪
	立柱标高（mm）	30	水准仪
	临时立柱平面位置（mm）	50	全站仪
	临时立柱垂直度	1/150	全站仪
	立柱做主体结构构件时平面位置（mm）	10	全站仪
	立柱做主体结构构件时垂直度	1/300	全站仪

3.3.3 基坑降水

3.3.3.1 工艺概述

基坑降水可采用管井、轻型井点、喷射井点、砂（砾）渗井点等方法，适用条件见

表 3.2。

降水类型及适用条件　　表 3.2

序号	方法	土类	渗透系数（m/d）	降水深度（m）
1	管井井点	粉土、砂土、碎石土	20～200	>10
2	轻型井点	黏性土、粉土、砂土	0.1～50	单级井点 3～6，多级井点 6～12
3	喷射井点	黏性土、粉土、砂土	0.1～50	8～30
4	砂（砾）渗井点	粉质黏土、粉土、粉细砂	0.1～20	按下伏强导水层的水头，导水性与坑深确定

地铁车站施工中多采用管井井点、轻型井点进行基坑降水。

3.3.3.2　施工工艺流程

管井井点降水施工工艺流程如图 3.9 所示。

轻型井点降水施工工艺流程如图 3.10 所示。

3.3.3.3　质量控制要点

（1）管井施工质量控制要点

1）管井的成孔施工工艺应适合地层特点，对不易塌孔、缩孔的地层宜采用清水钻进；钻孔深度宜大于降水井设计深度 0.3～0.5m。

图 3.9　管井井点降水施工工艺流程

图 3.10　轻型井点降水施工工艺流程

2）采用泥浆护壁时，应在钻进到孔底后清除孔底沉渣并立即置入井管、注入清水，当泥浆相对密度不大于1.05时，方可投入滤料；遇塌孔时不得置入井管，滤料填充体积不应小于计算量的95%。

3）填充滤料后，应及时洗井，洗井应充分直至过滤器及滤料滤水畅通，并应抽水检验降水井的滤水效果。

（2）轻型井点降水施工质量控制要点

1）成孔工艺可选用清水或泥浆钻进、高压水套管冲击工艺（钻孔法、冲孔法或射水法），对不易塌孔、缩孔的地层也可选用长螺旋钻机成孔；成孔深度宜大于降水井设计深度0.5～1.0m。

2）钻进到设计深度后，应注水冲洗钻孔、稀释孔内泥浆；滤料填充应密实均匀，滤料宜采用粒径为0.4～0.6mm的纯净中粗砂。

3）成井后应及时洗孔，并应抽水检验井的滤水效果；抽水系统不应漏水、漏气。

4）降水时真空度应保持在55kPa以上，且抽水不应间断。

3.3.4　地铁车站综合接地

3.3.4.1　工艺概述

地铁车站综合接地是强电、弱电及非电气金属管道等共用一个接地装置，主要用于满足强、弱电设备接地。车站综合接地网安装在车站底板下面，主要由水平接地体、垂直接地体和接地引上线构成。

3.3.4.2　施工工艺流程

车站综合接地网施工工艺流程如图3.11所示。

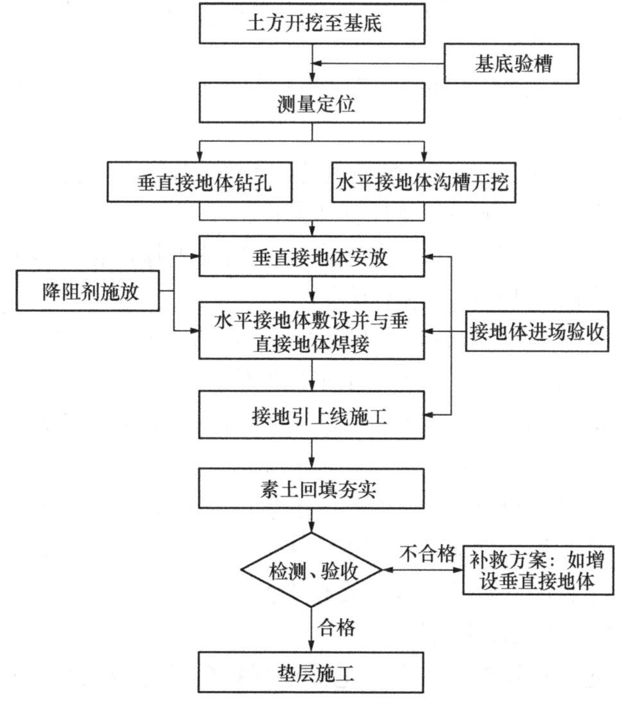

图3.11　车站综合接地网施工工艺流程

3.3.4.3 质量控制要点

(1) 测量定位

1) 综合接地网根据设计图纸进行测量放线，并根据车站土方开挖及主体结构进行分段施工，综合接地网测量定位要准确无误，经复查后进行综合接地网施工操作。

2) 每段主体结构土方开挖及基底整平后进行测量放线，并撒白灰标记。

(2) 钻孔及沟槽开挖

1) 水平接地体沟槽开挖

① 综合接地网测量定位完毕后，进行水平接地体沟槽开挖，开挖采用人工配合小型挖掘机进行，按设计图纸要求尺寸开挖沟槽，沟槽断面一般为上口宽下口窄的梯形，沟槽中心应于水平接地体敷设线路重合。

② 开挖沟槽底部应平整，沟槽底部有积水时应及时排除。

③ 若底板及底板纵梁标高有变化时，沟槽开挖标高应随底板及底纵梁底标高同步变化，保持相互标高差。

④ 沟槽严禁超挖，防止过多扰动持力地基土层。

2) 垂直接地体钻孔

① 按测量定位标记用地质钻机钻出孔径为120～150mm的孔，深度不小于设计值。

② 若孔内有地下水时，在安放垂直接地体铜管前，需用底部带有活门的管筒抽干孔洞内积水（防止降阻剂浆料稀释）。

(3) 垂直接地体安放

1) 垂直接地体钻孔完成后，用底部带有活门的管筒抽干孔洞内积水，将垂直接地体铜管直接插入孔洞中。

2) 将调配好的降阻剂浆料从孔口灌入，直至充满整个管体及降阻剂填充区，并应保证垂直接地体位于降阻剂填充区中心位置。

3) 当图纸要求可不施放降租剂时，可采用车站基底原土进行孔洞内回填。

(4) 水平接地体施工

1) 按照设计要求挖出综合接地网水平接地体敷设沟槽后，将沟槽内积水排出，水平接地体敷设在沟槽底部，且接地体铜排应立放敷设。

2) 为方便降阻剂浆液包裹，用支撑物将接地铜排支撑起来，支撑高度一般不小于50mm，且满足设计要求降阻剂包裹厚度要求。

3) 将降阻剂严格按厂家产品说明书上要求进行配置，在斗车或其他容器内搅拌均匀，制成浆状，然后均匀地灌入沟槽，包裹住水平接地体。

4) 水平接地体在局部下沉和上抬时应做半径不小于5m的圆弧处理。

(5) 综合接地网各组件间焊接

1) 接地系统焊接采用放热焊接，放热焊接是通过铝与氧化铜的化学反应（放热反应）产生液态高温铜液和氧化铝的残渣，并利用放热反应所产生的高温来实现高性能电气熔接的现代焊接工艺。各组件间的焊接方式主要有4种，如图3.12所示。

2) 放热焊接工艺方法操作步骤如下：

第一步：模具固定，选用专用模具，把需要焊接的导体放入模具焊接腔，如图3.13(a)所示。

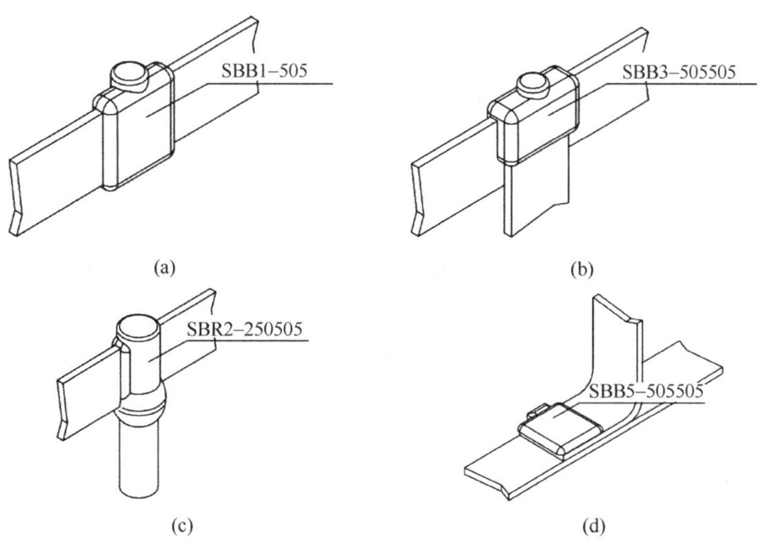

(a) (b) (c) (d)

图 3.12 各组件间的焊接方式

(a) 铜排之间的对接；(b) 铜排之间的“T”字形相连接；
(c) 铜排与铜管之间的“T”字形相连接；(d) 水平接地极与接地引上线之间的连接

第二步：合上模具，锁紧夹具，固定模具并放钢碟于模具反应腔底部，如图 3.13 (b) 所示。

第三步：将焊药倒入模具反应腔，把引燃药均匀撒在焊药及模具沿口上，如图 3.13 (c) 所示。

第四步：合上模具盖并用专用点火枪点燃，待反应完毕后，打开模具并清除焊渣，如图 3.13 (d) 所示。

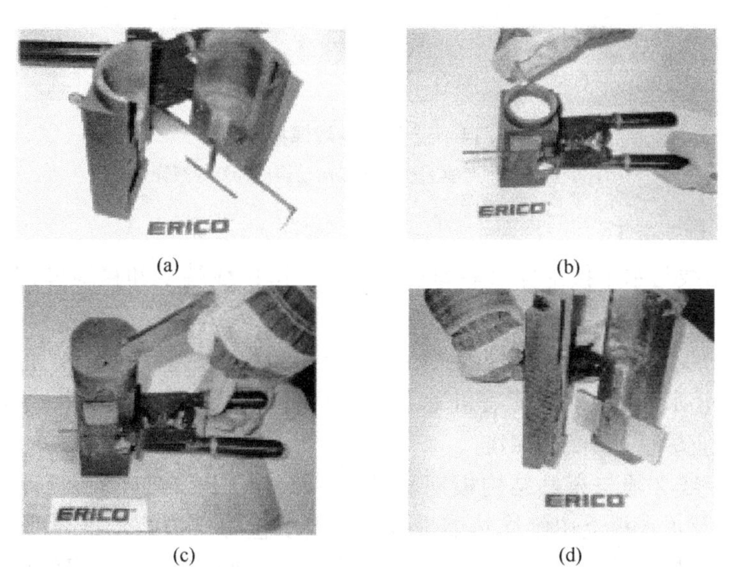

(a) (b) (c) (d)

图 3.13 焊接操作步骤

(a) 第一步；(b) 第二步；(c) 第三步；(d) 第四步

3）焊接前使用加热工具干燥模具，驱除水汽，以防因模具内含有水分，影响焊接质量。

4）使用软毛刷或其他软性物品清洁模具。

5）夹紧模具并检查模具接触面的密合度，防止作业时铜液从缝隙处渗漏出来。

6）模具夹是用于开合模具的，模具夹的紧密度对熔接的效果有影响，在熔接开始之前认真检查模具夹，并作适当调整。

7）安装调节模具夹，将模具夹的密合度与模具的密合度调整到最佳状态。

8）通电进行放热焊接，焊接完毕后及时清洁模具。

9）模具使用前要充分预热除湿（加热 5min 以上），防止连接器中有水分产生大量气孔，影响接头质量，甚至出现连接器过于膨胀而使铜液进入引流槽，造成脱模困难或不能脱模，以致模具报废。

10）固定连接件时，要用力均匀，不能强行固定，以防造成模具损坏，甚至报废。

11）接地体的连接应保证牢固，无虚焊。被连接的导体必须完全包在接头里，要保证连接部位的金属完全熔化，连接牢固，放热焊接头的表面应平滑、放热焊接头应无贯穿性气孔。

综合接地网焊接实例如图 3.14 所示。

(a)

(b)

图 3.14 综合接地网焊接实例

（a）水平接地网与垂直接地网焊接过程；（b）焊接完成

（6）接地引上线施工

1）接地引出线与水平接地体可靠焊接，上端预留接线端子和接地母排连接。引出线在车站结构板以上引出高度不小于 0.5m。

2）接地引出线穿越结构底板时，在结构底板中间位置加装止水板，止水板与引上线之间必须满焊，止水板周围（尤其是止水板下部）应特别注意，要填满防水混凝土、止水板及接地引上线应尽量远离结构钢筋。

3）接地引上线必须与车站结构板钢筋绝缘，接地引上线在底板钢筋网孔中心穿过，并在接地引上线及止水板上用绝缘热缩带按工艺要求包缠（热缩带重叠部分为带宽的 1/2），加热收缩以使热缩带与铜排紧密结合在一起，在土建施工时严禁损伤热缩带，以保证接地引出线铜排与结构钢筋间的绝缘要求。

4）接地引上线引出结构底板后固定在电车绝缘子上，电车绝缘子就近固定在附近的柱子或侧墙上。引上线的位置应避开轨底风道及结构梁等，且需相关专业确认以保证其可用性。

5）引上线铜排引出结构板面至电车绝缘子处，并设法保护，严禁断裂。根据具体结构形式用素水泥加以覆盖。

（7）回填夯实

综合接地系统分段敷设连接完毕后，采用电阻率低的黏土或地表土进行回填夯实，每层回填土厚度控制在20～30mm，采用小型蛙式打夯机结合人工进行夯实。

（8）接地电阻检测

1）接地网随车站底板分段施工，为使整体接地网的接地电阻值满足设计要求，在阶段性施工结束后，按设计要求对已完工部分接地网进行接地电阻测量，以此数据推算出整体接地网的接地电阻值。接地电阻的测量采用三极法原理进行。

2）如测量的电阻值不符合设计要求，在余下的接地系统敷设中采取相应的补救措施。如深打垂直接地体、增加垂直接地体、回填电阻率低的土壤等方法来降低接地电阻，直至满足要求。

（9）综合接地网所用铜排宽度、厚度及截面积不小与设计值；铜管直径、壁厚及截面积皆不小于设计值；接地体（线）为铜与铜或铜与钢的连接工艺采用热剂焊（放热焊接）时，其熔接接头必须符合下列规定：①被连接的导体必须完全包在接头里；②要保证连接部位的金属完全熔化，连接牢固；③热剂焊（放热焊接）接头的表面应平滑；④热剂焊（放热焊接）的接头应无贯穿性的气孔。

3.3.5 垫层施工

3.3.5.1 工艺概述

垫层为介于车站结构底板与土基之间的结构层，主要作用为改善底板基面防水平整度及为车站结构底板施工创造良好的条件。

3.3.5.2 施工工艺流程

垫层施工工艺流程如图3.15所示。

3.3.5.3 质量控制要点

（1）垫层施工前，人工清理坑底浮土并整平，不得超挖或扰动坑底原状土层。

（2）大面积地面垫层应分区段进行浇筑。分区段应结合变形缝位置、不同材料的地面面层的连接处和设备基础位置等进行划分。

（3）铺设混凝土前先在基层上洒水湿润，刷一层素水泥浆（水灰比为0.4～0.5），然后从一端开始铺设，由室内向外退着操作。

（4）用铁锹铺混凝土，厚度略高于找平堆，随即用平板振动棒振捣。厚度超过20cm时，应采用插入式振动棒，其移动距离不大于作用半径的1.5倍，做到不漏振，确保混凝土密实。

（5）混凝土振捣密实后，以墙上水平标高线及找平堆为准检

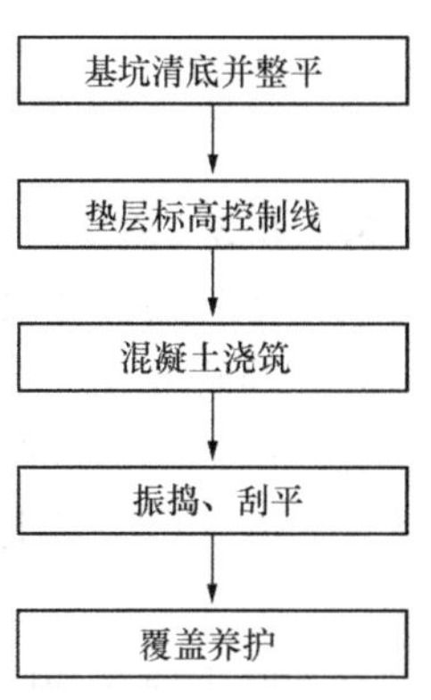

图3.15 垫层施工工艺流程

查平整度，高的铲掉，凹处补平。用水平木刮杠刮平，表面再用木抹子搓平。有坡度要求的地面，应按设计要求的坡度做。

(6) 已浇筑完的混凝土垫层，应在12h左右覆盖和浇水，一般养护不得少于7d。

(7) 混凝土垫层符合下列要求：

1) 施工根据预先埋设的标高控制桩，控制面层高度，保证垫层施工的厚度达到设计要求。混凝土垫层厚度一般不小于70mm，标高偏差控制在±10mm。

2) 混凝土垫层表面平整度偏差控制在10mm。

3) 垫层边线尺寸不得小于基础尺寸，并满足设计要求。

4) 混凝土垫层施工完毕后，为加强成品保护，待其强度达到12MPa以后方可行走或进行下道工序。

3.3.6 基坑回填

3.3.6.1 工艺概述

在地铁车站主体结构及附属结构施工完成后，还需要土方回填至市政道路标高位置。

3.3.6.2 施工工艺流程

基坑回填施工工艺流程如图3.16所示。

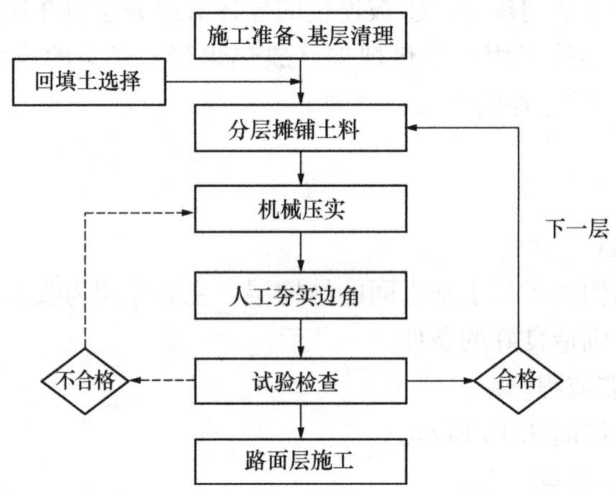

图3.16 基坑回填施工工艺流程

3.3.6.3 质量控制要点

(1) 车站顶板防水验收合格后方可回填，回填前需清除顶板上的积水、杂物清理干净，并经隐蔽验收合格后方可回填。

(2) 回填土料按选定的土场和土质进行回填，不得擅自改变土场和土质。

(3) 施工时严格控制土的含水率，使回填时土料的含水率接近回填土后的最佳含水率。

(4) 施工前在基坑的两侧用红油漆标出每层回填的高度线，以便检查和控制回填的厚度。按规范要求认真分层检测压实土密实度，每回填完一层必须经过试验查验合格后方可回填上一层土料，回填压实度必须满足设计相关要求。

(5) 采用水平分层平铺，分层厚度一般25～30cm，人工夯实的地方摊铺厚度20～

25cm。在结构两侧和顶部500mm范围以内及地下管线周围应人工使用小型机械夯填。

(6) 机械碾压不了的边角处，人工用小型机械夯实时必须按顺序、按要求夯实，不得有漏夯的地方。

(7) 在管沟两侧应水平、对称同时填压；回填高程不一样时，应从低处逐层填压；基坑分段回填接茬处，应挖台阶。

(8) 填土按要求分段进行，分段填夯接槎处，土坡需填成阶梯形，梯形的高宽比一般为1∶2，上下层错缝宽度不小于1.0m，高度不大于0.5m，碾压时碾迹应重叠0.5m。

(9) 回填土使用前应分别取样测定其最大干容重和最佳含水量并做压实试验，确定填料含水量控制范围、虚铺厚度和压实遍数等参数。

(10) 回填土为黏性土或砂质土时，应在最佳含水量下填筑，如含水量偏大应翻松晾干或加干土拌匀；如含水量偏低，应洒水湿润，并增加压实遍数或使用重型压实机械碾压。

(11) 基坑回填必须在顶板和地下管线结构达到设计强度后进行。

(12) 基坑回填土采用机械碾压时，搭接宽度不得小于200mm。人工夯填时，夯与夯之间重叠不得小于1/3夯底宽度。

(13) 基坑雨期回填时应集中力量，分段施工，“取、运、填、平、压”各工序应连续作业。雨前应及时压完已填土层并将表面压平后，做成一定坡势。雨中不得填筑非透水性土质。

(14) 基坑不宜在冬季回填。如必须回填，应有可靠的防冻措施。符合设计及《地下铁道工程施工质量验收标准》GB/T 50299—2018要求。

3.3.7 基坑监测

3.3.7.1 基坑监测选择

(1) 基坑支护设计应根据支护结构类型和地下水控制方法，按表3.3选择基坑监测项目，并应根据支护结构构件、基坑周边环境的重要性及地质条件的复杂性确定监测点部位及数量。选用的监测项目及其监测部位应能够反映支护结构的安全状态和基坑周边环境受影响的程度。

基坑监测项目选择 **表3.3**

监测项目	支护结构的安全等级		
	一级	二级	三级
支护结构顶部水平位移	应测	应测	应测
基坑周边建（构）筑物、地下管线、道路沉降	应测	应测	应测
坑边地面沉降	应测	应测	宜测
支护结构深部水平位移	应测	应测	选测
锚杆拉力	应测	应测	选测
支撑轴力	应测	宜测	选测
挡土构件内力	应测	宜测	选测
支撑立柱沉降	应测	宜测	选测
支护结构沉降	应测	宜测	选测

续表

监测项目	支护结构的安全等级		
	一级	二级	三级
地下水位	应测	应测	选测
土压力	宜测	选测	选测
孔隙水压力	宜测	选测	选测

（2）基坑监测点布置满足设计及《建筑基坑支护技术规程》JGJ 120—2012 相关要求。

3.3.7.2 基坑监测控制要点

（1）各类水平位移观测、沉降观测的基准点应设置在变形影响范围外，且基准点数量不应少于两个。

（2）基坑各监测项目采用的监测仪器的精度、分辨率及测量精度应能反映监测对象的实际状况，并应满足基坑监控的要求。

（3）各监测项目应在基坑开挖前或测点安装后测得稳定的初始值，且次数不应少于两次，并做好监测点的保护工作。

（4）基坑监测各监测点频次应符合设计及《建筑基坑支护技术规程》JGJ 120—2012 相关要求。

（5）对基坑监测有特殊要求时，各监测项目的测点布置、量测精度、监测频度等应根据实际情况确定。

（6）在支护结构施工、基坑开挖期间以及支护结构使用期内，应对支护结构和周边环境的状况随时进行巡查，现场巡查时应检查有无下列现象及其发展情况：

① 基坑外地面和道路开裂、沉陷。

② 基坑周边建筑物开裂、倾斜。

③ 基坑周边水管漏水、破裂，燃气管漏气；挡土构件表面开裂。

④ 锚杆锚头松动，锚杆杆体滑动，腰梁和锚杆支座变形，连接破损等。

⑤ 支撑构件变形、开裂。

⑥ 土钉墙土钉滑脱，土钉墙面层开裂和错动。

⑦ 基坑侧壁和截水帷幕渗水、漏水、流砂等。

⑧ 降水井抽水不正常，基坑排水不通畅。

（7）在施工过程中，采用日报形式反馈监测成果，当测试数据接近监控报警值时，立即通知监理单位，并主动加密观测，在基坑施工和完成后，提交监测监控分析报告。

（8）当发现变化异常或达到预警、报警值时，则应向业主及相关部门汇报情况，并同时提交书面预警和报警报告，分析原因并提出相应技术对策，以便采取处理措施，并形成专题分析报告。

3.4 防水工程

地下工程的防水可分为两部分，一是结构主体防水，二是细部构造。特别是施工缝、变形缝、后浇带等特殊部位防水。

对于车站主体结构防水，按照工程的防水等级，增设一道或者两道防水层，防水层一般采用卷材防水层和涂料防水层。对于施工缝、变形缝、后浇带，应根据不同防水等级选用不同的防水措施，防水等级越高，拟采用的措施越多。

地下防水工程的设计和施工应遵循“防、排、堵相结合，刚柔相济，因地制宜，综合治理”的原则。

3.4.1　防水混凝土

3.4.1.1　工艺概述

地下结构应以混凝土结构自防水为主，强调结构自防水，即应保证混凝土、钢筋混凝土结构的自防水能力。

3.4.1.2　施工工艺流程

防水混凝土施工工艺流程如图3.17所示。

3.4.1.3　质量控制要点

(1) 浇筑前施工准备

1) 防水混凝土施工前应做好降排水工作，不得在有积水的环境中浇筑混凝土。

2) 检查模板尺寸、坚固性、有无缝隙、杂物，对欠缺处应及时纠正。

3) 模板支设要求表面平整，拼缝严密，吸湿性小，支撑牢固，侧墙模板采用对拉螺栓固定时，应在螺栓中间加焊止水片，管道、套管等穿墙时，应加焊止水环，并焊满。模板内杂物清理干净并提前浇水湿润。

4) 检查配筋、钢筋保护层、预埋件、穿墙管等细部构造是否符合设计要求，验收合格后方可浇筑混凝土。

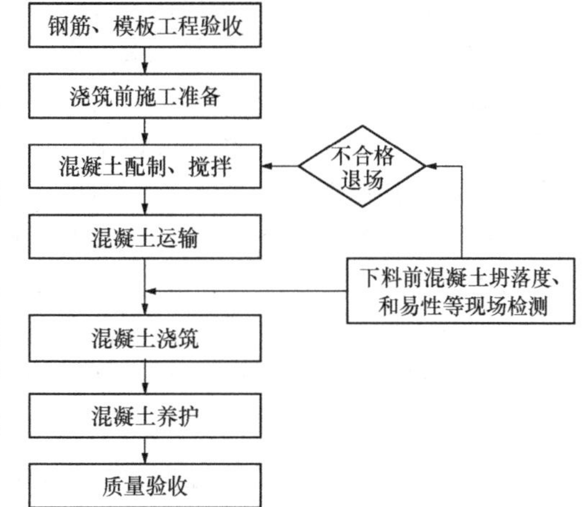

图3.17　防水混凝土施工工艺流程

5) 各种钢筋或绑扎铁丝，不得接触模板。

(2) 混凝土配制与搅拌控制要点

1) 所用外加剂应有出厂合格证和使用说明书，现场复验其各项性能指标应合格。

2) 检查混凝土拌合物配料的称量是否准确，如拌合用水量、水泥用量、外加剂掺量等。

3) 检查混凝土拌合物的坍落度，每工作班至少两次。掺引气型外加剂的防水混凝土，还应测定其含气量。

4) 混凝土搅拌时必须严格按试验室配合比通知单的配比准确称量，不得擅自修改。当原材料有变化时，应通过实验室进行试验，对配合比作必要的调整。

5) 混凝土一般采用预拌商品混凝土，混凝土中水泥、粗细骨料、外加剂等应满足设计及《地下工程防水技术规范》GB 50108—2008的要求。

6) 防水混凝土如泵坍落度宜控制在120～160mm，坍落度每小时损失值不应大于

20mm，坍落度总损失值不应大于40mm。

7）使用减水剂时，减水剂宜配制成一定浓度的溶液。

8）防水混凝土拌合物应采用机械搅拌，搅拌时间不宜小于2min。掺外加剂时，搅拌时间应根据外加剂的技术要求确定。

（3）混凝土运输

1）混凝土运送道路必须保持平整、畅通、尽量减少运输的中转环节，以防止混凝土拌合物产生分层、离析及水泥浆流失等现象。

2）混凝土拌合物运至浇灌地点后，后如出现离析，必须进行二次搅拌。当坍落度损失后不能满足施工要求时，应加入原水胶比的水泥浆或掺加同品种的减水剂进行搅拌，严禁直接加水。

（4）混凝土浇筑

1）当混凝土入模自落高度大于2m时应采用串筒、溜槽、溜管等工具进行浇灌，以防止混凝土拌合物分层离析。

2）防水混凝土应分层连续浇筑，分层厚度不得大于500mm。

3）防水混凝土必须采用机械振捣，以保证混凝土密实，一般墙体、厚板采用插入式和附着式振动棒，薄板采用平板式振动棒。对于掺加气剂和引气型减水剂的防水混凝土应采用高频振动棒（频度在万次/min以上）振捣，可以有效地排除大气泡，使小气泡分布更均匀，有利于提高混凝土强度和抗渗性。

4）分层浇灌时，第二层混凝土浇灌时间应在第一层初凝以前，将振动棒垂直插入到下层混凝土中≥50mm处，插入要迅速，拔出要缓慢，振捣时间以混凝土表面浆出齐，不冒泡、不下沉为宜，严防过振、漏振和欠振而导致混凝土离析或振捣不透。

5）防水混凝土应连续浇筑，宜不留或少留施工缝，当必须留施工缝时，应符合下列规定：

① 墙体水平施工缝不应留在剪力最大处或底板与侧墙的交接处，应留在高出底板表面不小于300mm处墙体上。拱（板）墙结合的水平施工缝，宜留在拱（板）墙接缝以下150～300mm处。有预留孔洞时，施工缝距孔洞边缘不应小于300mm。

② 垂直施工缝应避开地下水和裂隙水较多的地段，并宜与变形缝相结合。

6）施工缝防水构造形式符合设计要求，施工缝的施工应符合下列规定：

① 水平施工缝浇灌混凝土前，应清除表面浮浆和杂物，然后铺设净浆或涂刷界面处理剂或涂刷水泥基渗透结晶型防水涂料等材料，再铺设30～50mm厚的1∶1水泥砂浆，并及时浇筑混凝土。

② 垂直施工缝浇筑混凝土前，应将其表面清除干净，涂刷混凝土界面处理剂或水泥基渗透结晶型防水涂料，并及时浇灌混凝土。

③ 施工缝采用遇水膨胀止水条时，止水条应牢固地安装在接缝表面或预留槽内，遇水膨胀止水条应具有缓胀性能，7d的净膨胀率不应大于最终膨胀率的60%，最终膨胀率宜大于220%。

④ 采用中埋式止水带或预埋注浆管时，应确保位置准确，固定牢靠。

7）大体积防水混凝土施工应符合设计及《地下工程防水技术规范》GB 50108—2008的要求。

（5）混凝土养护

1）防水混凝土终凝后应立即进行养护，养护时间不得少于 14d。

2）混凝土初凝后应立即在其表面覆盖草袋、塑料薄膜或涂混凝土养护剂等到进行养护，炎热季节或刮风天气应随浇灌随覆盖，但要保护表面不被压坏。浇捣后 4～6h 即浇水或蓄水养护，3d 内每天浇水 4～6 次，3d 后每天浇水 2～3 次；墙体混凝土浇筑达到一定强度后，可采取撬松侧模，并在侧模与混凝土表面缝隙中浇水养护的做法，保持混凝土表面湿润。

3）防水混凝土冬期施工养护应：采用综合蓄热法、蓄热法、暖棚法、掺化学外加剂等方法，不得采用电热法或蒸汽直接加热法；采取保湿保温措施。

3.4.2　防水卷材

3.4.2.1　工艺概述

防水卷材主要用于明、盖挖法施工复合结构底板、侧墙防水层。预铺防水卷材可采用改性沥青（聚酯胎）或高分子材料，对应高分子防水卷材（P 类），主体材料厚度为 1.5mm；改性沥青（聚酯胎，PY 类），主体材料厚度为 4mm。

3.4.2.2　施工工艺流程

防水卷材施工工艺流程如图 3.18 所示。

3.4.2.3　质量控制要点

（1）基层清理

1）基层采用混凝土垫层找平后、施工防水卷材前应对作业面进行清理，确保作业面平整，无灰尘、无杂物、无起砂、无脱皮现象，应保持表面干燥。

2）基面应洁净、平整、坚实，不得有疏松、起砂、起皮现象，转角处应做成圆弧形，局部孔洞、蜂窝、裂缝应修补严密。

3）所有防水基层阴阳角均应做成圆弧，铺贴高聚合物改性沥青防水卷材时圆弧半径不应小于 50mm、铺贴合成高分子防水卷材时圆弧半径不应小于 20mm。局部孔洞、蜂窝、裂缝应修补严密。

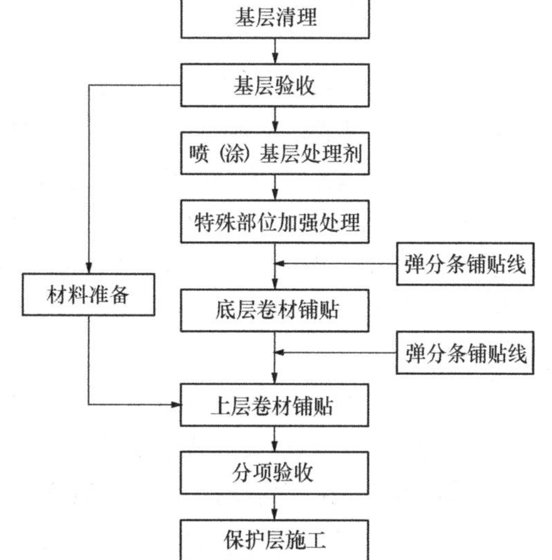

图 3.18　防水卷材施工工艺流程

（2）涂刷基层处理剂

1）目前大部分合成高分子卷材在地下防水工程中是采用冷粘法施工，防水卷材施工前基面应干净、干燥，并应涂刷基层处理剂；当基面潮湿时，应涂刷湿固化型胶粘剂或潮湿界面隔离剂。基层处理剂的配制与施工应符合下列要求：

① 基层处理剂应与卷材及其粘结材料的材性相容；若为双组分时，应按配合比准确计量、搅拌均匀，在规定的可操作时间内涂刷完毕。

② 胶结料涂刷应均匀，不漏涂、不堆积。

③ 根据胶粘剂的性能和施工环境要求，有的可以在涂刷后立即粘贴，有的要待溶剂

挥发后粘贴。因此，必须控制好胶粘剂涂刷与卷材铺贴的间隔时间。

2）高分子自粘胶膜防水卷材宜采用预铺反粘法施工，基层表面无须涂刷处理剂，基层表面应平整坚固、无明显积水。

（3）特殊部位加强处理

根据设计图纸要求对在平面与立面的转角处、管根、阴阳角、预埋件等细部构造增贴1～2层相同的附加层卷材，以作增强处理。

（4）卷材大面铺贴

1）铺贴各类防水卷材应符合下列规定：

① 结构底板垫层混凝土部位的卷材可采用空铺法或点粘法施工，其粘结位置、点粘面积应按设计要求确定；侧墙采用外防外贴法的卷材及顶板部位的卷材应采用满粘法施工。

② 卷材与基面、卷材与卷材间的粘结应紧密、牢固；铺贴完成的卷材应平整顺直，搭接尺寸应准确，不得产生扭曲和皱褶。

③ 卷材搭接处和接头部位应粘贴牢固，接缝口应封严或采用与材性相容的密封材料封缝。

④ 铺贴立面卷材防水层时，应采取防止卷材下滑的措施。

⑤ 铺贴双层卷材时，上下两层和相邻两幅卷材的接缝应错开1/3～1/2幅宽，且两层卷材不得相互垂直铺贴。

2）弹性体改性沥青防水卷材和改性沥青聚乙烯胎防水卷材采用热熔法施工应加热均匀，不得加热不足或烧穿卷材，搭接缝部位应溢出热熔的改性沥青。

3）铺贴自粘聚合物改性沥青防水卷材控制要点：

① 基层表面应平整、干净、干燥、无尖锐突起物或孔隙。

② 排除卷材下面的空气，应辊压粘贴牢固，卷材表面不得有扭曲、皱褶和起泡现象。

③ 立面卷材铺贴完成后，应将卷材端头固定或嵌入墙体顶部的凹槽内，并应用密封材料封严。

④ 低温施工时，宜对卷材和基面适当加热，然后铺贴卷材。

4）铺贴三元乙丙橡胶防水卷材应采用冷粘法，施工控制要点如下：

① 基底胶粘剂应涂刷均匀，不应露底、堆积。

② 胶粘剂涂刷与卷材铺贴的间隔时间应根据胶粘剂的性能控制。

③ 铺贴卷材时，应辊压粘贴牢固。

④ 搭接部位的粘合面应清理干净，并应采用接缝专用胶粘剂或胶粘带粘结。

5）铺贴聚氯乙烯防水卷材，接缝采用焊接法，施工控制要点如下：

① 卷材的搭接缝可采用单焊缝或双焊缝。单焊缝搭接宽度应为60mm，有效焊接宽度不应小于30mm；双焊缝搭接宽度应为80mm，中间应留设10～20mm的空腔，有效焊接宽度不宜小于10mm。

② 焊接缝的结合面应清理干净，焊接应严密。

③ 应先焊长边搭接缝，后焊短边搭接缝。

6）铺贴聚乙烯丙纶复合防水卷材控制要点：

① 应采用配套的聚合物水泥防水粘结材料。

② 卷材与基层粘贴应采用满粘法，粘结面积不应小于 90%，刮涂粘结料应均匀，不应露底、堆积。

③ 固化后的粘结料厚度不应小于 1.3mm。

④ 施工完的防水层应及时做保护层。

7）高分子自粘胶膜防水卷材宜采用预铺反粘法，施工控制要点如下：

① 卷材宜单层铺设。

② 在潮湿基面铺设时，基面应平整坚固、无明显积水。

③ 卷材长边应采用自粘边搭接，短边应采用胶粘带搭接，卷材端部搭接区应相互错开。

④ 立面施工时，在自粘边位置距离卷材边缘 10～20mm 内，应每隔 400～600mm 进行机械固定，并应保证固定位置被卷材完全覆盖。

⑤ 浇筑结构混凝土时不得损伤防水层。

8）采用外防外贴法铺贴卷材防水层时施工控制要点：

① 应先铺平面，后铺立面，交接处应交叉搭接。

② 临时性保护墙宜采用石灰砂浆砌筑，内表面宜做找平层。

③ 从底面折向立面的卷材与永久性保护墙的接触部位，应采用空铺法施工；卷材与临时性保护墙或围护结构模板的接触部位，应将卷材临时贴附在该墙上或模板上，并应将顶端临时固定。

④ 当不设保护墙时，从底面折向立面的卷材接搓部位应采取可靠的保护措施。

⑤ 混凝土结构完成，铺贴立面卷材时，应先将接搓部位的各层卷材揭开，并应将其表面清理干净，如卷材有局部损伤，应及时进行修补；卷材接槎的搭接长度，高聚物改性沥青类卷材应为 150mm，合成高分子类卷材应为 100mm；当使用两层卷材时，卷材应错槎接缝，上层卷材应盖过下层卷材。

9）胶粘剂涂刷适宜面积后，立即进行铺贴，防止停留时间过长造成胶粘剂凝固。

10）铺贴卷材应平整顺直，搭接尺寸准确，不歪扭、皱折，要排除卷材下面的空气，并辊压粘结牢固，不得有空鼓。

11）满贴的卷材，必须均匀涂满胶粘剂，在辊压过程中有胶粘剂溢出，以保证卷材粘结牢固，封口严密。

12）卷材接口应用密封材料封严，其宽度不小于 10mm。

13）卷材的甩茬、接茬做法符合《地下工程防水技术规范》GB 50108—2008 及设计要求，甩茬部分一定要保护好，防止碰坏或损伤，以便立墙防水层的搭接。

14）已做完的卷材防水层应及时采取保护措施，严禁穿硬底鞋人员在防水层上行走，以免踩坏卷材造成隐患。

15）浇筑细石混凝土保护层时，或车站侧墙防水无保护层绑扎钢筋时，施工现场应有防水工看护，如有碰破防水层必须立即修复，以免后患。

16）铺贴卷材严禁在雨天、雪天、五级及以上大风中施工。冷粘法、自粘法施工的环境气温不宜低于 5℃，热熔法、焊接法施工的环境气温不宜低于－10℃。施工过程中下雨或下雪时，应做好已铺卷材的防护工作。

3.4.3 防水涂料

3.4.3.1 工艺概述

防水涂料主要用于明、盖挖法施工车站顶板，为优质单组份聚氨酯涂料，厚度不小于2.5mm。

3.4.3.2 施工工艺流程

防水涂料施工工艺流程如图3.19所示。

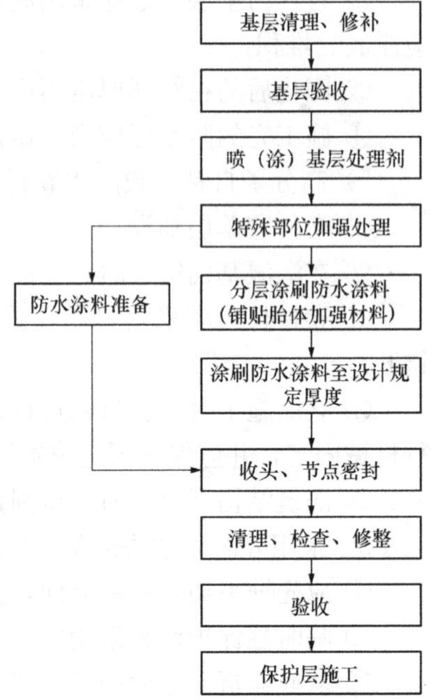

图3.19 防水涂料施工工艺流程

3.4.3.3 质量控制要点

（1）基层清理

1）施工前，先以铲刀和扫帚将作业面表面的突起物、砂浆疙瘩等异物铲除，并将尘土杂物彻底清扫干净。

2）无机防水涂料基层表面应干净、平整、无浮浆和明显积水。

3）有机防水涂料基层表面应基本干燥，不应有气孔、凹凸不平、蜂窝麻面等缺陷。

4）涂料施工前，基层阴阳角应做成圆弧形。采用有机防水涂料时，基层阴阳角应做成圆弧形，阴角直径宜大于50mm，阳角直径宜大于10mm，在底板转角部位应增加胎体增强材料，并应增涂防水涂料。

5）基层的气孔、凹凸不平、蜂窝、缝隙、起砂等应修补处理，基面必须干净、无浮浆、无水珠、不渗水，涂膜防水层的基层一经发现出现有强度不足引起的裂缝应立刻进行修补，凹凸处也应修理平整。基层干燥程度仍应符合所用防水涂料的要求方可施工。

（2）涂刷基层处理剂

涂刷基层处理剂时，应用刷子用力薄涂，使涂料尽量刷进基层表面毛细孔中，并将基层可能留下的少量灰尘等无机杂质，像填充料一样混入基层处理剂中，使之与基层牢固结合。

（3）防水涂料准备及调配

1）按照设计要求选用防水涂料类型，经送检后各项性能指标符合设计及规范要求方可投入使用。

2）采用双组分涂料时，每份涂料在配料前必须先搅匀。配料应根据材料生产厂家提供的配合比现场配制，严禁任意改变配合比。配料时要求计量准确（过秤），主剂和固化剂的混合偏差不得大于5%。

3）涂料的搅拌配料先放入搅拌容器进行机械搅拌，然后放入固化剂，并立即开始搅拌。搅拌筒应选用圆的铁桶，以便搅拌均匀。采用人工搅拌时，要注意将材料上下、前后、左右及各个角落都充分搅匀，搅拌时间一般在3～5min。掺入固化剂的材料应在规定时间使用完毕。

4）搅拌的混合料以颜色均匀一致为标准。

（4）涂刷防水涂料

1）涂膜防水施工前，必须根据设计要求的涂膜厚度及涂料的含固量确定（计算）每平方米涂料用量及每道涂刷的用量以及需要涂刷的遍数。先涂底层，铺加胎体增强材料，再涂面层。施工时按试验用量，每道涂层分几遍涂刷，而且面层最少应涂刷两遍以上。

2）涂料涂刷可采用棕刷、长柄刷、橡胶刮板、圆滚刷等进行人工涂布，也可采用机械喷涂。涂布立面最好采用醮涂法，涂刷应均匀一致。涂刷平面部位倒料时要注意控制涂料均匀倒洒，避免造成涂料难以刷开、厚薄不匀现象。

3）前一遍涂层干燥后应将涂层上的灰尘、杂质清理干净后再进行后一遍涂层的涂刷。每层涂料涂布应分条进行，分条进行时，每条宽度应与胎体增强材料宽度相一致，每次涂布前，应严格检查前遍涂层的缺陷和问题，并立即进行修补后，方可再涂布后遍涂层。

4）涂料分层涂刷或喷涂，涂层应均匀，涂刷应待前遍涂层干燥成膜后进行。每遍涂刷时应交替改变涂层的涂刷方向，同层涂膜的先后搭压宽度宜为 30～50mm，涂料防水层的甩槎处接槎宽度不应小于 100mm，接涂前应将其甩槎表面处理干净。

5）地下工程结构有高低差时，在平面上的涂刷应按“先高后低，先远后近”的原则涂刷。立面则按“由上而下，先转角及特殊应加强部位，再涂大面”的原则涂刷。

6）铺贴胎体增强材料时，应使胎体层充分浸透防水涂料，不得有露槎和皱褶。胎体增强材料的搭接宽度不应小于 100mm。上下两层和相邻两幅胎体的接缝应错开 1/3 幅宽，且上下两层胎体不得相互垂直铺贴。

7）涂料大面涂刷前，基层阴阳角处应做成圆弧；在转角处、变形缝、施工缝、穿墙管等部位应增加胎体增强材料和增涂防水涂料，宽度不应小于 500mm。

8）配料要准确，搅拌要充分、均匀。双组分防水涂料操作时必须做到各组分的容器、搅拌棒、取料勺等不得混用，以免产生凝胶。

9）控制胎体增强材料铺设的时机、位置，铺设时要做到平整、无皱褶、无翘边，搭接准确；胎体增强材料上面涂刷涂料时，涂料应浸透胎体，覆盖完全，不得有胎体外露现象。

10）严格控制防水涂膜层的厚度和分遍涂刷厚度及间隔时间。涂刷应厚薄均匀、表面平整。

11）涂料防水层严禁在雨天、雾天、五级及以上大风时施工；不得在施工环境温度低于 5℃及高于 35℃或烈日暴晒时施工。涂膜固化前如有降雨可能时，应及时做好已完涂层的保护工作。

12）防水涂料施工后，应尽快进行保护层施工，在平面部位的防水涂层，应经一定自然养护期后方可上人行走或作业。

（5）收头、节点处理

为防止收头部位出现翘边现象，所有收头均应密封材料压边，压边宽度不得小于 10mm。收头处的胎体增强材料应裁剪整齐，如有凹槽时应压入凸槽内，不得出现翘边、皱褶、露白等现象，否则应先进行处理后再涂密封材料。

3.4.4 细部构造防水

3.4.4.1 施工缝钢板止水带

（1）施工工艺流程

车站结构施工中，施工缝部位一般采用中埋式钢板止水带。施工工艺流程：钢板止水带定位→钢板止水带固定→钢板止水带焊接→钢板止水带验收。

（2）施工控制要点

1）钢板止水带定位

① 侧墙施工缝钢板止水带放置在墙厚中间，侧墙混凝土浇筑高度处为钢板止水带中心标高，两端弯折处应朝向迎水面，在钢板止水带上口拉通线，以保持其上口平直。

② 底板、顶板施工缝钢板止水带应放置在板厚中间，两端弯折处应朝上，以利于混凝土气泡排出。

2）钢板止水带固定

① 侧墙施工缝止水钢板采用两道钢筋焊接固定钢板，第一道用直径14mm的HRB335钢筋在钢板止水带下口焊接短钢筋，以支撑钢板，其长度应以侧墙钢筋骨架厚度为准，不能过长，以防沿短钢筋形成渗水通道。第二道止水钢板定位筋设置沿止水钢板方向，在其两侧用直径14mm的HRB335钢筋焊接，一端焊接在止水钢板上，另一端焊接在侧墙的水平、竖向主筋上对其进行定位，定位钢筋的间距为500mm，两侧对称设置。

② 底板施工缝止水钢板可按侧墙施工缝止水钢板采用钢筋焊接固定，同时在施工缝模板中间用两方木进行固定。

3）钢板止水带焊接

① 钢板止水带的接头采用焊接，两块钢板的搭接长度为50mm，两端均应饱满，焊接高度不低于钢板厚度。

② 焊条应采用E43焊条。焊接之前应进行试焊，调试好电流参数，电流过大易烧伤甚至烧穿钢板，电流过小则会起弧困难，焊接不牢固。

③ 钢板焊接应分两遍成活，接缝处应留2mm焊缝，第一遍施焊时，首先在中间、两端固定焊点，然后从中间向上施焊直到上端，然后再从下端向中间施焊，第一遍完成后立即将药皮用焊锤敲掉，检查有无砂眼、漏焊处，如有应进行补焊。第二遍应从下端开始施焊。

4）钢板止水带检查验收

① 钢板止水带焊好后，夜间利用电筒光线进行检测，检查有无砂眼、漏焊或焊缝不饱满之处，不符合要求的进行返工处理。

② 定位钢筋是否焊接牢固，附加拉筋是否加设，如若未设置或焊接不牢，对其重新焊接或加设。钢板表面应清洁，无锈蚀、麻点或划痕等缺陷。

③ 焊缝的焊波应均匀，不得有裂缝、夹渣、咬边、烧穿等缺陷。

3.4.4.2 变形缝

施工控制要点：

1）中埋式止水带施工控制要点：

① 止水带埋设位置应准确，其中间空心圆环应与变形缝的中心线重合。

② 止水带应固定，顶、底板内止水带应成盆状设置。

③ 中埋式止水带先施工一侧混凝土时，其端模应支撑牢固，并应严防漏浆。

④ 止水带的接缝宜为一处，应设在边墙较高位置上，不得在结构转角处。接头宜采用热压焊接。

⑤ 中埋式止水带在转弯处应做成圆弧形，（钢边）橡胶止水带的转角半径不应小于200mm，转角半径应随止水带的宽度增大而相应加大。

2）安设于结构内侧的可卸式止水带施工时所需配件应一次配齐；转角处应做成45°折角，并应增加紧固件的数量。

3）变形缝与施工缝均用外贴式止水带（中埋式）时，其相交部位宜采用十字配件。变形缝用外贴式止水带的转角部位宜采用直角配件。

4）密封材料嵌填施工控制要点

① 缝内两侧基面应平整干净、干燥，并应刷涂与密封材料相容的基层处理剂。

② 嵌缝底部应设置背衬材料。

③ 嵌填应密实连续、饱满，并应粘结牢固。

5）在缝表面粘贴卷材或涂刷涂料前，应在缝上设置隔离层。卷材防水层、涂料防水层的施工应满足第3.2和3.3节的要求。

3.4.4.3　后浇带

质量控制要点：

1）后浇带补偿收缩混凝土的配合比应符合设计及施工规范要求。

2）后浇带混凝土施工前，后浇带部位和外贴式止水带应防止落入杂物和损伤外贴止水带。

3）后浇带两侧的接缝处理要求：

① 水平施工缝浇筑混凝土前，应将其表面浮浆和杂物清除，然后铺设净浆或涂刷混凝土界面处理剂、水泥基渗透结晶型防水涂料等材料，再铺30～50mm厚的1∶1水泥砂浆，并应及时浇筑混凝土。

② 垂直施工缝浇筑混凝土前应将其表面清理干净，再涂刷混凝土界面处理剂或水泥基渗透结晶型防水涂料，并应及时浇筑混凝土。

③ 采用膨胀剂拌制补偿收缩混凝土时，应按配合比准确计量。

④ 后浇带混凝土应一次浇筑，不得留设施工缝；混凝土浇筑后应及时养护，养护时间不得少于28d。

3.4.4.4　穿墙管

质量控制要点：

1）穿墙管用遇水膨胀止水条和密封材料以及穿墙管防水构造必须符合设计要求。

2）固定式穿墙管应加焊止水环或环绕遇水膨胀止水圈，并作好防腐处理；穿墙管应在主体结构迎水面预留凹槽，槽内应用密封材料嵌填密实。

3）套管式穿墙管的套管与止水环及翼环应连续满焊，并作好防腐处理；套管内表面应清理干净，穿墙管与套管之间应用密封材料和橡胶密封圈进行密封处理，并采用法兰盘及螺栓进行固定。

4）穿墙盒的封口钢板与混凝土结构墙上预埋的角钢应焊平，并从钢板上的预留浇筑孔注入改性沥青密封材料或细石混凝土，封填后将浇筑孔口用钢板焊接封闭。

5）当主体结构迎水面有柔性防水层时，防水层与穿墙管连接处应增设加强层。

6）密封材料嵌填应密实、连续、饱满，粘结牢固。

7）金属止水环应与主管或套管满焊密实，采用套管式穿墙防水构造时，翼环与套管应满焊密实，并应在施工前将套管内表面清理干净。

8）相邻穿墙管间的间距应大于300mm。

9）采用遇水膨胀止水圈的穿墙管，管径宜小于50mm，止水圈应采用胶粘剂满粘固定于管上，并应涂缓胀剂或采用缓胀型遇水膨胀止水圈。

10）当工程有防护要求时，穿墙管除应采取防水措施外，尚应采取满足防护要求的措施。

11）穿墙管伸出外墙的部位，应采取防止回填时将管体损坏的措施。

3.4.4.5 预留通道接头

质量控制要点：

1）中埋式止水带、遇水膨胀橡胶条（胶）、预埋注浆管、密封材料、可卸式止水带的施工应符合“3.4.1防水混凝土”的有关规定。

2）预留通道接头防水构造必须符合设计要求。

3）中埋式止水带埋设位置应准确，其中间空心圆环与变形缝的中心线应重合。

4）预留通道先浇筑混凝土结构、中埋式止水带和预埋件应及时保护，预埋件应进行防锈处理。

5）预留通道先施工部位的混凝土、中埋式止水带和防水相关的预埋件等应及时保护，并应确保端部表面混凝土和中埋式止水带清洁，埋设件不得锈蚀。

6）接头混凝土施工前应将先浇混凝土端部表面凿毛，露出钢筋或预埋的钢筋接驳器钢板，与待浇混凝土部位的钢筋焊接或连接好后再行浇筑。

7）当先浇混凝土中未预埋可卸式止水带的预埋螺栓时，可选用金属或尼龙的膨胀螺栓固定可卸式止水带。采用金属膨胀螺栓时，可选用不锈钢材料或用金属涂膜、环氧涂料等涂层进行防锈处理。

3.4.4.6 桩头

质量控制要点：

1）桩头用聚合物水泥防水砂浆、水泥基渗透结晶型防水涂料、遇水膨胀止水条或止水胶和密封材料必须符合设计要求。

2）桩头防水构造必须符合设计要求。

3）桩头混凝土应密实，如发现渗漏水应及时采取封堵措施。

4）桩头顶面和侧面裸露处应涂刷水泥基渗透结晶型防水涂料，并延伸至结构底板垫层150mm处；桩头周围300mm范围内应抹聚合物水泥防水砂浆过渡层。

5）结构底板防水层应做在聚合物水泥防水砂浆过渡层上并延伸至桩头侧壁，其与桩头侧壁接缝处应采用密封材料嵌填。

6）桩头的受力钢筋根部应采用遇水膨胀止水条或止水胶，并应采取保护措施。

7）遇水膨胀止水条的施工应符合《地下防水工程质量验收规范》GB 50208—2011第5.1.8条的规定；遇水膨胀止水胶的施工应符合《地下防水工程质量验收规范》GB 50208—2011第5.1.9条的规定。

8）密封材料嵌填应密实、连续、饱满，粘结牢固。

3.5　明挖法车站主体结构工程

3.5.1　工艺概述

地铁车站由站台层、站厅层、设备层以及出入口组成。地铁站台按照线路分布情况，又可分为岛式站台、侧式站台以及混合式站台。地下车站结构主要包括主体结构、内部结构、出入口及风亭组等。

地铁车站施工常用的有明挖法、盖挖法、暗挖法三种方法，不常用的还有铺盖法、扩挖法等，明挖法施工最为普遍。明挖法是在一定支护体系的保护下开挖基坑，然后在基坑内施作地下工程主体结构的施工方法。由于明挖法易于保证施工安全质量、地层适应性强、施工工期较短、造价低等优点，近年来在国内各城市中得到普遍应用。

3.5.2　施工工序流程

明挖法车站主体结构施工流程（两层车站）如图 3.20 所示。

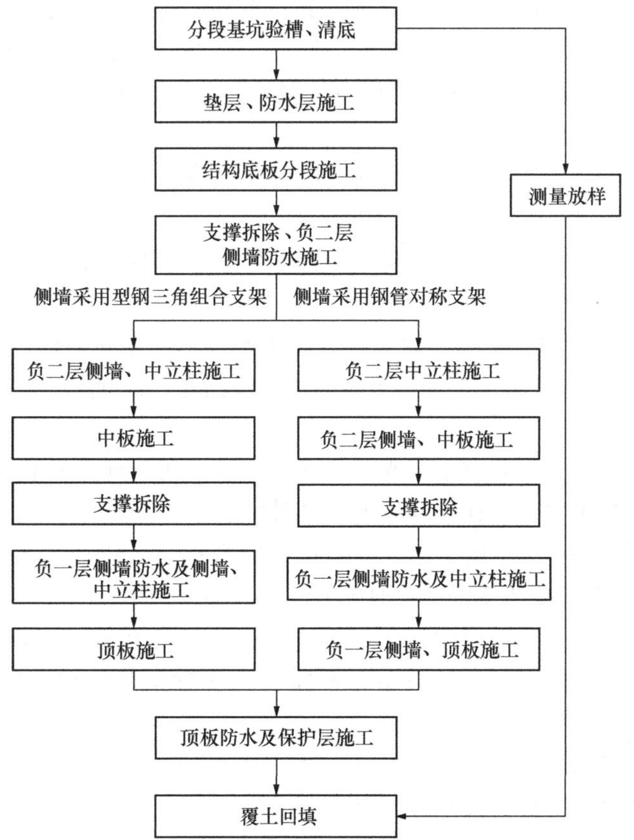

图 3.20　明挖法车站主体结构施工流程（两层车站）

3.5.3 质量控制要点

3.5.3.1 模板工程

模板及支架应根据工程结构形式、荷载大小等条件进行设计，必须具有足够的强度、刚度和稳定性。

梁、板一般采用木模板、方木、双拼钢管和满堂支撑架体系。柱一般采用钢模、木模，异形柱，壁柱一般采用木模。侧墙采用单侧木模或钢模。

侧墙单侧模支架分两种形式，一种为钢管对撑，一种为型钢组合三角桁架支撑。

（1）底板腋角模板安装

1）车站底板与侧墙一般设置腋角，施工时腋角可采用木模板或钢模板。

2）底板钢筋绑扎完毕且验收合格后，按照间距 1m 设置两根 ϕ14 钢筋，顶部附带焊接 M18 对拉螺杆垂直于腋角斜向钢筋并与底板底钢筋焊接。

3）采用钢模时，在斜向钢筋上设置垫块后安装钢模板，在钢模板斜向侧再设置两道双拼 A48 钢管，使用对拉螺杆拉结扣紧钢模，腋角上部侧墙处预埋与侧墙钢筋焊接钢筋，钢筋弯钩扣住钢模顶。

4）采用木模时设置垫块后安装木模板，其上安设三道纵向方木背楞，ϕ20 钢筋做主楞；上反梁腋角以上 100mm 处、梁上 100mm 处分别设置 M18 对拉螺杆以固定梁侧模板主楞，纵向方木背楞，双拼 A48 钢管主楞对拉固定。

（2）柱模板安装

1）柱模板施工前，对柱脚边不平整处，应用人工凿除松动混凝土。测量放样，弹出柱四边边线。

2）柱模板及钢筋安装前需搭设安装操作脚手架，脚手架采用钢管及扣件搭设，应稳定可靠，上部设置防护高度不小于 1.2m。

3）立柱模板采用覆膜木胶板，四周沿竖向布置方木，先安装柱子相对的两块模板，并作临时固定，再安装另外两块模板。方木表面必须刨光，板间拼缝表面要求平整，不得翘曲。

4）合模之后，然后再用双拼钢管或工字钢作柱箍，从下到上安装柱箍，布设穿柱螺栓用“3”形扣件对拉锁紧，并在设计位置设置斜撑。

5）安装完毕后确保柱子下脚平整，与模板交接严密，加贴海绵条，以防止跑浆；并检查斜撑是否顶紧，以防止浇筑混凝土时模板发生位移或上浮。

6）柱脚设置一个清扫口，尺寸为 100mm×100mm，浇筑混凝土前封堵严密，柱模根部用水泥砂浆堵严，防止跑浆。柱脚贴底板面位置设置钢筋地锚，确保柱子的形状和尺寸。

（3）满堂支撑架搭设

1）采用扣件式钢管作模板支架时，施工控制要点如下：

① 模板支架搭设所采用的钢管、扣件规格应符合设计要求；立杆纵距、立杆横距、支架步距以及构造要求，应符合专项施工方案的要求；一般中板立杆纵横间距为 900mm×900mm，顶板立杆纵横间距为 600mm × 900mm 或 600mm × 600mm，步距一般为 1200mm，梁下沿纵向需进行加密设置。

② 立杆纵向和横向宜设置扫地杆，纵向扫地杆距立杆底部不宜大于200mm，横向扫地杆宜设置在纵向扫地杆的下方；立杆底部宜设置底座或垫板。

③ 立杆接长除顶层步距可采用搭接外，其余各层步距接头应采用对接扣件连接，两个相邻立杆的接头不应在同一步距内。

④ 立杆步距的上下两端应设置双向水平杆，水平杆与立杆的交错点应采用扣件连接，双向水平杆与立杆的连接扣件之间的间距不应大于150mm。

⑤ 支架周边应连续设置剪刀撑。支架长度或宽度大于6m时，应设置中部纵向或横向的竖向剪刀撑，剪刀撑的间距和单幅剪刀撑的宽度均不宜大于8m，剪刀撑与水平杆的夹角宜为45°～60°；支架高度大于3倍步距时，支架顶部宜设置一道水平剪刀撑，剪刀撑应延伸至周边。

⑥ 立杆、水平杆、剪刀撑的搭接长度不应小于0.8m，且不应少于2个扣件连接，扣件盖板边缘至杆端不应小于100mm。剪刀撑的搭接长度不应小于1.0m，且不应少于3个扣件连接，

⑦ 扣件螺栓的拧紧力矩不应小于40N·m，且不应大于65N·m。

⑧ 支架立杆搭设的垂直偏差不宜大于1/200。

2）采用扣件式钢管作高大模板支架时，施工控制要点如下：

① 宜在支架立杆顶部插入可调托座，可调托座螺杆外径不应小于36mm，螺杆插入钢管长度不应小于150mm，螺杆伸出钢管的长度不应大于300mm，可调托座伸出顶层水平杆的悬臂长度不应小于500mm。

② 立杆的纵距、横距不应大于1.2m，支架步距不应大于1.8m。

③ 立杆顶层步距内采用搭接时，搭接长度不应小于1m，且不应少于3个扣件连接。

④ 立杆纵向和横向应设置扫地杆，纵向扫地杆距立杆底部不宜大于200mm。

⑤ 宜设置中部纵向或横向的竖向剪刀撑，剪刀撑的间距不宜大于5m，沿支架高度方向搭设的剪刀撑的间距不宜大于6m。

⑥ 立杆的搭设垂直偏差不宜大于1/200，且不宜大于100mm。

⑦ 应根据周边结构的情况，采取有效的连接措施加强支架整体稳固性。

3）采用碗扣式、盘扣式或盘销式钢管架作模板支架时，支架搭设施工控制要点如下：

① 碗扣架、盘扣架或盘销架的水平杆与立柱的扣接应牢靠，不应滑脱。

② 立杆上的上、下层水平杆间距不应大于1.8m。

③ 插入立杆顶端可调托座伸出顶层水平杆的悬臂长度不应超过650mm，螺杆插入钢管的长度不应小于150mm，其直径应满足与钢管内径间隙不小于6mm的要求。架体最顶层的水平杆步距应比标准步距缩小一个节点间距。

④ 立柱间应设置专用斜杆或扣件钢管斜杆加强模板支架。

4）支架搭设施工其他注意事项：

① 按施工方案弹线定位，架体立杆间距、横杆步距等都必须符合施工方案要求。放置可调底座后分别按先立杆后横杆再斜杆的搭设顺序逐层进行，每次上升高度不大于3m。

② 支架及脚手架内外侧加挑梁时，挑梁范围内只允许承受人行荷载，严禁堆放物料。

③ 支撑架搭设过程中，须由专人全过程监督，保证支撑架定位的正确性及搭设过程中的安全性。支撑架搭设到顶时，应组织技术、安全、施工人员对整个架体结构进行全面

的检查和验收，及时解决存在的结构缺陷。

④ 支撑架搭设时，木枋接头都要求在立杆顶托上面，不允许出现悬挑，纵向方木接头也是要求在横向分配梁上，不允许出现悬挑，同样木模板底模拼装时也要求在纵向方木上，不允许悬挑。

⑤ 浇筑过程中，派人检查支架和支承情况，发现下沉、松动和变形情况应及时解决。

⑥ 遇大面积预留孔洞时需上下通直搭设（或在孔洞处设工字钢过梁）。

（4）侧墙模板安装

1）侧墙采用钢管对撑：

① 墙体模板安装前，由测量员核准标高，测放结构轴线及墙体控制线，做好班前交底。

② 先安装内衬墙底第一块模板，模板下口与预先弹好的墙边线对齐，然后安装方木背楞，临时用钢管支撑。

③ 按照设计要求间距及步距搭设板支撑满堂架，在搭设满堂支撑架的同时及时安装侧墙模板撑架主楞木方，在横杆端头架设可调托撑快拆头。

④ 由于侧墙混凝土侧压力较大，要求支撑侧墙模板的横杆垂直于侧墙，横杆钢管支撑采用对接扣件连接，垂直度控制要求在 1/100。

⑤ 车站横断面总体尺寸变化较大，在搭配使用扣件钢管做对撑时需要提前计算控制长短搭配。

⑥ 对于大小里程端侧墙模板支撑体系在横断面侧墙支撑架体系基础上再行增加斜撑钢管，斜撑数量需按验算要求进行设置。

⑦ 预检后再调整加固，将模板偏差控制在规定范围之内，待模板及支架正式验收合格后，进行墙体混凝土浇筑。

2）侧墙采用型钢组合三脚架支撑体系：

① 底板中板施工时，需在板内预埋地脚螺栓伸出倒角斜面，作为固定侧墙的型钢三角支架。预埋地脚螺栓与倒角斜面交点距侧墙内壁一般为 200mm，地脚螺栓裸露长度为 200mm，预埋平直长度 250mm 与板上层钢筋点焊连接。地脚螺栓裸露端与板水平面成 45°。地脚螺栓现场预埋时拉通线，保证埋件在同一条直线上。地脚螺栓在预埋前对连接螺纹采取保护措施，用塑料布包裹并绑牢，以免施工时混凝土粘附在丝扣上，影响连接螺母。预埋地脚螺栓平面位置与桁架同间距，对应预埋。

② 侧墙钢筋绑扎完验收合格后，方可进行模板安装。侧墙模板可采用木模，木模可提前按侧墙高度，拼装成 5～6m 宽的大模板，背楞采用 100mm×100mm 木枋和槽钢。

③ 吊装组合大模板，吊装到位后临时固定，固定可采用钢管斜撑；采用钢模时可从下至上进行单块拼装，模板安装后进行单侧支架吊装，单侧支架根据侧墙高度提前拼装好，然后进行单榀吊装。

④ 墙体模板支架每安装 5～6 榀单侧支架后，及时穿插施工埋件系统的压梁槽钢。

⑤ 支架安装完后，用钩头螺栓将模板背楞与单侧支架部分连成一个整体。

⑥ 调节单侧支架后支座，直至模板面板上口符合设计要求。将调整好的支架用钢管进行连接加固。最后再紧固并检查一次埋件受力系统，确保混凝土浇筑时，模板下口不会漏浆。

（5）板、梁模板安装

1）在铺设模板前，先进行模板支撑架验收，验收合格后，方可铺设板及梁模板。

2）模板铺设时先铺设梁底主次楞，再铺设梁底模板及侧模。

3）在梁模板安装完毕后再进行板模板铺设，板模板从两侧开始安装，先安装第一排主次楞，临时固定后再安装第二排主次楞，依次逐排安装；调节可调螺栓高度，将主次楞找平。

4）铺设板时，板与板之间采取硬拼缝，要求拼缝严密，缝隙小于2mm；板铺完后，用水平仪测量模板标高，进行校正，标高校完后，将模板上面杂物清理干净；并及时进行验收。

5）板铺完后，用水准仪测量、校正模板标高，且满足起拱要求。在梁的一侧板端不封口，留做清扫口，待将模板内杂物清除干净后，再进行封堵。模板涂刷隔离剂时，不得污染梁、板钢筋及混凝土施工缝。

6）墙板相接处，板支模前，在墙体上部弹线，将混凝土浮浆层剔除干净，露出石子。板支模时，根据墙体上水平控制线控制板支模标高。板模板与墙体接触面贴海绵条，木胶板与墙体挤紧，防止接缝不严而漏浆，同时避免海绵条露出模板表面。木模板与木模板间采用硬拼缝，保证拼缝严密，不漏浆，严禁在接缝上贴胶带纸。

7）预留洞口模板采用木枋和模板拼制，为便于脱模，角部用木枋斜撑加固。洞口下侧模板留设排气孔。洞口模板角部加设斜撑。

（6）模板拆除

1）模板支架拆除采用人工拆除为主，机械辅助运输方式进行模板支架拆除。

2）模板拆除必须在混凝土结构达到设计强度才可进行。施工过程中加强安全监督和安全防护，确保拆除过程中的安全。

3）拆除侧模时混凝土强度保证构件不缺棱掉角。

4）模板拆除时严禁用铁棍或铁锤乱砸，拆除的模板应妥善放置于地面。

5）墙柱模板拆除完毕后，应对墙柱阳角部位设置护角，防止损害。

6）模板拆除时应有专人指挥、统一作业，同时应注意临边维护、防止钢管扣件等下落砸伤人员。工人必须具备专业资质，拆除模板支架时工人必须按规定穿戴安全防护装备。

7）模板拆除后及时对拆除的模板进行清理、修补、保养。

3.5.3.2 钢筋工程

（1）钢筋加工制作前，下料表要由技术员和工长审核，并将钢筋加工下料表与设计图复核，检查下料表是否有错误遗漏，对每种钢筋要按下料表检查是否达到设计和规范要求。

（2）钢筋的接头应设置在受力较小处（梁板设置于1/3～1/4跨处），同一纵向受力钢筋不宜设置两个或两个以上接头，接头末端至钢筋弯起点的距离不应小于钢筋直径的10倍。纵向受力钢筋的接头应错开，上下层钢筋接头应错开。

（3）钢筋的锚固及搭接长度，除图中注明以外，按规范取值。

（4）钢筋绑扎施工时，对所有的预埋件采取加固措施，确保预埋件的位置准确。

（5）内底板及底板以上1.8m范围内，应按设计图纸中相关要求，做好车站杂散电流钢筋电气连接，底板及内衬墙表层所有纵向钢筋均应电气连接，若有搭接，应进行搭接焊。

(6) 对有抗震要求的框架和斜撑构件（含梯段）中的纵向受力普通钢筋应采用带“E”的钢筋，其强度和最大力下总伸长率的实测值应符合规范要求。

(7) 垫块必须使用现场预制水泥砂浆垫块或者厂家生产的专业垫块。为保证钢筋保护层厚度的准确性，应采用不同规格的垫块，并将垫块与钢筋绑扎牢固，垫块应交错布置。

3.5.3.3 混凝土工程

(1) 梁、板混凝土浇筑

1) 底板、中板、顶板、梁混凝土浇筑按结构分段分层采用一次浇筑，针对不同工程部位，采用适宜的浇筑顺序：底板、顶板下料由混凝土输送泵完成，水平分台阶、纵向分幅，由边墙分别向中线方向进行浇筑；中板采用纵向分幅，由两侧向中板浇筑。

2) 在浇筑混凝土前，将模板内的杂物和钢筋上的油污等清理干净；对模板的缝隙和孔洞应予堵严；检查止水带是否损坏，对损坏处及时修补。

3) 在浇筑过程中，控制混凝土的均匀性和密实性。混凝土拌合物运至浇筑地点后，立即浇筑入模。在浇筑过程中，严格控制坍落度损失，如发现混凝土拌合物的均匀性和稠度发生变化，应及时处理。

4) 浇筑过程中，注意防止混凝土的分层离析。

5) 浇筑混凝土时，安排专人对模板、支架、钢筋、预埋件和预留孔洞进行观察，发现有变形、移位时，及时采取措施进行处理。

6) 混凝土浇筑连续进行，如必须间歇时，其间歇时间宜缩短，并在前层混凝土初凝前将次层混凝土浇筑完毕。混凝土运输、浇筑和间歇的允许时间见表 3.4。

混凝土运输、浇筑和间歇的允许时间　　表 3.4

混凝土强度等级	气温	
	≤25℃	＞25℃
≤C30	120min	90min
＞C30	90min	60min

(2) 柱、墙混凝土浇筑

1) 柱、梁、墙浇筑应采用分层浇筑振捣，浇筑前底部应先填 5～10cm 厚与混凝土配合比相同的减石子砂浆。

2) 每次浇筑高度不应超过 50cm，混凝土下料点应均匀、分散布置。侧墙模板支撑采用钢管对撑的，墙体混凝土浇筑时，要左右对称、分层连续浇筑至顶板交界处，然后浇筑顶板混凝土。

3) 墙体连续浇筑首尾相接，间隔时间常温下不应超过 3h。

4) 梁柱节点附近离开柱边≥500mm，且≥1/2 梁高处，沿 45°斜面从梁顶面到梁底面用 5mm 网眼的密目铁丝网分隔（做为高低等级混凝土的分界），先浇强度高的混凝土后浇强度低的混凝土，即先浇节点区混凝土后浇节点区以外的梁板混凝土。

5) 洞口浇筑时，应使洞口两侧浇筑高度对称均匀，振动棒距洞边 30cm，并从洞口两侧同时振捣，以防止洞口变形。

6）其他施工要求与底板、中板、顶板、梁浇筑要求一样。

（3）混凝土振捣

1）使用插入式振动器要做到快插慢拔，插点均匀排列，逐点移动，按顺序进行，不得遗漏，做到均匀振实。插入振动棒时要避免碰撞钢筋，更不得放在钢筋上，在施工缝处应充分振捣，且严禁触碰止水带；振捣机头开始转动以后才能插入混凝土中，振完后，徐徐提出，不能过快或停转后再拔出来，振捣靠近模板时，插入式振动棒机头须与模板保持5～10cm距离。

2）振捣时间控制：一般每点振捣时间为20～30s，使用高频振动器，最短不应少于10s。根据肉眼观察，混凝土表面呈水平不再显著下沉，不再出现气泡，表面泛出灰浆，视为振捣合格。振捣移动间距不大于振动棒作用半径的1.5倍（一般为300～450mm），插点距模板不小于20cm，振捣上一层时插入下层混凝土面50mm，以消除两层间的接缝。

3）根据泵送浇筑时自然形成一个坡度的实际情况，在每道浇筑前后布置三道振动棒，前道振动棒布置在底排钢筋处和混凝土坡脚处，确保下部混凝土密实，后道振动棒布置在混凝土卸料点，解决上部混凝土的捣实。

（4）施工缝、变形缝

1）分次浇筑混凝土时，必须在原浇筑的混凝土达到规定的强度要求后，方可再进行混凝土浇筑。

2）在原混凝土表面再次进行混凝土浇筑前，应清除原混凝土表面的浮浆及脆弱表面层，对混凝土表面进行凿毛，露出粗骨料，使其表面呈凹凸不平状。

3）用高压水冲洗表面，彻底清扫原混凝土表面的泥土、松散骨料及杂物，让混凝土表面充分吸水、润湿。

4）施工缝、变形缝止水带安装应顺直、密贴，安装位置和方法应正确。混凝土浇筑前应对其有无破损、位置是否正确等进行严格检查，在符合要求后方可进行混凝土浇筑。

5）混凝土浇筑时，对接缝处适当地进行重复振捣，使其密贴，同时应采取措施防止止水带的位移和破损。

6）使用逆作法的车站侧墙留设施工缝时，需特别注意预埋注浆管，施工完成后进行注浆处理，减少渗漏风险。

（5）混凝土养护

1）混凝土养护：侧墙采用喷淋养护，在混凝土侧墙最上端设有一喷淋管，喷淋管上等间距的开设数个喷淋孔，喷淋孔对准混凝土侧墙，喷淋管的一端采用堵头填堵，另一端外接水源。当打开水源进行喷淋时，水流自上而下覆盖整个混凝土侧墙。

2）结构柱养护：在柱模板拆除后立即采用塑料薄膜进行包裹，并在柱上端设置塑料水箱，固定于柱子上端，在水箱下部开数个小孔，让水慢慢浸入结构柱，达到持续养护的目的。养护时间不得少于7d。

3）板养护：板浇筑完毕后，采用湿麻袋或土工布覆盖浇水养护（条件允许时采用蓄水养护），应在12h以内加以覆盖并浇水养护，保持混凝土表面湿润，尽量减少暴露时间，防止表面水分蒸发。对采用硅酸盐水泥、普通硅酸盐水泥或矿渣硅酸盐水泥拌制的混凝土，浇水养护日期不得少于7d；掺用缓凝型外加剂或有抗渗要求的混凝土不得小于14d，且需达到混凝土设计强度75%以上，在混凝土强度达到1.2MPa之前，不得在其上踩踏或施工振动。

（6）混凝土缺陷修补

1）蜂窝麻面处理：先将蜂窝麻面处凿除到密实处，用清水清理干净，再用喷壶向混凝土表面喷水直至吸水饱和，将配置好的水泥干灰均匀涂抹在表面，此过程应反复进行，直至有缺陷的地方全部被水泥灰覆盖。待24h凝固后用镘刀将凸出于衬砌面的水泥灰清除，然后按照涂抹水泥灰方法进行细部的修复，保证混凝土表面平顺、密实。

2）露筋处理：一般方法是先用锯切槽，划定需要处理的范围，形成整齐而规则的边缘，用冲击工具对处理范围内的疏松混凝土进行清除。露筋较浅时用1∶2或1∶2.5水泥砂浆将露筋部位抹压平整；露筋较深时，应将薄弱混凝土和凸出的颗粒凿去，洗刷干净后，用比原来高一强度等级的细石混凝土填塞压实，或采用喷射混凝土工艺或压力灌浆技术进行修补。

3）孔洞处理：

① 先将孔洞凿去松散部分，使其形成规则形状。

② 用钢丝刷将破损处的尘土、碎屑清除。

③ 用压缩空气吹干净修补面。

④ 用水冲洗修补面，使修补面周边混凝土充分湿润。

⑤ 填上所选择的修补材料，振捣、压实、抹平（推荐选择的材料：HGM高强无收缩灌浆料、HGM100无收缩环氧灌浆料等）；并按所用材料的要求进行养护。

4）表面裂缝处理：一般表面较小的裂缝，可用水清洗，干燥后用环氧浆液灌缝或表面涂刷封闭；裂缝开张较大时，沿纵裂缝凿凹槽，洗净后用1∶2水泥砂浆抹补或干燥后用环氧胶泥嵌补；因外荷载引起的裂缝，钢筋应力较高，影响结构的强度和刚度，应作加固处理，如对板加厚，对梁在梁的一侧或两侧加大截面，作钢筋混凝土围套或以钢板箍住再抹钢丝网水泥砂浆封闭；有整体防水和防锈要求的结构裂缝，应据裂缝宽度采用水泥压力灌浆或化学注浆（环氧浆液、甲凝、丙凝等）方法，进行裂缝修补或表面封闭应与注浆同时使用。

5）错台处理：由于模板拼缝错台而导致混凝土表面错台的处理措施：用扁斧将错台部位的混凝土细致地砍除，保证处理部位的混凝土表面顺平，表面光滑，处理后的错台高差不能大于3mm；由于模板加固不牢导致混凝土胀模的处理措施：以标准混凝土表面为准，将涨处的混凝土范围做好标记，沿着标记线剔凿多余混凝土，剔凿好的表面为毛面比标准混凝土表面低7～10mm，喷水湿润后，用与此处混凝土配合比一致的水泥砂浆压实抹平并加以养护。

（7）混凝土结构工程施工验收标准

1）模板的安装质量检验标准应符合表3.5的规定。

2）采用扣件式钢管做模板支架时，质量检查应符合下列规定：

① 梁下支架立杆间距的偏差不宜大于50mm，板下支架立杆间距的偏差不宜大于100mm；水平杆间距的偏差不宜大于50mm。

② 应检查支架顶部承受模板荷载的水平杆与支架立杆连接的扣件数量。采用双扣件

构造设置的抗滑移扣件，其上下应顶紧，间隙不应大于 2mm。

现浇结构模板安装的允许误差及检验方法 **表 3.5**

<table>
<tr><th>序号</th><th colspan="2">项目</th><th>允许偏差（mm）</th><th>检验方法</th></tr>
<tr><td>1</td><td colspan="2">轴线位置</td><td>5</td><td>尺量</td></tr>
<tr><td>2</td><td colspan="2">底模上表面标高</td><td>±5</td><td>水准仪或拉线、尺量</td></tr>
<tr><td>3</td><td rowspan="3">模板内部尺寸</td><td>基础</td><td>±10</td><td>尺量</td></tr>
<tr><td>4</td><td>柱、墙、梁</td><td>±5</td><td>尺量</td></tr>
<tr><td>5</td><td>楼梯相邻踏步高差</td><td>5</td><td>尺量</td></tr>
<tr><td rowspan="2">6</td><td rowspan="2">墙、柱垂直度</td><td>层高≤6m</td><td>8</td><td rowspan="2">经纬仪或吊线、尺量</td></tr>
<tr><td>层高>6m</td><td>10</td></tr>
<tr><td>7</td><td colspan="2">相邻板面高低差</td><td>2</td><td>尺量</td></tr>
<tr><td>8</td><td colspan="2">表面平整</td><td>5</td><td>2m 靠尺和塞尺量测</td></tr>
</table>

③ 支架顶部承受模板荷载的水平杆与支架立杆连接的扣件拧紧力矩不应小于 40N·m，且不应大于 65N·m。支架每步双向水平杆应与立杆扣接，不得缺失。

3）采用碗扣式、盘扣式或盘销式钢管架作模板支架时，质量检查应符合下列规定：

① 插入立杆顶端可调托座伸出顶层水平杆的悬臂长度不应超过 650mm。

② 水平杆杆端与立杆连接的碗扣、插接和盘销的连接不应松脱。

③ 按规定设置竖向和水平斜撑。

4）钢筋安装位置偏差满足规范以及表 3.6 的要求。

钢筋安装允许偏差 **表 3.6**

<table>
<tr><th colspan="3">项目</th><th>允许偏差（mm）</th><th>检验方法</th></tr>
<tr><td rowspan="2">绑扎钢筋网</td><td colspan="2">长、宽</td><td>±10</td><td>钢尺检查</td></tr>
<tr><td colspan="2">网眼尺寸</td><td>±20</td><td>钢尺量连续三档，取最大值</td></tr>
<tr><td rowspan="2">绑扎钢筋骨架</td><td colspan="2">长</td><td>±10</td><td rowspan="2">钢尺检查</td></tr>
<tr><td colspan="2">高、宽</td><td>±5</td></tr>
<tr><td rowspan="5">受力钢筋</td><td colspan="2">间距</td><td>±10</td><td rowspan="2">钢尺量两端、中间各一点，取最大值</td></tr>
<tr><td colspan="2">排距</td><td>±5</td></tr>
<tr><td rowspan="3">保护层厚度</td><td>基础</td><td>±10</td><td rowspan="3">钢尺检查</td></tr>
<tr><td>柱、梁</td><td>±5</td></tr>
<tr><td>板、墙</td><td>±3</td></tr>
<tr><td colspan="3">绑扎箍筋、横向钢筋间距</td><td>±20</td><td>钢尺量连续三档，取最大值</td></tr>
<tr><td colspan="3">钢筋弯起点位置</td><td>20</td><td>钢尺检查</td></tr>
<tr><td rowspan="2">预埋件</td><td colspan="2">中心线位置</td><td>5</td><td>钢尺检查</td></tr>
<tr><td colspan="2">水平标高</td><td>+3，0</td><td>钢尺检查和塞尺检查</td></tr>
</table>

5）预埋件和预留孔洞允许偏差见表 3.7。

预埋件安装及孔洞允许偏差　　表 3.7

序号	项目		允许偏差（mm）	检验方法
1	预埋钢板中心线位置		3	钢尺检查
2	预留管、孔中心线位置		3	钢尺检查
3	插筋	中心线位置	5	钢尺检查
4		外露长度	+10，0	钢尺检查
5	预埋螺栓	中心线位置	2	钢尺检查
6		外露长度	+10，0	钢尺检查
7	预留洞	中心线位置	10	钢尺检查
8		尺寸	+10，0	钢尺检查

6）现浇结构位置和尺寸允许偏差及检验方法见表 3.8。

现浇结构位置和尺寸允许偏差及检验方法　　表 3.8

序号	项目		允许偏差（mm）	检验方法
1	轴线位置	整体基础	15	经纬仪及尺量
2		柱、墙、梁	8	经纬仪及尺量
3	垂直度	每层	10	经纬仪或吊线、尺量
4		全高	H/30000+20	经纬仪、尺量
5	标高	层高	±10	水准仪或拉线、尺量
6		全高	±30	水准仪或拉线、尺量
7	截面尺寸	基础	+15，−10	尺量
8		柱、梁、板、墙	+10，−5	尺量
9		楼梯相邻踏步高差	6	尺量
10	电梯井	中心位置	10	尺量
11		长、宽尺寸	+25，0	尺量
12	表面平整度		8	2m 靠尺和塞尺量测
13	预埋件中心位置	预埋板	10	尺量
14		预埋螺栓	5	尺量
15		预埋管	5	尺量
16		其他	10	尺量
17	预留洞、孔中心线位置		15	尺量

7）模板拆除：底模及支架应在混凝土强度达到设计后再拆除；当设计无具体要求时，同条件养护的混凝土立方体试件抗压强度应符合表 3.9 的规定。

模板拆除时的混凝土强度要求　　表 3.9

构件类型	构件跨度（m）	达到设计混凝土强度等级值的百分率（%）
板	≤2	≥50
	>2，≤8	≥75
	>8	≥100
梁、拱、壳	≤8	≥75
	>8	≥100
悬臂结构		≥100

3.6 盖挖法车站主体结构工程

3.6.1 盖挖顺作法车站主体结构工程

3.6.1.1 工艺概述

地铁车站盖挖顺作法是在地表作业完成挡土结构后，以定型的预制标准覆萧结构（包括纵、横梁和路面板）置于挡土结构上维持交通，往下反复进行开挖和加设横撑，直至设计标高。依序由下而上，施工主体结构和防水措施，回填土并恢复管线路或埋设新的管线路。最后，视需要拆除挡土结构外露部分并恢复道路。

3.6.1.2 施工工艺流程

车站明挖顺作法与盖挖顺作法主体结构施工工艺流程（两层车站）如图 3.21 所示。

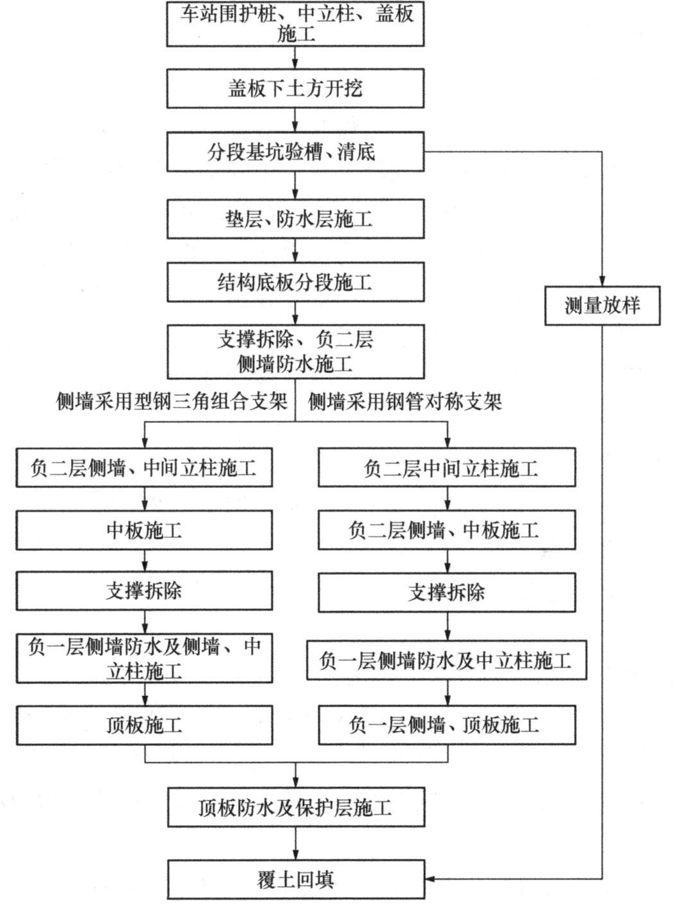

图 3.21 明挖顺作法与盖挖顺作法主体结构施工工艺流程（两层车站）

3.6.1.3 质量控制要点

1）中间立柱结构施工时，必须注意根据立柱的支承方式，编制合理的施工方案，保证立柱的强度、刚度、稳柱施定性；中间支承柱施工时定位及标高必须符合设计要求，垂直度必须满足设计及规范要求。

2）开挖前做好场地规划与机械人员准备，做好基坑内降水工作，并及时跟进水位监测，保证水位在开挖面以下不小于1m。

3）距离（铺盖）顶板底面20cm范围内用人工开挖，测量人员跟踪基底水平高程，严禁超挖破坏原始稳定土层，同时必须保证铺盖系统结构标高准确，如铺盖系统标高段地基承载力不能满足要求，必须进行回填、夯实等，地基处理后方可进行施工。

4）开挖遵循"先撑后挖、随挖随撑、同步对称、及时坑闭"的原则，防止基坑变形及周边建筑物变形；加强开挖基坑监控量测工作，确保基坑安全；开挖时加强标高控测，防止超挖。

5）出土口宜靠近地面运输道路设置，布置在基坑端头或侧边，便于安装提升设备；出土口处结构构件应预留结构钢筋，后期进行封闭时保证结构质量。

6）主体结构模板工程、钢筋工程、混凝土工程参见"3.5.3质量控制要点"。

3.6.2 盖挖逆作法车站主体结构工程

3.6.2.1 工艺概述

地铁车站盖挖逆作法是先在地表面向下做基坑的围护结构和中间桩柱，和盖挖顺作法一样，基坑围护结构多采用地下连续墙或帷幕桩，中间支撑多利用主体结构本身的中间立柱以降低工程造价。随后即可开挖表层土体至主体结构顶板地面标高，利用未开挖的土体作为土模浇筑顶板。顶板可以作为一道强有力的横撑，以防止围护结构向基坑内变形，待回填土后将道路复原，恢复交通。以后的工作都是在顶板覆盖下进行，即自上而下逐层开挖并建造主体结构直至底板。如果开挖面积较大、覆土较浅、周围沿线建筑物过于靠近，为尽量防止因开挖基坑而引起临近建筑物的沉陷，或需及早恢复路面交通，但又缺乏定型覆盖结构，常采用盖挖逆作法施工。

3.6.2.2 施工工艺流程

车站主体结构盖挖逆作法施工流程（三层车站）如图3.22所示。

3.6.2.3 质量控制要点

1. 逆作结构顶、中板施工（地膜法）

（1）土胎膜选用

根据工程地质条件，在土层上施工土胎膜及混凝土结构容易引起结构不均匀沉降，因此应做好基坑开挖过程中的降水以及上层滞水的疏排工作，确保土面干燥。土胎膜选用：碎石＋细石混凝土＋砂浆找平层＋三合板（刷隔离剂）。对局部软弱部位采用三七灰土换填处理，以保证地膜的强度、刚度，最大限度地减少施工过程中的不均匀沉降。

（2）地膜施工方法

1）机械开挖至设计板底标高，由人工清底至土模所需的高度，严禁超挖，保持原状土。

2）回填碎石并碾压，然后铺细石混凝土，再抹砂浆找平层，对于顶纵梁及边墙处土模采用砖墙＋浆抹面，对板、梁跨中处按照规范设置$L/400$预拱度，土模顶面高程提高2cm作为预留沉降量。

3）脱模方法：土胎膜混凝土干燥达到强度后，采用射钉安装铺设5mm厚木板，表

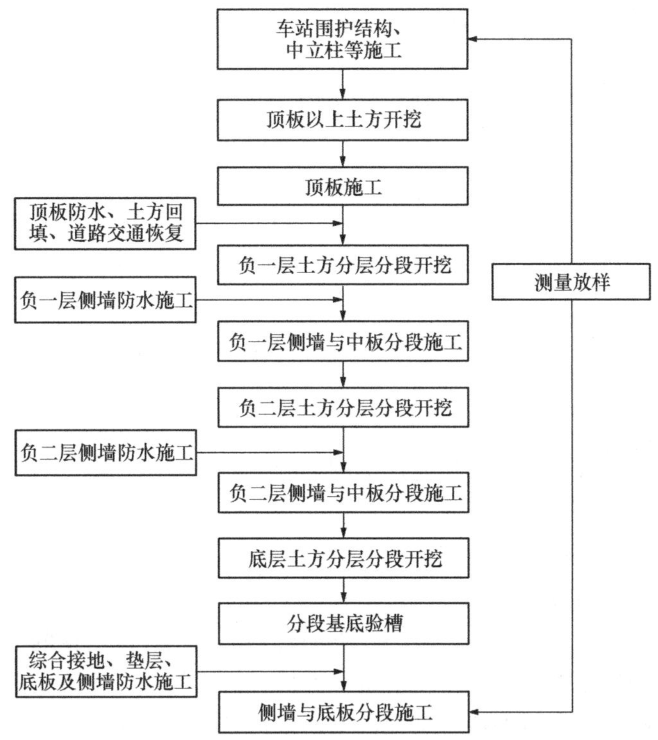

图 3.22　车站主体结构盖挖逆作法施工流程（三层车站）

面刷隔离剂。

(3) 部分逆作侧墙施工方法

侧墙位置按主筋连接接头要求长度尺寸局部挖深，一般多挖 1m 左右的深土然后用砂回填，侧墙的竖向主筋向下插入砂坑槽内，满足下层侧墙竖向主筋机械连接尺寸要求。在施工下层侧墙时，其竖向主筋与上层预留插筋对齐采用机械接头连接，使得上下层钢筋始终保持垂直一致。

2. 逆作结构顶、中板施工（矮支架法）

(1) 施工方法

在车站盖挖逆作法工况下时，在基坑围护结构受力允许条件下，开挖土方至板下 2.3m，进行地基土压实后，浇筑混凝土垫层，搭设矮支架，铺设方木、模板，施作结构板。

(2) 垫层施工

垫层为混凝土，在地质情况较差地方要提前进行换填处理，标高按设计要求控制在 5cm 以内，垫层混凝土施工过程中，纵横向每隔 5m 设置一标高控制线，严格控制垫层表面标高。

1) 垫层浇筑前及结构施工期间，将地下水控制到垫层底以下 1.0m 左右。

2) 车站开挖至逆作垫层下标高 0.3m 时，用人工配合挖掘机进行基底清理，避免扰动原状土。施工段两侧设截水沟和集水坑，防止基层浸泡变软导致结构施工期间垫层下沉变形。

3）为防止结构板混凝土施工时两端土体隆起，垫层向底板施工分段向外延伸 2.0m 以上。

4）根据预先埋设的标高控制桩控制垫层施工厚度满足设计要求，并及时收面、养生，确保垫层面无蜂窝、麻面、裂缝。

（3）矮支架搭设

根据支架选用类型，按支架计算间距要求进行支架搭设，按规范要求进行。扫地杆、纵横剪刀撑，支架杆件应确保连接牢固，确保整体受力及稳定性。

（4）模板安装

支架搭设完成后安装顶托，再铺设主楞、模板，保证模板铺设完成后的标高及平整度，加固顶托及支架。

3. 逆作结构侧墙施工

结构侧墙采用从上到下顺序逆作或从下到上顺作施工。

（1）墙体模板

采用三角大钢模或可移动式模板台车。

（2）墙体混凝土浇筑及振捣

逆作结构墙体较厚，墙顶浇筑口较小且钢筋密集，插入式振动棒的棒体柔软，无法送到较远的背土侧，为保证振捣效果，在浇筑口架设一个简易的可旋转支架，将振动棒送到迎土侧后下放至混凝土内进行振捣。支架由钢筋或钢管中部焊接开口式转轴而成，转轴悬挂在墙体的分布筋上，便于随时调整振捣位置和振捣角度，支架的末端设置封闭环箍，环箍内径略大于振动棒外径，便于振动棒上下调整高度。

（3）墙顶施工缝处理

1）上部先浇混凝土施工时，使墙、板施工缝部位迎土侧混凝土低于背土侧 100mm，在墙体混凝土浇筑时既方便混凝土自动流入，也便于振捣过程中气泡能够顺利排出。

2）支设墙模时，为防止墙、板之间的施工缝混凝土无法密实，将墙模顶部由密贴方式调整为敞开方式，在大块钢模顶上支设斜模，模板顶高于施工缝，既方便混凝土入模，又能充分填充混凝土振捣过程中因塌落而产生的墙顶缝隙，保证施工缝充填密实。因支设倾斜模板造成多浇筑的楔形混凝土，在初凝后立即凿除并修整表面。顶板上采用可以与结构密实粘贴的聚氨酯涂料，并且在拐角增设一层同材质的防水层；与各层板结构交接部位进行凿毛处理并涂刷一道水泥基渗透结晶型刚性防水层，利用其遇水逆向渗透作用提高混凝土的抗渗性能。

3）为确保逆作结构缝密实，在浇筑至墙顶 500mm 时，改用同强度等级的微膨混凝土进行封顶。施工缝部位，在条件允许的情况下采用钢板腻子止水带进行防水密封处理，在不能采用钢板腻子止水带部位，采用遇水膨胀橡胶条进行防水密封处理。在层板与边墙间的水平施工缝部位，采用预埋管注浆的方式进行强防水处理。在变形缝部位，结构内部采用中埋式 PVC 止水带进行防水处理，外侧采用背贴式橡胶止水带进行处理。

4. 土方施工

1）基坑开挖程序：测量放线→分层开挖→修整边坡→基底整平→留足预留土层→人工清理预留土层（中板位置）。

2）根据工程的特点及土质情况，拟采用基坑内人工配合小型反铲挖掘机开挖，结构板预留出土口，在地面基坑两侧采用液压抓斗垂直提升出土。

3）土方纵向约 20m 进行分段开挖，保证中板的分段施工距离。

5. 底板施工

每开挖一段土方就施工一段底板，防止大面积开挖土方引起中板及钢管柱受力过大发生沉降。底板厚度大，应按大体积混凝土施工要求进行控制，加强混凝土的振捣、养护，防止混凝土开裂。

4 停车场土建工程施工质量控制

城市轨道交通工程中地铁停车场具有占地面积大、施工组织复杂等特点，土建工程是其施工全过程中的一个重要环节。鉴于此，本章节对地铁停车场场平工程、地基基础及地基处理、主体结构、防水工程、附属设施五个部分的施工质量控制要点分别进行阐述。

4.1 场平工程

场平工程包括挖方、填方及换填等施工内容，总体按照“先换填后填方”的原则组织施工。

4.1.1 土石方开挖

土石方开挖应严格控制开挖顺序，合理安排、统筹协调，严格遵守“先支后挖、分层分段开挖、分段施作结构、严禁超挖、限时作业”五个要点，尽量缩短边坡的无支护暴露时间，有效控制结构变形。刷坡完成后及时对坡面进行支护，严格遵循“竖向分层、纵向分段、横向分块、先支后挖、严禁超挖”的原则进行施工。

4.1.1.1 施工顺序及方法

地铁停车场占地面积大，需根据工程实际情况将土方开挖区域沿横向划分为若干个小开挖区段。每个小开挖区纵向可按照 25m 的长度或结合实际情况再进行分段开挖施工，每段土方分层开挖，且分层开挖厚度不大于 2m。开挖时按照一个方向进行逐层开挖，具体开挖步骤如下：

(1) 开挖运土马道，且坡度不大于 10%，采用分层、分段的方式开挖，每层厚度不大于 2m。

(2) 采用台阶法开挖直至见底，基底预留 20cm 厚人工配合检底，各台阶竖向间距为 5m，宽度为 6m，放坡坡度为 1∶1。

(3) 当采用台阶法收坡至最后阶段，仅剩余一部分土方时，运土车直接从另一侧进入基坑，装土后反方向运出。

4.1.1.2 质量控制要点

(1) 土方开挖方法须与方案一致，严格按施工方案规定的施工顺序分层、分段依次进行开挖。

(2) 做好技术准备和技术交底工作，施工技术人员、测量人员应熟悉图纸，掌握现场测量桩及水准点的位置尺寸，施工过程中需配备专职测量人员进行开挖质量控制。

(3) 施工设专人指挥，技术员进行书面交底，严格执行施工方案。强化施工技术交底工作，需严格按照三级交底模式：第一级为项目技术负责人，对本工程的质量要求，施工流程的安排及主要施工工艺向项目全体管理人员进行交底；第二级交底为施工工长向施工班组进行各项专业工种的技术产底；第三级由班组向工人交底，各项交底必须有相应的书面记录。

（4）挖土设备、机械的操作人员必须要按照开挖灰线进行施工。

（5）测量员随时动态测量，保证开挖范围及整平后的标高。

（6）挖土过程中严禁碰撞工程桩、支撑、立柱和降水井点管；分层开挖时，层高不宜过大，以免土方侧压力过大使工程桩变形倾斜。

4.1.2　土方换填

4.1.2.1　工艺概述

当场地内地质条件无法满足设计要求及工程结构安全需要时，需对该区域土方进行换填施工。

4.1.2.2　施工工艺流程

土方换填施工工艺流程如图 4.1 所示。

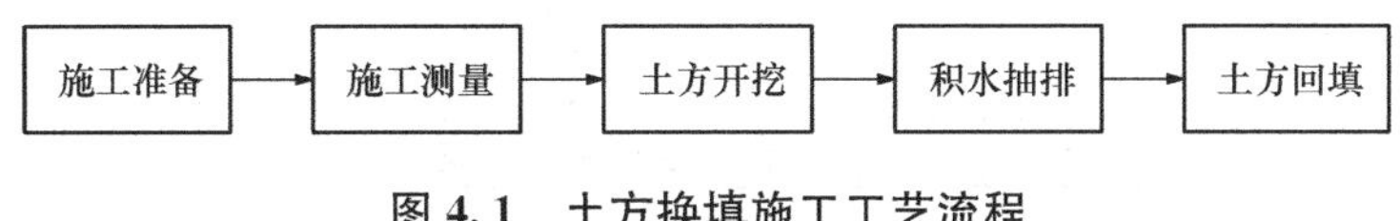

图 4.1　土方换填施工工艺流程

4.1.2.3　质量控制要点

（1）开挖施工之前，需将换填区域内积水抽排干净，保持基本干燥作业环境，若土质含水量过大，采用 2∶8 灰土或卵石土材料进行换填。

（2）施工过程中严格执行“三检”制度，将“自检，互检，专检”落实到每一道工序，上一道工序未验收合格不可进行下道工序施工。

（3）开挖过程中，根据开挖深度并结合回填区域土质，按规范要求进行放坡开挖，避免边坡不稳定影响后期回填作业。

（4）原状土开挖完成后，经验收合格方可进行回填作业。

（5）回填作业过程中应严格按照设计要求分层进行碾压，按要求控制分层厚度。

（6）现场应做好旁站记录，对回填土方进行检查，严禁使用不合格的回填土。

（7）换填施工完毕后，对换填标高进行复核，确认无误后，由具备资质的检测单位对压实系数进行检测。

4.1.3　土方填筑

4.1.3.1　工艺概述

当场地标高低于设计标高时，需要对该区域土方进行土方填筑施工。

4.1.3.2　施工工艺流程

土方填筑施工工艺流程如图 4.2 所示。

4.1.3.3　质量控制要点

（1）填筑前应先对场地进行清表，清表厚度需满足设计要求，软土地基路段在地基加固、铺设砂垫层及土工格栅后开始填筑。

（2）填筑土底面应设在同一标高上，如深度不同，基底土面应挖成阶梯状搭接，并按先深后浅的顺序进行垫层施工，搭接处应夯实。

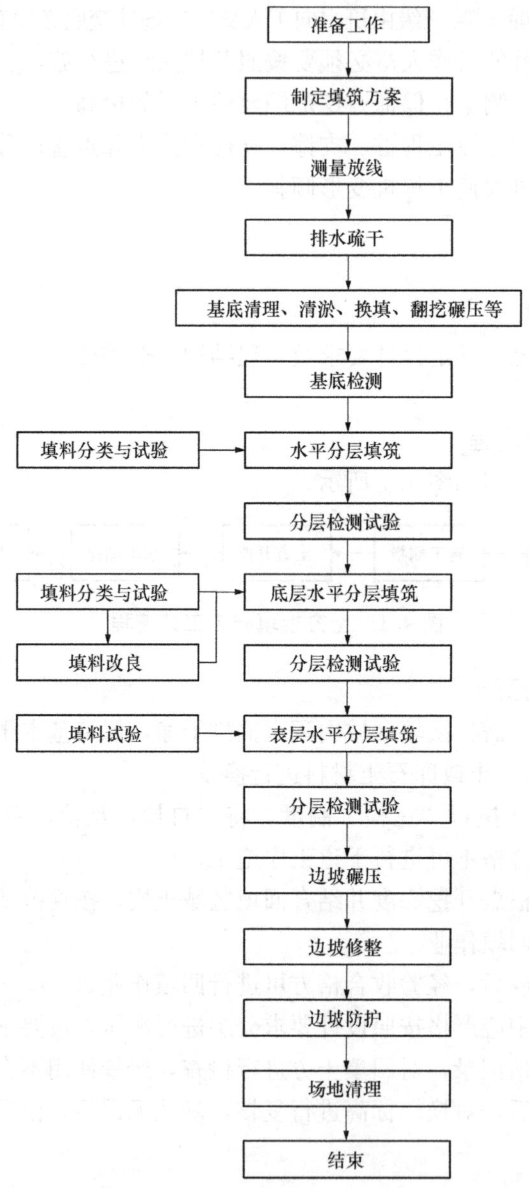

图 4.2　土方填筑施工工艺流程

(3) 填筑施工严格按“三阶段、四区段、八流程”的方式作业，严格控制填筑层厚度，根据填筑试验段确定的松铺厚度全宽、纵向、水平进行分层填筑。

(4) 每层碾压完毕后及时检测压实度和地基系数，满足设计要求后，经检查签认后再进行下一层填筑。

4.2　地基基础及地基处理

地基处理可采用 CFG 桩复合地基，地基基础采用承台下桩基础，主要包括钻孔灌注桩、承台及连梁施工。

4.2.1 CFG桩复合地基处理

4.2.1.1 工艺概述

水泥粉煤灰碎石桩（CFG桩）复合地基是由水泥、粉煤灰、碎石、石屑或砂加水拌合形成的高粘结强度桩，通过在基底和桩顶之间设置一定厚度的褥垫层以保证桩、土共同承担荷载，使桩、桩间土和褥垫层一起构成复合地基。桩端持力层应选择承载力相对较高的土层，水泥粉煤灰碎石桩复合地基具有承载力提高幅度大、地基变形小、适用范围广等特点。

4.2.1.2 施工工艺流程

CFG桩施工流程如图4.3所示。

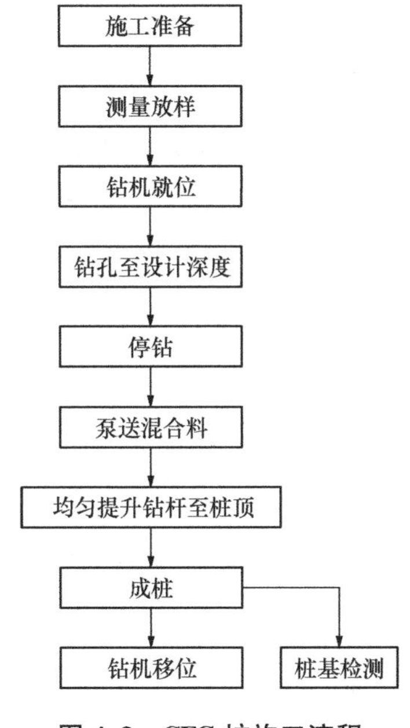

图4.3 CFG桩施工流程

4.2.1.3 质量控制要点

（1）桩机就位必须铺垫平稳，立柱垂直稳定牢固，钻头对准桩位。

（2）钻进过程中，未达设计标高时不得反转或提升钻杆，如遇特殊情况需提升钻杆或反转，应将钻杆提升至地面，将钻头活门重新清洗、疏通、闭合。

（3）开始钻进或穿过软硬土层交界处时，在确保钻杆垂直度符合要求的条件下缓慢进入；在含有砖头、瓦块的杂填土层或含水量较大的软塑粉黏性土层中钻进时，应尽量减少钻杆晃动，以免扩大孔径。

（4）钻进时应观察电流值处于正常工作状态，当电流值接近140A时应及时提升排土，直至电流值符合钻进要求。

（5）若提钻时间较晚，钻头处的水泥浆液在泵送压力下被挤出，容易造成管路堵塞；提拔钻杆的过程中应连续泵料，避免造成混合料离析、桩身缩颈和断桩。

（6）钻进过程中，操作人员与指挥人员需密切注意钻进情况，如遇卡钻、钻杆剧烈抖动、钻杆偏斜等异常情况，应立即停钻，查明原因并采取相应措施后方可继续作业。

（7）每桩应快速施工，以防缩颈、断桩。

（8）混合料采用商品混合料，查看商品混合料配送单出车时间，确保拌合均匀，混合料坍落度应控制在160～200mm。

（9）严格控制拔管速率，拔管速率太快可能导致桩径偏小或缩颈断桩，而拔管速率过慢又会造成水泥浆分布不匀，桩顶浮浆过多，桩身强度不足并导致混合料离析，导致桩身强度不足。施工时，应严格控制拔管速率，正常的拔管速率应控制在1.2～1.5m/min。

（10）根据钻机上的进尺标记，成孔到达设计标高时，停止钻进；在钻进时，记录电流突变位置的电流值，作为地质复核情况的参考。

（11）根据设计要求严格控制桩位、有效长度和垂直度，为保证工作面数量并提高成桩质量，钻出的水泥土需分批清运，必要时随钻随清。

（12）施工期间应避免停水、停电，如无法避免应提前做好应急准备工作，以免造成质量事故和设备损坏。

（13）打桩弃土清运不能对桩顶标高以下的桩身造成损害，不可扰动桩间土，不可破坏工作面未施工的桩位。

（14）施工过程中，质检人员旁站监督，并做好施工原始记录，记录钻机工作中的电流值、桩长、混凝土灌入量，并且在施工中处理如堵管、串孔一系列问题。

（15）冬期施工时混合料入孔温度不得低于5℃，对泵管、桩头和桩间土采取保温措施。

（16）CFG桩施工完成28天内不得有任何机械在上部行走。

4.2.2 钻孔灌注桩

4.2.2.1 工艺概述

钻孔灌注桩是指通过机械钻孔在地基土中形成桩孔，并在其内放置钢筋笼，灌注混凝土后而形成的桩。钻孔灌注桩具有承载力大、稳定性好、沉降量小、受施工水位或地下水位高低的影响较小等优点，在地铁工程停车场基础中被广泛应用。

4.2.2.2 施工工艺流程

钻孔灌注桩施工工艺流程如图4.4所示。

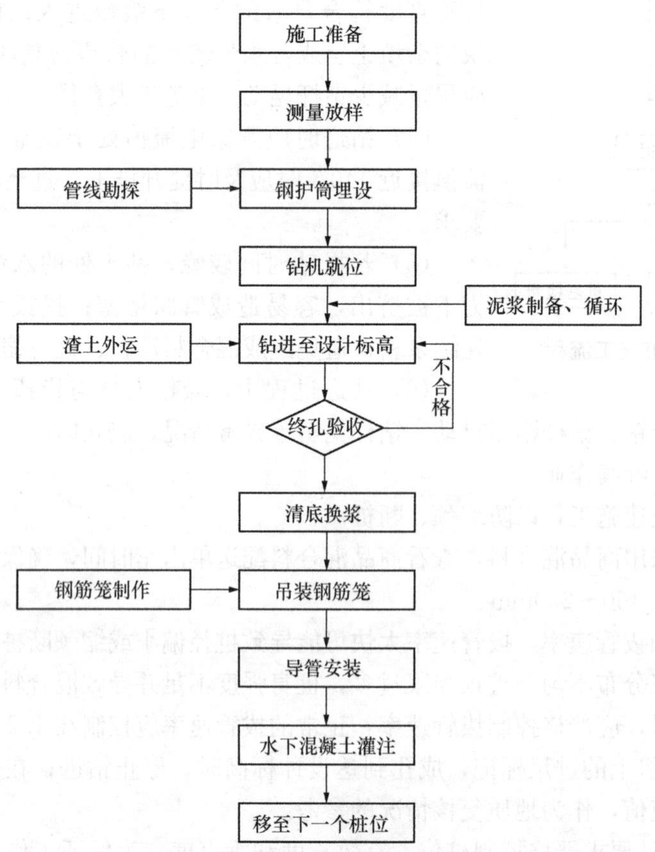

图4.4 钻孔灌注桩施工工艺流程

4.2.2.3　质量控制要点

(1) 灌注桩的原材料和混凝土强度必须符合设计要求和施工规范的规定。

(2) 混凝土实际浇筑体积不得小于计算浇筑体积。

(3) 浇筑混凝土后，桩顶标高及浮浆的处理必须符合设计要求和施工规范的规定。

(4) 严格控制桩身直径，一般不应超过桩长的3‰，且最大不得超过10mm。

(5) 孔底虚土厚度不应超过50mm，尺寸符合设计要求，桩底应落在持力层上，持力层土体不应被破坏。

4.2.3　基础承台连梁施工

4.2.3.1　工艺概述

桩基承台是建筑在桩基上的基础平台，一般为钢筋混凝土结构，起到承上传下的作用，把墩身荷载传到基桩上。连梁是连接独立基础、条形基础或桩基承台的梁，此类梁不承重，梁下不承受地基反力的作用。

4.2.3.2　施工工艺流程

承台及连梁施工工艺流程如图4.5所示。

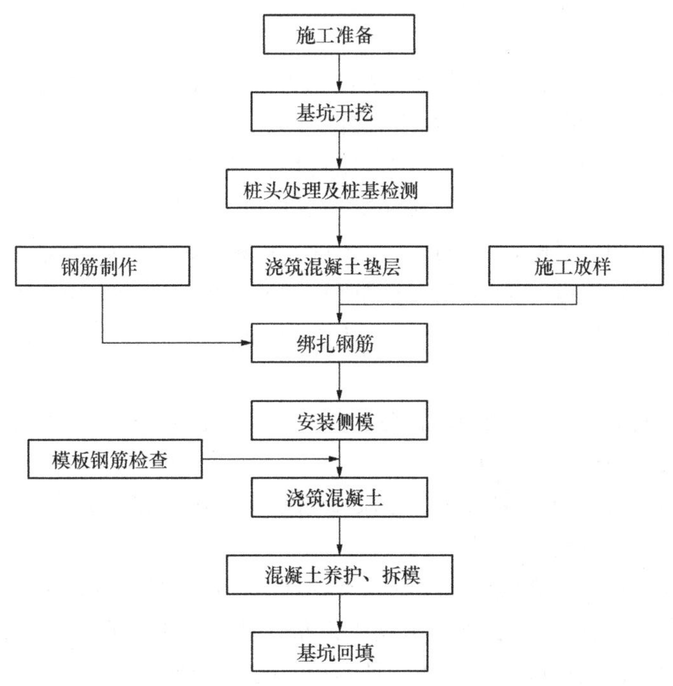

图4.5　承台及连梁施工工艺流程

4.2.3.3　质量控制要点

1. 基坑开挖

(1) 应采用机械开挖辅以人工修整的方案，开挖时基底预留30cm土层人工进行开挖，以进一步减小对原状土的扰动，承台结构人工需开挖至设计桩顶以下0.05m

或0.08m。

(2) 基坑严禁超挖，如有超挖，必须采用级配碎石回填至设计基底标高并夯实。

(3) 采用加大基坑开挖尺寸，四周设排水沟和集水坑潜水泵抽水的方案，防止基坑开挖之后地下水渗入造成基坑积水，排水沟深20cm，集水坑深70cm（部分承台需适当加大）；不间断抽水，保持基底无积水、无浮泥，满足承台施工的需要。

(4) 承台基坑开挖时，弃土应置于成型基坑右侧2m以外处堆放；堆放不下时，需将弃土外运至弃土场。

2. 桩基桩头处理

(1) 凿除桩头前精确测定桩顶标高，考虑凿除工艺对桩头的影响程度，预留一定高度，并在桩身上做出明显标记，确保凿除桩头后桩基混凝土伸入承台的长度满足设计(10cm)的要求，桩顶面和侧面必须干净无异物。

(2) 桩基钢筋伸入承台的长度、形状（调直，钢筋弯折为横向15cm）及箍筋数量应满足设计要求。

(3) 桩基桩头在浇筑承台混凝土前必须清除浮渣，并用水清洗干净。

(4) 桩基和承台的连接部位是抗震要求极高的关键部位，也是施工质量薄弱的部位。桩头浮渣清除不干净，不能绑扎承台钢筋。

3. 钢筋与模板工程

(1) 钢筋混凝土保护层是保证结构耐久性的重要指标之一。混凝土保护层厚度不足，钢筋易受到侵蚀，100年的设计年限就得不到根本保证。

(2) 模板加固需使用拉筋时，应加工专用拉杆并满足施工要求。建议对拉系统设置的要求：与主筋连接2层（四面侧模），模板对拉3层。

(3) 模板应保证四周平顺，垂直度、平整度、模板光洁度、位置偏差符合检验批中模板支架检查要求，浇筑混凝土前模板应涂刷隔离剂或模板漆，禁止使用废机油。

(4) 对拉钢筋切割应使用切割片切割，不能使用电弧焊切割，以免烧伤混凝土。

4. 混凝土施工

(1) 模板安装完成并经检查验收合格后，方可灌注混凝土；承台混凝土采用泵送入模灌注，使用插入式振动棒捣固密实。

(2) 灌注混凝土时，应对称卸料、分层捣固密实，避免在一处集中卸料导致模板偏载，从而影响墩柱预埋钢筋的位置。

(3) 灌注过程中和灌注完成后应仔细检查预埋钢筋位置是否满足设计和规范要求。

(4) 混凝土浇筑完成6h后在顶面覆盖土工布，外贴隔水塑料薄膜，使用喷水系统和喷雾器不间断养护，避免形成干湿循环，且养护时间不少于14d。

5. 基坑回填

(1) 基坑回填前，需将基坑内积水、杂物等清理干净。

(2) 基坑回填采用小型蛙式打夯机按照对称、分层的方式进行夯实。

(3) 回填时注意保护邻近管线，机械机具不得碰撞结构物。

4.3 主体结构

4.3.1 立柱施工

停车场主体结构立柱横截面尺寸主要使用1000mm×800mm、1400mm×1400mm的方柱以及直径为1000mm的圆柱居多，部分方柱为型钢柱，截面面积约为0.092m^2。现浇混凝土立柱均采用定型钢模型，由工厂分节段定制，立柱混凝土分两次浇筑，第一次浇筑承台顶部至场平标高，施工高度为2m；第二次浇筑场平标高至梁底部分，施工高度为7.5m。

4.3.1.1 施工准备

在三通一平的基础上，立柱的准备工作主要包括桩位测量及放样、钢筋加工、模板及各种材料准备等。

(1) 施工缝处理：整理好预留钢筋，对钢筋进行除锈、冲净。对立柱与承台的交接面，做好施工缝的处理，凿毛并用水冲洗并清除积水。

(2) 立柱放样：利用全站仪精确测量放样，定出墩台中心点、纵横轴线。

(3) 钢管搭设：根据立柱高度搭设双排钢管架，便于立钢筋、支撑模板。

4.3.1.2 施工方法

立柱施工采用直径为48mm、壁厚为3.5mm的钢管搭设脚手架，大块钢模分节段安装，采用混凝土泵车整体浇筑成型，立柱施工工艺流程如图4.6所示。

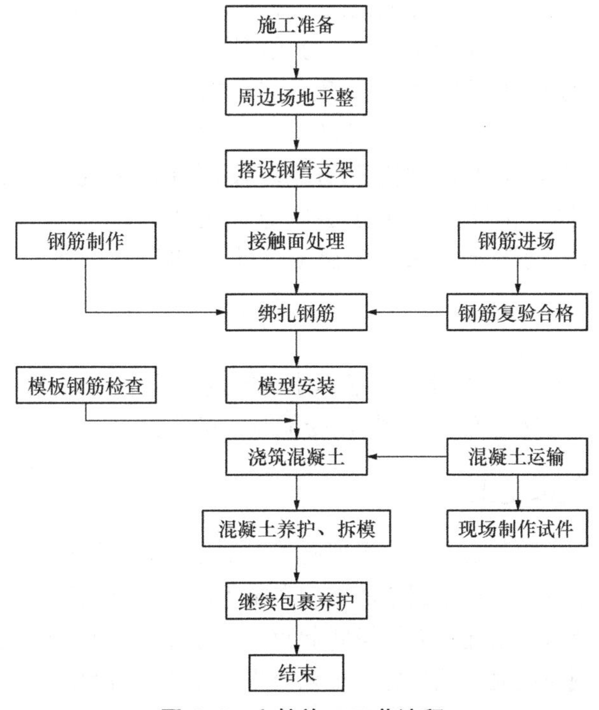

图4.6 立柱施工工艺流程

（1）脚手架施工

支架采用灯笼体脚手架整体移动搭设，每隔 5m 使用钢丝绳在脚手架上设置“八”字缆风绳，增加脚手架整体稳定性，并在顶部用 5cm 厚木板铺设作业平台，平台四周设安全护栏和安全网。

（2）型钢柱安装

型钢柱分区堆放整齐，型钢柱安装采用 25t 汽车起重机起吊，人工配合安装。

（3）钢筋施工

钢筋在钢筋加工场按设计图纸集中下料、分型号、规格堆码、编号，汽车或塔式起重机转运至现场，在立柱钢筋骨架定位模具上绑扎。

（4）模板安装

圆立柱和方立柱选用无拉杆式大块钢模板，钢模板分节进行加工，节段长度为 4～4.5m，零号节段单独进行加工。立柱模型采用塔式起重机进行安装，局部塔式起重机盲区可采用汽车起重机安装。模板采用汽车起重机进行安装，根据现场实际情况分节段或多个节段组合拼装后整体吊装就位。立柱模板表面要打磨光滑平整，无凹凸变形，用滚筒在钢模上均匀涂抹一层隔离剂，随后吊装拼接钢模。模型接缝不得漏浆，抹上隔离剂后应及时灌注混凝土。

（5）混凝土浇筑

浇筑混凝土前，派专职技术人员对立柱模板、钢筋及预埋件位置和钢筋保护层厚度、模板体系的稳定性进行检查，确保在浇筑混凝土时模板位置不发生偏移。

立柱混凝土采用高架泵车浇筑，浇筑混凝土前，应先在立柱底面浇筑 2～3cm 厚同强度等级砂浆。浇筑时将吊筒伸入立柱模板内，保证混凝土浇筑高度小于 2.0m，以防止离析。同时，混凝土浇筑过程中须分层浇筑，分层厚度不得超过 30cm。

混凝土浇筑过程中应使用振动器振捣密实，插入式振动器的移动距离不宜超过振动器作用半径的 1.5 倍，插入下层混凝土的深度宜为 5～10cm。振动器工作时，不得将其倚靠在钢筋上，也不得碰撞钢筋及埋设部件，按规定完成振捣后，用脚将模板边混凝土踩踏一圈，消除混凝土接层气泡。振动器在每一位置上的振动延续时间，应保证混凝土密实度满足要求，确保混凝土不再下沉，不出现气泡，以表面开始泛浆为宜。

（6）养生及拆模

混凝土采用浇水养护，养护时间根据具体情况进行确定。模板应在混凝土强度达到 2.5MPa 以上，且其表面及棱角不因拆模而受损时方可拆除。

4.3.2 现浇混凝土盖板施工

现浇混凝土盖板采用满堂碗扣式支撑架施工，根据不同的梁板结构类型，选用不同的搭设间距。梁、板采用木模板，根据梁的类型在木工厂内下料加工，最后在支架顶部组拼成型。现浇盖板垂直及水平运输均采用塔式起重机，整个停车场盖体范围内共安装 14 台平臂式塔式起重机，现浇混凝土盖板施工工艺流程如图 4.7 所示。

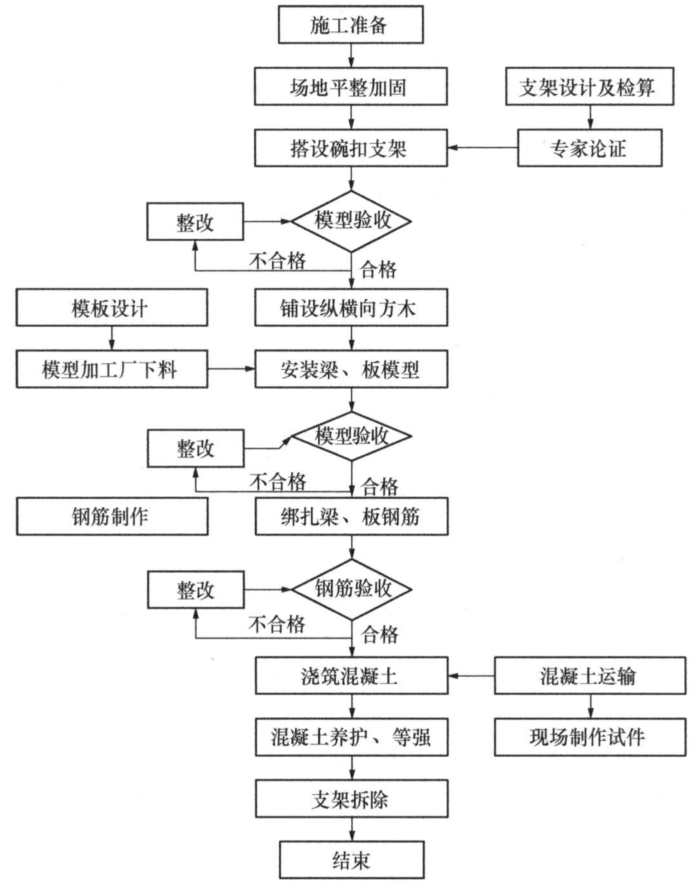

图 4.7 现浇混凝土盖板施工工艺流程

4.3.3 钢筋、模板及混凝土工程质量控制要点

4.3.3.1 钢筋工程质量控制要点

(1) 钢筋的检验与存放

钢筋进场应出具出厂证明书或试验报告单，钢筋进场由材料员验收，并委托试验员分批进行机械性能试验，同时要求各种试验取样监理见证率为 100%。钢筋在使用中发现脆断、焊接性能不良或机械性能异常时，应及时对其进行化学成分分析，严禁不合格钢材用于地铁工程。

(2) 钢筋连接形式

钢筋直径大于等于 16mm 的统一采用直螺纹套筒连接，钢筋直径小于 16mm 的采用绑扎搭接，纵向受力钢筋最小搭接长度见表 4.1。

(3) 钢筋翻样

钢筋翻样应在详细了解所有有关图纸、设计交底、设计洽商等要求的基础上，结合设计规范中的构造要求及施工验收规范的质量控制标准统一考虑，特别应注意满足抗震规范和图纸指定的抗震构造图集要求。钢筋翻样中采用 BIM 三维软件与钢筋基础数据库结合，以全流程应用为目标，进行组建开发、建模标准建立，实现智能断料数据传递。在基于钢筋翻样辅助系统标准化、系统化应用的基础之上，精准化建立钢筋信息模型(图 4.8)，实现真三维平台下的高效协同与精确化翻样，源头上解决了翻样手段有限，错误率高，原材料利用率低，变更适应性差等问题。

纵向受力钢筋最小搭接长度 **表 4.1**

钢筋直径(mm)	纵向受力钢筋最小搭接长度（mm）								
	C30			C35			≥C40		
	HPB300	HRB335	HRB400	HPB300	HRB335	HRB400	HPB300	HRB335	HRB400
6	—	227	336	—	260	311	—	244	277
8	—	370	448	—	347	414	—	325	370
10	490	462	560	448	434	518	406	406	462
12	—	—	672	—	—	622	—	—	554
14	—	—	784	—	—	725	—	—	647

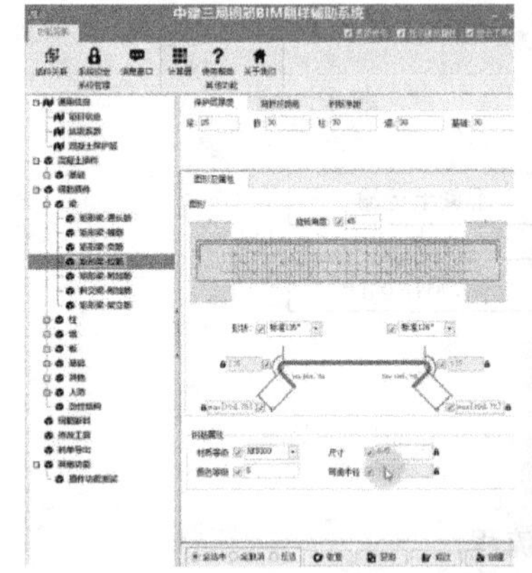
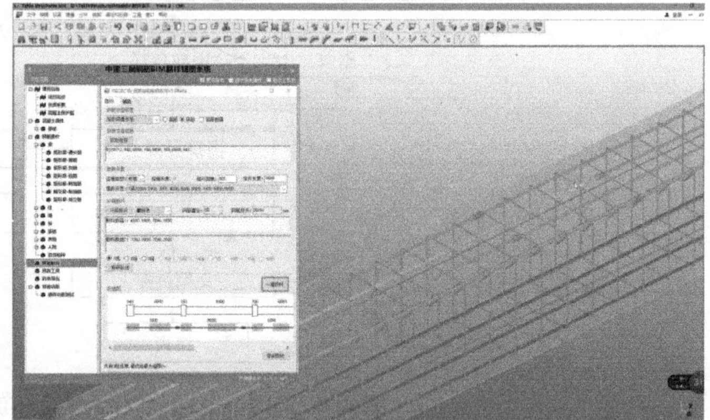

图 4.8 钢筋工程 BIM 翻样模型

（4）钢筋加工

钢筋下料及成型的首件产品必须自检无误后方可批量生产，为保证混凝土外观质量，受力钢筋顺长度方向全长的净尺寸允许偏差为－10mm、＋4mm，箍筋净尺寸允许偏差为－3mm、＋2mm。钢筋表面应洁净，无泥土、油污和锈迹，受到机械损伤或有裂缝、锈坑的钢筋严禁使用。针对停车场钢筋需求大的特点，可以建立 BIM 钢筋集约化加工中心(图 4.9)，采用高效数控机械、优化设备配置，以实现基于数控设备的批量加工生产，最大化利用设备产能，配合信息化钢筋管控，提升钢筋加工管理水平，改善生产力的组织。

（5）钢筋安装

停车场钢筋安装包括承台及连梁钢筋、墙体钢筋、柱钢筋、梁钢筋、板钢筋、后浇带钢筋、楼梯钢筋、构造柱钢筋安装 8 个部分，钢筋安装过程中，应满足设计要求和相关规范中对质量标准的要求。

1）主控项目

a. 钢筋的质量、规格、形状、尺寸、数量、锚固长度、接头位置，必须符合设计要求和施工规范的规定。

图 4.9 BIM 钢筋集约化加工中心

b. 钢筋焊接接头的机械性能结果，必须符合钢筋焊接及验收的相关规定。

2）一般项目

缺扣、松扣数量不得超过绑扣数的 10%，且不应集中。弯钩朝向应正确，绑扎接头应符合施工规范的规定，搭接长度不得小于规定值。箍筋的间距数量应符合设计要求，弯钩角度为 135°，弯钩平直长度为 $10d$。

3）允许偏差（表 4.2）

钢筋加工允许偏差一览表 **表 4.2**

项次	项目		允许偏差（mm）	检验方法
1	网的长度、宽度		±10	钢尺检查
2	网眼尺寸		±20	钢尺量连续三档，取其最大值
3	骨架的宽度、高度		±5	钢尺检查
4	骨架的长度		−10、+4	钢尺检查
5	受力筋间距		±10	钢尺量两端、中间各一点，取其最大值
6	受力筋排距		±5	钢尺量两端、中间各一点，取其最大值
7	绑扎箍筋、构造筋间距		±10	钢尺量连续三档，取其最大值
8	钢筋弯起点位移		20	钢尺检查
9	受力钢筋保护层	梁、柱	+3、−2	钢尺检查
		墙、板	+3、−2	钢尺检查

4.3.3.2 模板工程质量控制要点

（1）高大模板构造要求

高大模板施工主要包括模板安装以及支撑架体的搭设，施工中除按照支模设计参数进行现场控制外，还应满足一定的构造要求，以保证支撑系统安全。其构造要求见表 4.3。

高大模板构造要求一览表 **表 4.3**

序号	构件或部位	构造要求
1	架体总体要求	1. 对剪刀撑、水平杆、周边拉结等采取一系列加强措施。 2. 支模架体高宽比：模板支架的整体高宽比不应大于 3

续表

序号	构件或部位	构造要求
2	立杆	1. 立杆间距：梁和板的立杆，其纵横向间距应相等或成倍数，以满足支撑系统的稳定性。 2. 立杆步距的设计：步距 1.2m。 3. 立杆垂直度：立杆是排架支撑系统中最重要的受力杆件之一，其垂直度直接影响到架体的承载能力，立杆应选择顺直的钢管，保持垂直度，减少偏心距；在安装过程中通纵横两个方向横杆进行控制。 4. 立杆接长构造 （1）立杆接长采用对接扣件连接。 （2）可调托座使用：立杆底部应设垫木和底座，顶部应设可调支托，可调托座与双钢管楞梁两侧间如有间隙，必须楔紧；可调托座与钢管交接处应设置横向水平杆，托座顶距离水平杆的高度不应大于 300mm，伸出钢管顶部不得大于 200mm。螺杆外径与立杆钢管内径的间隙不得大于 3mm，安装时应保证上下同心。可调底座及可调托撑丝杆与螺母啮合长度不得少于 4～5 扣，插入立杆内的长度不得小于 150mm。 5. 钢管立杆接头必须采用对接扣件接头
3	高低模板架	钢管横杆，连接高低模板支架各两跨，形成整体，步距同该处模板支架。立柱距边坡上方边缘不得小于 0.5m
	水平杆	1. 支撑架步距为 1.2m，每步的纵、横向水平杆应双向拉通。 2. 水平杆应从立杆最下一个扣件位置开始向上搭设，最下水平杆作为扫地杆。 3. 设置有可调底托的立杆顶端应沿纵横向设置一道水平拉杆
4	剪刀撑	剪刀撑采用钢管扣件搭设，包括纵、横垂直方向和水平方向三部分组成，要求根据工程结构情况具体说明设置数量。 1. 设置数量，模板支架高度超过 4m 的模板支架应按下列规定设置剪刀撑： （1）模板支架四边满布竖向剪刀撑，中间每隔 10m 左右立杆设置一道纵横向竖向剪刀撑，由底至顶连续设置，并优先设置于主梁之下，并在剪刀撑部位的顶部、扫地杆处设置水平剪刀撑。 （2）当建筑层高在 8～20m 时，除应满足上述规定外，还应在纵横向相邻的两竖向连续式剪刀撑之间增加“之”字斜撑，在有水平剪刀撑的部位，应在每个剪刀撑中间处增加一道水平剪刀撑。 2. 剪刀撑的构造应符合下列规定： （1）每道剪刀撑宽度 4～6m，剪刀撑斜杆与地面倾角宜在 45°～60°之间。 （2）剪刀撑斜杆的接长应采用搭接；剪刀撑斜杆件的接长区域，应等间距设置 3 个旋转扣件进行搭接，搭接长度应大于 500mm，端部搭接扣件距离杆件端头的距离应大于 100mm，不得采用对接扣件。 （3）剪刀撑应用旋转扣件固定在与之相交的横向水平杆的伸出端或立杆上，旋转扣件中心线至主节点的距离不宜大于 150mm。 （4）剪刀撑杆件的底端应与地面顶紧
5	扣件	确保每个扣件和钢管的质量是满足要求的，每个扣件的拧紧力矩都要控制在 45～60N·m
6	周边拉接	梁板支架的纵横向水平杆应相互连通紧固同时与周边模架连通，并应采用连墙杆或钢管抱箍，与已经完成混凝土柱、墙等竖向结构拉紧顶牢形成固结点，其竖向≤3m，水平间距≤6m，以保证模板支架的整体稳定性

（2）高大模板搭设质量控制要点

1）安装现浇结构的上层模板及其支架时，下层模板应具有承受上层荷载的承载能力，上、下层支架的立柱应对准并铺设垫板。

2）在涂刷模板隔离剂时，不得污染钢筋和混凝土接搓处。

3）模板安装应满足以下要求：模板接缝不应漏浆，浇筑混凝土前，木模板应浇水湿润，但模板内不应有积水；模板与混凝土的接触面应清理干净并涂刷隔离剂，不得采用影响结构性能或妨碍装饰工程施工的隔离剂；浇筑混凝土前，模板内的杂物应清理干净；对清水混凝土工程及装饰混凝土工程，应使用能达到设计效果的模板。

4）跨度不小于 4m 的现浇钢筋混凝土梁、板，其模板应按设计要求起拱，当设计无具体要求时，起拱高度宜为跨度的 1/1000～3/1000。

5）固定在模板上的预埋件、预留孔均不得遗漏，且安装牢固，偏差应符合要求。

（3）高大模板拆除质量控制要点

1）底模及其支架拆除时，混凝土强度应符合设计要求，当设计无具体要求时，混凝土强度应符合表 4.4 的规定。

底模拆除混凝土强度要求一览表　　表 4.4

构件类型	构件跨度（m）	达到设计的混凝土立方体抗压强度标准值的百分率（%）
板	≤2	≥50
	>2，≤8	≥75
	>8	≥100
梁、拱、壳	≤8	≥75
	>8	≥100
悬臂构件	—	≥100

2）侧模拆除时的混凝土强度应保证结构表面及棱角不受损伤。

3）拆除模板时，不应对结构板形成冲击荷载。

4）拆除的模板和支架宜分散堆放并及时清运。

4.3.3.3　混凝土工程质量控制要点

（1）混凝土施工技术措施

因结构设计导致竖向构件与水平构件混凝土设计强度等级不同时，一般情况下同层竖向构件强度等级比水平构件高一个等级，局部立柱强度为 C60，高梁板混凝土 5 个等级。因此整体浇筑时必须采用分别浇筑的方法，不同强度等级的混凝土之间必须采取隔离措施，严禁低强度混凝土浇筑到高强度等级的部位，特别是剪力墙梁窝部位，务必采取隔离措施分别浇筑。

（2）混凝土施工质量控制要点

混凝土浇筑完毕后，应按施工技术方案及时采取有效的养护措施，确保混凝土强度在达到 1.2N/mm^{2}前，不得在其上踩踏或安装模板及支撑架。

现浇混凝土结构拆模后，应由监理（建设）单位、施工单位对外观质量和尺寸偏差进行检查，并由各方根据其结构性能和对使用功能影响的程度做出记录，存在缺陷时应及时按施工技术方案对其进行处理。针对混凝土结构出现的严重缺陷，应提出技术处理方案，并经监理（建设）单位认可后进行处理，经过处理的部位，应重新检查验收。现浇混凝土结构产生的质量缺陷以及混凝土构件尺寸偏差见表4.5和表4.6。

混凝土质量缺陷 **表4.5**

名称	现象	严重缺陷	一般缺陷
露筋	构件内钢筋未被混凝土包裹而外露	纵向受力钢筋有露筋	其他钢筋有少量露筋
蜂窝	混凝土表面缺少水泥砂浆而形成石子外露	构件主要受力部位有蜂窝	其他部位有少量蜂窝
孔洞	混凝土中孔穴深度和长度均超过保护层厚度	构件主要受力部位有孔洞	其他钢筋有少量孔洞
夹渣	混凝土中夹有杂物且深度和长度均超过保护层厚度	构件主要受力部位有夹渣	其他钢筋有少量夹渣
疏松	混凝土中局部不密实	构件主要受力部位有疏松	其他钢筋有少量疏松
裂缝	缝隙从混凝土表面延伸至混凝土内部	构件主要受力部位有影响结构性能和使用性能的裂缝	其他部位有少量不影响结构性能和使用功能的裂缝
连接部位缺陷	构件连接处混凝土缺陷及连接钢筋、连接件松动	连接部位有影响结构传力性能的缺陷	连接部位有基本不影响结构传力性能的缺陷
外形缺陷	缺棱掉角、棱角不直、翘曲不平、飞边凸肋等	清水混凝土构件有影响使用功能或装饰效果的外形缺陷	其他混凝土构件有不影响使用功能的外形缺陷
外表缺陷	构件表面麻面、掉皮、起砂、玷污等	具有重要装饰效果的清水混凝土构件外表缺陷	其他混凝土构件有不影响使用功能的外表缺陷

混凝土构件尺寸偏差 **表4.6**

项目			允许偏差（mm）	检验方法
轴线位置	基础		15	钢尺检查
	墙、柱、梁		8	
	剪力墙		5	
垂直度	层高	≤5m	8	经纬仪或吊线，钢尺检查
		>5m	10	
标高	层高		±10	经纬仪或拉线，钢尺检查
截面尺寸			+8，−5	钢尺检查
电梯井	井筒长、宽、定位中心线		+25，0	
表面平整度			8	2m靠尺和塞尺检查
预埋设施中心线位置	预埋件		10	钢尺检查
	预埋螺栓		5	
	预埋管		5	
预留中心线位置			15	钢尺检查

4.4 防水工程

结构防水遵循“以防为主，刚柔结合，多道防线，因地制宜，综合治理”的原则，以结构自防水为主，外防水为辅，关键处理好施工缝、变形缝、预埋件、预留孔洞、各类结构断面接口等细部结构的防水。

4.4.1 结构自防水施工质量控制要点

主体结构采用防水混凝土，其抗渗等级不得低于P8，结构自防水的重点是保证防水混凝土的施工质量。因此在施工中必须采取相应的措施，从而确保防水混凝土满足规范中所规定的密实性、抗渗性、抗裂性、防腐性和耐久性要求。

4.4.1.1 混凝土质量控制

(1) 防水混凝土的原材料，必须采用满足设计及规范要求的材料，并在使用时按规定进行检查。若材料发生变化，必须重新检查，并及时调整混凝土配合比。

(2) 在混凝土浇筑地点现场测定混凝土坍落度，每班不少于两次。

(3) 施工过程中需要掺入外加剂时，根据情况进行调整，但必须由试验人员进行。

4.4.1.2 混凝土的运输、输送控制

(1) 混凝土到达现场后，先核对报码单，现场测定混凝土坍落度，同时按规定留置抗压、抗渗试块。

(2) 混凝土运输、输送过程中，由专人监督，严禁擅自加水。

(3) 从搅拌运输车中卸出的混凝土不得发生离析现象，否则必须进行二次搅拌。当坍落度损失后不能满足施工要求时，应加入原水灰比的水泥浆或二次掺加减水剂进行搅拌，严禁直接加水。

(4) 输送泵应保持良好的状态，保证均匀、连续施工。

(5) 输送泵管道拐弯宜缓，接头严密，不得有硬弯；输送过程中，管道接长应分段进行，防止堵管。

(6) 混凝土泵送前，须对泵送管道采用砂浆润滑。

4.4.1.3 防水混凝土浇筑控制

(1) 混凝土浇筑前，对钢筋、模板、预埋件、预留孔洞、止水带等进行严格检查，清除模板内杂物，隐蔽验收合格后方可浇筑混凝土。

(2) 混凝土浇筑时应严格控制自由倾落高度（一般不超过2m），超过时2m时必须采用串筒或溜槽浇筑。

(3) 混凝土浇筑过程中，采用插入式振动棒振捣，时间为10～30s，并以混凝土开始泛浆和不冒气泡、混凝土面不再下沉为准，振捣时不得碰撞钢筋、模板和预埋件，避免漏振、欠振和超振。掺加引气剂或引气型减水剂时，应采用高频插入式振动器振捣。

(4) 混凝土浇筑过程中，应注意保证止水带位置无误，并由专人负责检查、调整。

(5) 防水混凝土应连续浇筑，尽量减少施工缝数量。必须留设时，应遵守下列规定：墙体水平施工缝不应留在剪力与弯矩最大处或底板与侧墙的交接处，应留在高出底板表面

不小于 300mm 的墙体上；板墙结合的水平施工缝，宜留在拱（板）墙接缝线以下 150～300mm 处；墙体有预留孔洞时，施工缝距孔洞边缘不应小于 300mm。垂直施工缝应避开地下水和裂隙水较多的地段，并宜与变形缝相结合。

（6）浇筑时混凝土坍落度宜控制在 150mm±20mm。入模温度以温差控制，应确保表面温度与大气温度的差值不得大于 20℃，表面温度与中心温度的差值不得大于 20℃。

（7）防水混凝土中的钢筋在迎水面和侵蚀介质中的保护层厚度不小于 5cm，裂缝宽度在迎水面不得大于 0.2mm，背水面不得大于 0.3mm，不得出现贯通裂缝。

4.4.2 防水卷材施工

4.4.2.1 施工工艺流程

防水卷材施工工艺流程如图 4.10 所示。

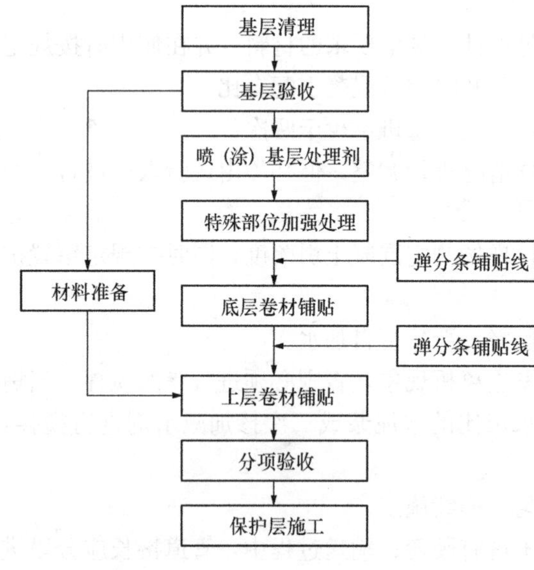

图 4.10 防水卷材施工工艺流程

4.4.2.2 质量控制要点

（1）防水卷材施工前，认真检查外观质量，防水卷材不得有孔眼、断裂、撕裂、破损，同时必须经复检合格后才能投入使用。

（2）防水卷材铺设前，先按设计要求完成找平层（垫层）施工，并保持垫层表面干净、干燥，若表面有渗漏，应先对渗漏部位进行处理，待其表面干燥后铺设防水卷材。

（3）铺贴前基层表面应均匀涂刷基层处理剂，干燥后应及时铺贴卷材。

（4）铺贴时，应将自粘型卷材上的隔离纸完全清除干净。

（5）铺贴过程中，应排除卷材下面的空气，并滚压保证粘结牢固。

（6）铺贴的卷材应平整顺直，搭接尺寸准确，不得扭曲、皱折；搭接部位宜使用热风焊枪加热，加热后粘贴牢固，随即将溢出的自粘胶刮平封口。

（7）接缝口应用密封材料封严，宽度不应小于 10mm；结构转角及特殊部位应增设 1～2层加强防水层。

（8）防水卷材铺设完成后应对其质量进行检查，检查合格后尽快进行保护层施工，防止防水卷材损坏。

（9）防水层施工完成后，及时施工防护层，并在下一段施工时对连接部分注意保护，不得弄脏和破损。

（10）在结构钢筋绑扎、焊接时，要加强对防水层的保护，防止损坏。可在焊接部位设置钢板或橡胶板进行防护，防止焊渣损坏防水卷材，钢筋绑扎时钢筋头用无纺布或编织袋绑扎防护。

4.4.3 施工缝防水施工

4.4.3.1 施工缝防水构造

主体结构采用分段、分层的方式进行施工，施工中存在环向与水平施工缝，施工缝采用 3mm 厚镀锌钢板止水带。结构施工缝是由于混凝土一次连续浇筑不能太长或必须分部施工而留下的施工接缝，它是结构自防水的一个薄弱环节，其防水质量取决于施工缝两端混凝土的质量和止水带与防水卷材的粘贴质量。因此施工时应保证挡头板密闭不能漏浆，止水带与防水卷材粘贴密实且不能透水。

4.4.3.2 质量控制要点

(1) 结构施工前，应先排干积水并截断外部流入施工面处的水流，工程实践证明较好的作业环境有利于保证施工缝止水带的安装质量和混凝土浇筑施工。

(2) 在施工缝部位设置止水带，将结构分隔成各自独立的防水区域。粘贴部位应密实不能透水，挡头板通过挡头方木和短钢筋固定于结构纵向钢筋上，挡头板与止水带之间的缝隙应堵塞严密以防漏浆。

(3) 施工缝所用的镀锌钢板止水带必须选用合格产品，并经抽检合格后方可使用。

(4) 钢板止水带须保证一半嵌入先施工混凝土中，另一半嵌入后浇筑混凝土中。

(5) 止水带采用钢筋夹固或用铅丝固定于结构钢筋上，并用端头模板紧固。同时先除去模板内侧保护膜，外侧保护膜，待下一循环混凝土浇筑时除去。

(6) 混凝土浇筑施工过程中，应注意对止水带的保护，将端头模板处的混凝土振捣密实，保证止水带紧密嵌入混凝土中。特别是底板施工缝，应保证止水带下部的混凝土振捣密实。

(7) 施工缝混凝土基面在下一循环混凝土浇筑施工作业前必须充分凿毛，清洗干净，排除任何杂物。水平施工缝在浇筑前，应在先浇筑基面上敷设 25～30mm 与混凝土同强度等级的水泥砂浆，竖向施工缝混凝土表面涂刷水泥浆或混凝土界面处理剂并及时浇筑混凝土，保证新旧混凝土的良好结合。

(8) 施工缝端头模板拆除时，注意保护橡胶止水带，严禁损坏。

4.4.4 特殊部位防水施工

4.4.4.1 外墙穿墙管、预埋件部位防水施工

穿墙管或预埋件部位须增设附加层及管体焊接止水环的方式防水，同时应满足以下要求：

(1) 穿墙管止水环必须与主管连续满焊并作好防腐处理。

(2) 穿墙管处防水层施工前，需将止水环和管道表面清理干净。

(3) 预埋穿墙套管在管道安装完毕后，在两管道中间空隙内填充防水填料，并用法兰盘压紧。

(4) 穿墙管部位防水层应铺粘严密，不留接茬，同时增设附加层并按要求施工。

(5) 当预埋件未穿透结构时，无需采取特殊防水措施；若预埋件穿透结构，须按穿墙管防水措施进行防水处理。

(6) 预留件部位的防水层，应与预埋件外的结构防水层保持连续。

4.4.4.2 结构底角与顶角处防水层铺设

主体结构底板与侧墙的防水层是结构外防水的薄弱环节，应进行加强处理。侧墙处采用加铺1～2层加强防水层，每侧搭接长度不小于30cm。对底板预留防水卷材用50cm×3cm通长铝压条与侧墙防水卷材固定在侧墙上，其外加铺一层自黏性防水卷材。

4.4.5 防水施工成品保护及质量保证措施

结构防水是地下工程的一道关键工序，直接影响结构的安全、美观及运营效果，其工艺复杂，操作细致，施工过程中应引起足够重视，并采取先进、可靠的施工方法和技术措施，达到符合要求和使用需求的防水效果。

(1) 防水工程应由专业防水施工队进行施工，并选派经验丰富的防水施工技术人员对施工过程进行监督和指导；施工前详细交底，施工中严格控制，施工后严格检查。

(2) 所有防水工程使用的原材料必须有出厂证明文件、试验报告、现场抽样检验报告，并经监理工程师批准认可。在施工过程中，按规范要求进行抽样检验，保证投入工程施工的防水材料全部为合格材料。

(3) 防水工程施工过程中，对防水薄弱环节、部位作为防水施工重点进行控制，制定切实可行的技术保证措施并按要求实施。

(4) 主体结构均为钢筋混凝土结构，防水卷材铺设完毕后需进行钢筋绑扎和焊接。因此，在进行钢筋绑扎、焊接时须采取可行的措施对防水卷材进行保护，以免刺穿或损坏防水卷材。

(5) 为避免防水卷材的损伤及漏水，防水卷材铺设均采用冷接自黏工艺。

(6) 施工缝尽量避开防水层接缝处，止水带采用钢筋夹固定，准确居中。

(7) 须做好防排水措施，确保防水卷材在无水的环境下铺设。

(8) 防水层施工完成后，进行严格的质量检查，发现问题及时修补、返工或重做。

(9) 严格按照防排水设计要求及技术措施施工，确保满足防水标准及要求。

(10) 防水工程施工完成后，严禁在其上凿眼打洞，不得已凿眼打洞时，必须采取稳妥可靠的防水措施，并会同设计、监理单位确定后实施。

4.5 附属设施

4.5.1 室外综合管网

地铁停车场综合管网涉及专业多，包含有综合管沟、110kV电缆通道、给水排水、消防、通信、电力及站场排水槽，包含结构施工、管道安装及工作井施工。各专业管线施工时应密切配合协调，合理安排施工顺序，避免重复开挖等造成工程浪费。施工时室外综合管网开挖及回填还需与站场路基、道路工程及各结构基础工程一同考虑，避免在竖直及水平位置上发生矛盾，埋深较深的管网需提前安排施工，以免影响施工质量，室外综合管网安装在施工过程中应遵循以下控制要点。

4.5.1.1 测量放线

(1) 施工之前应全面熟悉施工图纸，认真核对图纸中的管道坐标、标高及管线布局，并按施工图纸设计坐标进行测量定位放线。

（2）预先测量过程应该做好准确记录，并标示准确的永久性水准点，设置在不易被破坏的区域，水准点闭合差不应大于 4mm/km。

（3）临时水准点和管道轴线控制桩应便于观测且牢固，必要时需采取保护措施。

（4）测量、放线后应在起点、终点、平面拆点、纵向拆点及直线段的控制点设置中心桩，桩顶设中心钉。

4.5.1.2 沟槽开挖

（1）应根据设计坡度计算挖槽深度，并对已放出的开挖沟（槽）线，认真落实测量复核制度，挖槽时专人把关检查，由监理工程师进行验收，验收合格后方可进行开挖。

（2）管道沟槽开挖断面形式应根据设计管径大小、土壤性质及施工方法优化选用。

（3）当使用机械挖掘时，应按设计高程预留 20cm 厚的土方由人工清挖找平。人工清挖沟槽底时，应认真控制槽底高程和宽度，不得使槽底土体遭受扰动。

（4）干槽超挖可用原土壤就地回填、回填必须分层夯实平整，其密度不应低于原地基天然土的密度。

（5）开挖管沟时应根据管道深度、场地的大小、土壤的性质、地下水位的高低、施工季节等因素对沟槽进行支撑；对开挖化粪池等构筑物土方时需对沟槽进行支撑，且应编制专项施工方案报监理工程师审批后方可施工。

（6）如遇沟底为局部块石等必须超挖或控制不当出现局部沟底超挖时，要切实做好处理工作，应当回填石粉渣、中砂或细土等做局部加强处理，并夯实到沟底标高，保证基础受力均匀。

4.5.1.3 管道基础

（1）管道基础施工时应根据管材、管径、地层情况确定管道基础形式及施工工艺。

（2）管道基础垫层应按规定的沟槽宽度满堂铺筑、摊平、夯实。

（3）采用砂石基础的管道接口处承口下的砂石垫层厚度为 100～150mm。碎石垫层积水时，要排除积水、保证槽底干燥。浇筑混凝土时，要保证施工现场具备机械振捣条件，混凝土应用拍板或平板振动器振捣密实，不得有蜂洞，表面应平整、棱线直顺。混凝土浇筑完毕后，12h 内不得浸水并进行养护。

（4）管座混凝土与管道结合紧密，不得有严重漏浆及空洞质量缺陷。

4.5.1.4 管道敷设质量要求

（1）工程使用的排水管（混凝土管或波纹塑料管等）必须符合图纸设计要求的管径，并具有生产厂家的出厂合格证和法定检测单位的检测报告，由专业监理工程师验收合格后方可使用。

（2）管道的坐标和标高应符合设计要求，室外雨污水管的安装允许偏差应满足设计和规范要求。

4.5.1.5 检查井质量控制要点

质量标准：接口填料饱满密实；管道支座（墩）应构造正确，埋设平整牢固；支座与管子接触紧密；管道及支座（墩）严禁铺设在冻土和未经处理的松土上；填土的基底处理必须符合设计要求和施工规范规定。

4.5.1.6 回填土质量要求

(1) 管道或其他隐蔽工程，须经过验收合格后方可回填。

(2) 管道回填时，两侧同时对称均匀回填，水平方向均匀摊铺，手工捣实，两侧用手工夯实，填到距管顶 0.5m 以上，可用机械夯实。

(3) 雨后填土需测定土壤含水率，超过规定不可进行回填；雨季填土应随填随夯，防止夯实前遇雨。

(4) 冬期填土时，混凝土强度达到设计强度 50%后方可准许填土，填土高出地面 200～300mm 的预留沉降量。

4.5.2 站场道路

停车场道路主干道设计为 7.0m 宽的沥青混凝土路面，次要道路设计为 4.0m 宽的沥青混凝土路面，改移道路设计为沥青混凝土路面，道路面层为沥青混凝土面层，基层为 35cm 水泥稳定碎石。

4.5.2.1 站场道路路面基层施工

路面基层是在路基表面上用单一材料按照一定的技术措施分层铺筑而成的层状结构，其材料与质量的好坏直接影响路面的质量和使用性能。每个施工单元为一个完整的作业区，包含三个区段：摊铺平整区段、碾压区段以及检测区段。施工过程中必须采用流水作业法，每流水作业段以 200m 为宜，路面基层施工工艺流程如图 4.11 所示。

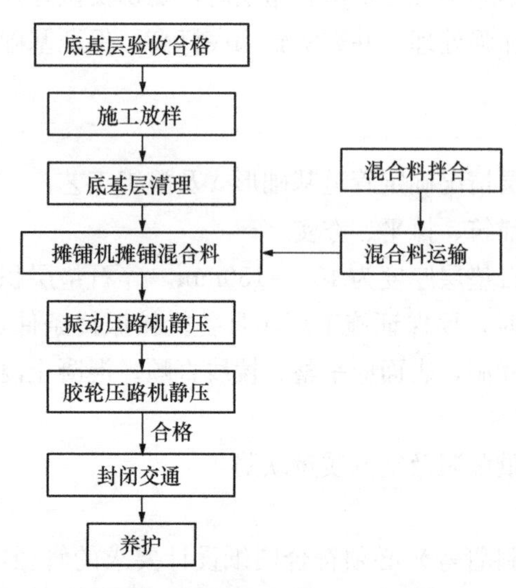

图 4.11 路面基层施工工艺流程

道路路面基层使用的材料为水泥稳定碎石，施工前应进行配合比试验，配合比试验报告满足设计要求后方能施工。混合料在拌合站集中拌制，采用自卸车运至施工现场，采用摊铺机进行摊铺，钢轮压路机与胶轮压路机配合进行碾压的施工工艺，确保混合料的摊铺厚度、平整度及压实度满足设计要求。

4.5.2.2 站场道路路面面层施工

道路面层采用材料为改性沥青混凝土，施工前采用马歇尔设计方法，严格按目标配合比设计进行沥青混合料配合比设计，确定矿料级配及最佳沥青用量，沥青混凝土道路路面施工工艺流程如图 4.12 所示。

站场道路路面面层在施工过程中，为了进一步强化过程管理，全面提升工程建设质量，应满足以下质量控制要点：

(1) 如遇进场材料发生变化并经检测沥青混合料的矿料级配、马歇尔技术指标不符合要求时，应及时调整配合比，使沥青混合料质量符合要求并保持稳定，必要时重新进行配合比设计。

(2) 道路路面面层材料采用自卸车运输，运至现场后采用摊铺机摊铺，摊铺机开工前应提前 0.5～1h 预热，且熨平板不得低于 120℃。

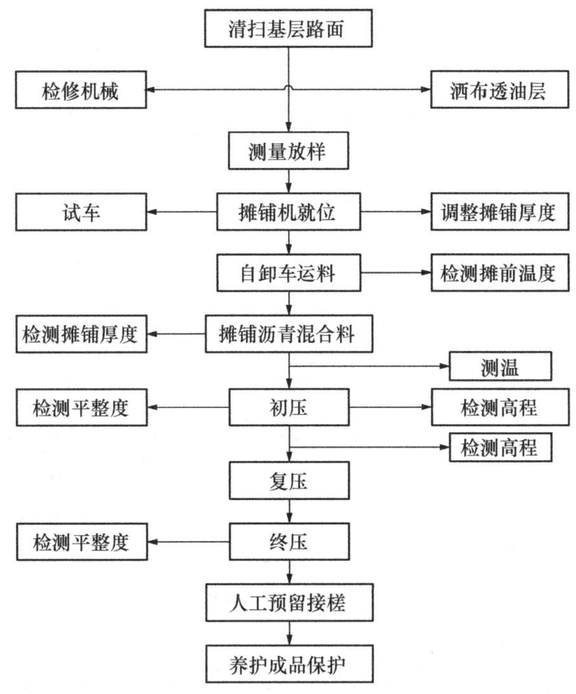

图 4.12 沥青混凝土道路路面施工工艺流程

(3) 摊铺机铺筑下面层宜采用挂线法施工，沥青混合料的摊铺速度控制在 2～6m/min为宜，以使其摊铺用料量和拌合机的产量相适应，同时为保证连续摊铺，摊铺机前应保证有足够料车在等候卸料。

(4) 在路面狭窄及平曲线半径过小的部分，不能采用摊铺机铺筑时可用人工摊铺混合料。

(5) 碾压过程中不得在碾压区内转向、调头、左右移动位置、中途停留、变速或突然刹车。碾压不到之处，采用手扶振动压路机振压密实，消除碾压死角。在超高路段施工时，应先从低的一边开始碾压，逐步向高的一边碾压。

4.5.3 站场排水

停车场内采用公路排水槽、排水沟和纵横向排水槽相结合的雨水排水系统，采用重力自流方式排水，对于高程较低无法通过自流直接排水的管沟设泵进行机械排水。纵横向排水槽的底部宽度不小于 0.4m，深度不超过 1.2m。为拦截停车场路堤边坡外雨水和路堑边坡顶外雨水，同时收集既有沟渠的雨水，汇集引入排水沟和既有沟渠，应在停车场路堤坡脚外侧设置排水沟，路堑地段路肩外设侧沟，排水沟底宽 0.6m，作为停车场场外雨水排水系统，排水沟施工工艺流程如图 4.13 所示。

沟槽开挖过程中应加强施工过程管理，根据土壤类别、土的力学性质确定适当的槽帮坡度，防止边坡塌方。根据槽底宽、挖深、槽底、各层边坡坡度以及层间留台宽度等因素确定合理的开槽断面和槽底宽度。雨季施工时应防止槽底泡水，挖槽时应跟踪并对槽底高程进行测量检验防止槽底超挖。同时，施工所用材料其规格和质量应符合要求，确保砌体

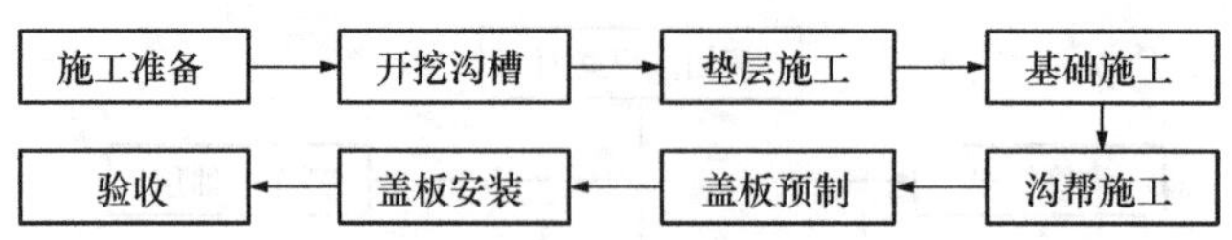

图 4.13　排水沟施工工艺流程

砂浆配合比准确，砌缝内砂浆均匀饱满，勾缝密实。浆砌片石和混凝土预制块的质量和规格应符合设计要求，砌体抹面应平整、压光、直顺，不得有裂缝和空鼓现象。

4.5.4　围墙、围蔽

根据现场实际情况，停车场有条件施工的围墙结构应尽早施工，作为临时围蔽使用。为保证围墙外观不被污染，围墙的装饰工程可在主体工程完工后最后施工。轨行区的永久围蔽工程根据接触网带电时间须提前完成，围蔽网在工厂集中完成加工制作、镀锌及喷漆工作后，运至现场进行安装，围墙和围蔽在施工过程中应满足下述质量要求：

(1) 基础深度按图纸设计要求开挖，垫层部分严格控制、采用人工开挖，避免扰动原状土，如遇回填须严格控制夯实，且压实系数不得低于 0.95。

(2) 垫层材料及厚度按图纸设计要求施工。

(3) 围墙墙体及砖基础强度等级不低于 MU10 灰砂砖，砂浆不低于 M5。

(4) 涂料部分：底涂料采用渗透底。厚度要求达到 1.5mm，天然石漆，清漆罩面，并按立面效果图设置仿石分隔缝，成型后确保墙面平整，阴阳角顺直。

(5) 柱头走线严禁后开槽，必须预埋防火阻燃管。

5 区间隧道土建工程施工质量控制

5.1 盾构法区间隧道施工质量控制

盾构法施工是以盾构机为隧道掘进设备，以盾构机的盾壳作支护，用前端刀盘切削土体，由千斤顶顶推盾构机前进，在盾构机尾部拼装预制好的管片作衬砌，从而形成隧道的施工方法。盾构法施工适用于各类软土地层和软岩地层的地下隧道掘进，尤其适用于城市地铁、水底隧道、排水污水隧道、引水隧道、公用管线隧道。盾构机的类型有多种，目前在地铁区间隧道建设中以土压平衡式盾构应用最为广泛。土压平衡盾构工艺原理是利用安装在盾构最前面的全断面切削刀盘，将正面土体切削下来的土进入刀盘后面的密封舱内，使舱内具有适当压力与开挖面水土压力平衡，以减少盾构推进对地层土体的扰动，从而控制地表沉降或隆起，在出土时由安装在密封舱下部的螺旋运输机向排土口连续地将土渣排出。

5.1.1 端头加固

5.1.1.1 工艺概述

为了确保盾构始发施工的安全和更好地保护附近的地下管线和建（构）筑物，盾构始发前需对始发区域洞口土体进行加固。土体加固的方法较多（如水泥搅拌桩加固、旋喷桩加固等），但无论采用何种加固方法，对土体加固的效果检验始终应作为重点控制的内容。在确保加固效果满足设计要求前提下，才能进行盾构始发。下以旋喷桩为例简述其工艺流程及控制要点，其他加固方法参照车站围护结构施工。

5.1.1.2 施工工艺流程

旋喷桩施工工艺流程如图 5.1 所示。

5.1.1.3 施工控制要点

（1）测量放线由专职测量人员负责测量放线及桩位的定位。

（2）施工前对施工区域地下障碍物进行探测并处理。

（3）正式施工前进行试桩确定具体施工参数，施工时一般采用跳孔施工。

（4）桩机桩位控制、桩长控制、用经纬仪保持垂直度控制。

（5）钻机转速、沉钻速度、提钻速度及旋转速度等。

（6）水泥投放量、浆液水灰比（宜用比重法控制）、浆液泵送时间、搅拌下沉及提升时间控制。

（7）喷射过程中，冒浆量控制在 10％～25％之间。

（8）喷射注浆作业后，应及时用水泥浆进行补灌，并要预防其他钻孔排出的泥土或杂物进入。

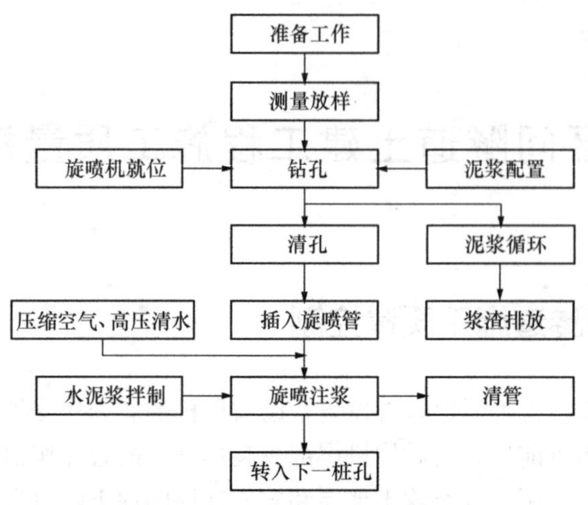

图 5.1 旋喷桩施工工艺流程

(9) 高压喷射注浆完毕后，应迅速拔出喷射管。施工中做好泥浆处理，及时将泥浆清理。

5.1.1.4 质量控制要点

(1) 施工前检查水泥、外掺剂等的质量，桩位，压力表、流量表的精度和灵敏度，高压喷射设备的性能。

(2) 终孔深度大于设计开喷深度 0.5～1.0m。开孔口径不大于喷射管外径 100mm。终孔口径应大于喷射管外径 20mm。孔斜率不大于 0.5%，桩体直径偏差不大于 50mm。

(3) 水泥土强度符合设计要求。

(4) 通过对始发加固范围内不同深度土体采用钻芯取样，检测验证加固土体的强度是否满足设计要求。

(5) 通过打探孔方式进行观察检验加固土体的均匀性。

5.1.2 盾构始发与接收

5.1.2.1 工艺概述

(1) 盾构始发

盾构始发是指利用反力架和负环管片，将始发基座上的盾构，由始发井推入地层，开始沿设计路线掘进的一系列作业，主要内容包括始发前竖井端头的地层加固、安装盾构始发基座、盾构组装及试运转、安装反力架、凿除洞门临时墙和围护结构、安装洞门密封、盾构姿态复核、拼装负环管片、盾构贯入作业面建立土压和试掘进等。

(2) 盾构接收

盾构接收是指盾构沿设计线路，在区间隧道贯通前 100m 至车站的整个施工过程，主要内容包括盾构机定位及接收洞门位置复核测量、地层加固、洞门凿除、安装接收基座、洞门密封装置安装、盾构接收等。

5.1.2.2 施工工艺流程

(1) 盾构始发

盾构始发流程如图 5.2 所示。

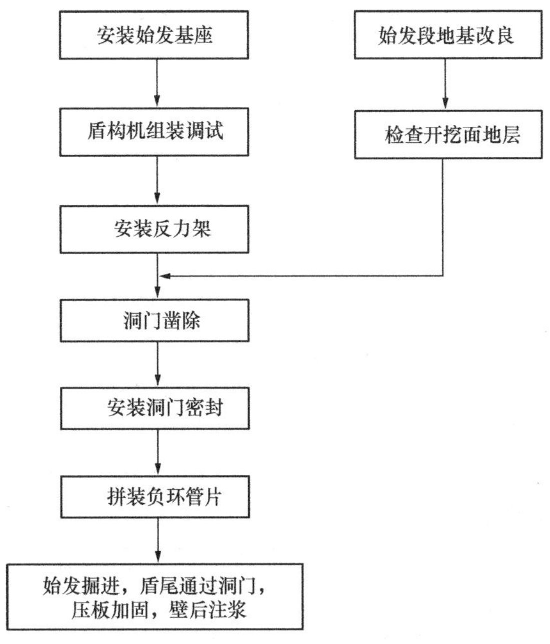

图 5.2 盾构始发流程

（2）盾构接收

盾构接收流程如图 5.3 所示。

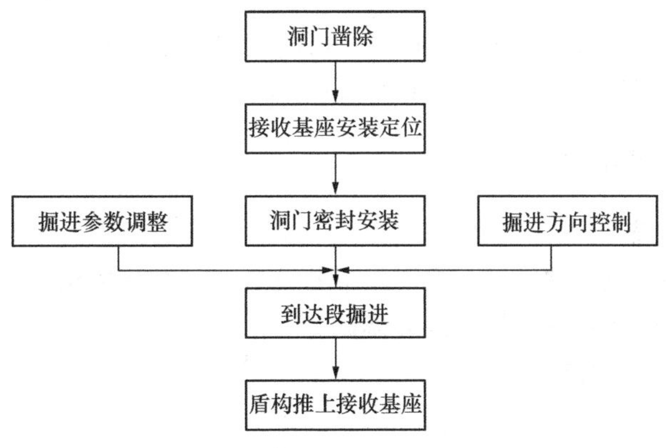

图 5.3 盾构接收流程

5.1.2.3 施工控制要点

（1）施工准备：始发台组装场地的平整度、始发基座各部件数量及尺寸的校核、始发基座各部件维修；始发掘进前，应对洞门外经改良后的土体进行质量检查，合格后方可始发掘进；应制定洞门围护结构破除方案，并应采取密封措施保证始发安全。

（2）测量定位：当负环管片定位时，管片环面应与隧道轴线相适应。拆除前，应验算成型隧道管片与地层间的摩擦力，并应满足盾构掘进反力的要求。

（3）始发基座拼装：拼装面的平整度、螺栓紧固。

(4) 复测及位置调整：千斤顶顶推速度、高程复测。

(5) 始发基座固定、加固：固定、加固材料的规格尺寸、焊接面的检查。

(6) 反力架地面拼装：按顺序将反力架左右立柱、上U形梁进行拼接，并紧固螺栓。

(7) 反力架整体吊装下井：利用吊机将反力架上部吊装下井，竖立放于预定位置，初步定位，并与前期下井的下部横梁螺栓连接。

(8) 复测及位置调整：对反力架位置进行复测，主要复测左右立柱位置及高程，用千斤顶进行调整，采用加垫钢板方式提高高程，注意加垫钢板的平整性，并对反力架进行安全验算。

(9) 反力架固定、加固：根据验算确定支撑体系数量，支撑应与预埋件位置对正并连接牢固，达到技术要求的支撑和固定效果。

(10) 盾构接收前，应对洞口段土体进行质量检查，合格后方可接收掘进。

(11) 当盾构到达接收工作井100m时，应对盾构姿态进行测量和调整。

(12) 当盾构到达接收工作井10m时，应控制掘进速度和土仓压力等。

(13) 当盾构到达接收工作井时，应使管片环缝挤压密实，确保密封防水效果。

(14) 盾构主机进入接收工作井后，应及时密封管片环与洞门间隙。

5.1.2.4 质量控制要点

(1) 基座出厂应提供焊缝检测合格报告。

(2) 基座安装轴线水平偏差控制在+5mm，标高偏差控制在−10～0mm。

(3) 基座结构各连接处及下垫钢板必须密实，焊牢，不得漏焊少焊。

(4) 反力架应进行焊缝无损伤探伤，确保焊缝无内部气孔、夹渣、裂纹及未焊透等缺陷并出具检测合格报告。

(5) 反力架基准环与管片接触面的平整度误差控制在±5mm；反力架左右偏差控制在±10mm，高程偏差控制在±5mm，垂直偏差控制在±5mm。

5.1.3 盾构组装与调试

5.1.3.1 施工工艺流程

盾构机下井组调试施工顺序为：电瓶车下井→台车下井→盾构机吊装下井（盾构中体→盾构前体→刀盘→盾尾）→盾构机组装调试。

5.1.3.2 施工控制要点

(1) 组装前必须完成下列准备工作：

1) 根据盾构部件情况和场地条件，制定组装方案。

2) 根据部件尺寸和重量选择组装设备。

3) 核实起吊位置的地基承载力。

(2) 盾构的运输、吊装必须由具有资历的专业队伍进行，对盾构所有部件的起吊，必须保证安全、平稳、可靠。

(3) 盾构主机吊装前必须对始发基座进行准确定位。

(4) 大件吊装时一般以90t汽车起重机辅助翻转。

(5) 盾构组装应按作业安全操作规程和组装方案进行，组装工作必须本着“由后向前，先下后上，先机械后液压、电气”的原则。

(6) 现场应配备消防设备，明火、电焊作业时，必须有专人负责。

(7) 组装后，应先进行各系统的空载调试，然后应进行整机空载调试。

5.1.3.3　质量控制标准

(1) 大件组装时应对盾构始发井端头墙进行严密的观测，掌握其变形与受力状态，保证始发井结构安全。

(2) 必须对始发井底板和隧道中心线标高认真测量，确保始发托架和反力架安装位置。

(3) 螺栓紧固。中前盾连接螺栓必须按照对称顺序使用液压扳手分两次拧紧，符合要求的紧固扭矩，对于已经完成的做好标记，其他螺栓也必须按照图纸要求用液压扳手紧固到要求的扭矩。

(4) 对于刀盘密封、中前盾密封、人闸密封、螺栓输送机密封等，安装时选择合适的密封条，清理密封安装对位面，密封槽内涂抹密封硅胶，用专用胶水将密封条粘牢保证密封效果。

(5) 组装前必须检查泵、阀等液压件的封堵是否可靠，如有情况，必须进行现场清洗；管件在组装前如果没有充满油液，也必须进行严格清洗。

(6) 液压管线的连接必须保证清洁，禁止使用棉纱等易脱落线头的物品擦拭。

5.1.4　盾构掘进

5.1.4.1　工艺概述

盾构掘进作业内容包括掘进模式的选择、掘进参数选择及优化；土压平衡盾构一般有三种模式，即敞开式、半敞开式和土压平衡模式（EPB），每一种掘进模式具有各自的特点和适用条件。

5.1.4.2　施工工艺流程

盾构掘进控制流程如图5.4所示。

5.1.4.3　施工控制要点

(1) 盾构掘进作业控制要点

1) 土压平衡模式：当采用土压平衡模式时，刀具切削下来的渣土充满土舱，与此同时，螺旋输送机进行与盾构推进量相应的排土作业，在掘进过程中始终维持开挖土量与排土量的平衡来保持舱内渣土的土压力，并利用土舱内渣土的土压力与掌子面的土压和水压平衡，维持掌子面的土体稳定并防止地下水涌出。

2) 半敞开模式：采用半敞开式掘进时，刀盘后的土舱内下半部分是岩渣，上半部分是压缩空气，空气压力与掌子面的土压和地下水的压力保持平衡，以防止掌子面的坍塌或地下水的涌出。半敞开式掘进的切削硬岩的能力远远好于土压平衡模式掘进。

3) 敞开模式：敞开式掘进模式是在非土压平衡的状态下掘进，土舱内的空气压力为常压，不需要在开挖舱内建立土压或气压平衡以支撑工作面的土体压力和水压力。这种掘进模式具有较强的切削和破碎硬岩的能力，岩渣通过刀盘上的卸渣口进入刀盘后的土舱内，并在土舱的底部聚集，然后通过伸入土舱底部的螺旋输送机传送出去。

4) 掘进参数调整及优化

① 推进速度：根据岩层硬度、推力、刀具的磨损状况和刀盘转速等，确定合理的贯

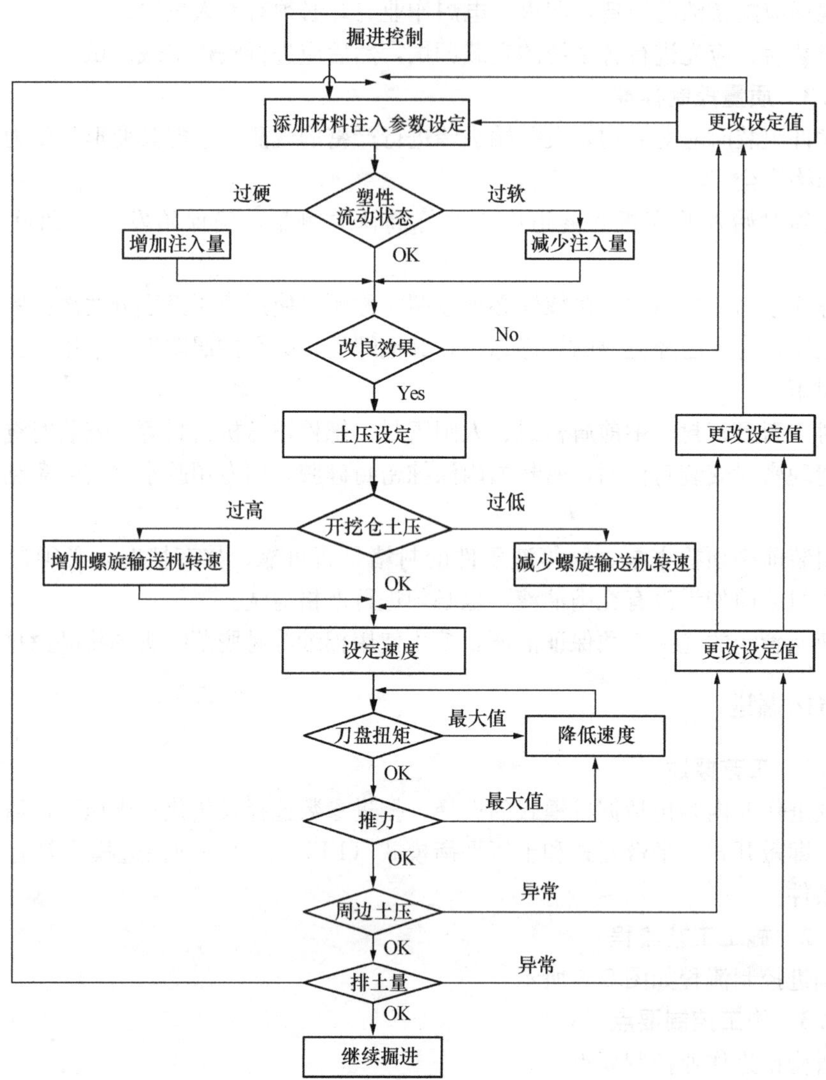

图 5.4　盾构掘进控制流程

入量和掘进速度。

② 扭矩：宜在低扭矩情况下推进。

③ 推力：根据盾构的特性、岩层硬度、推进速度、刀具磨损、泥水土压力或土压力大小设定、各类摩擦力情况确定合理的推力，但最终作用在每把滚刀上的力不能超过刀具所规定的正面压力和侧面推力，防止刀具和设备过载损坏。

④ 刀盘转速：根据岩层硬度、推力、刀具的磨损状况、贯入度和掘进速度等确定合理的刀盘速度，硬岩段掘进刀盘转速一般采用较高转速。

⑤ 压力设定：通过选择合理的掘进速度和排渣量，达到舱内压力的平衡，压力可通过计算和实际情况进行验证，以此保证合适的水土压力。

⑥ 掘进姿态控制：盾构姿态控制是一项系统的控制工作，涉及的内容非常多，影响的因素也较为复杂，在掘进过程中要求盾构的姿态误差控制在±30mm 以内，趋势控制在

±5mm 以内。

（2）不同地层掘进模式、参数的选择与调整

1）硬岩地层

① 盾构在硬岩地层掘进时，掌子面自稳性好，一般为全断面中风化或微风化岩石，不易发生坍塌，掘进时可以在半敞开或敞开模式下进行。掘进时不易引起地表沉降，所以可保持较小的土舱压力进行掘进。但要保证同步注浆作业效果。

② 掘进中刀盘扭矩大、掘进速度明显减慢，盾构有较大滚动和振动现象以及连续响声，渣土中会有较多石块出现。

③ 在此地层中应采用高刀盘转速、低推进速度进行掘进，掘进时要向刀盘和螺旋输送机内多加泡沫，向土舱内加适量的水，对刀盘和螺旋机进行冷却、润滑，从而降低刀具和螺旋机的磨损速度。为防止刀具的超载，不能为了提高掘进速度而盲目地加大油缸推力。

④ 硬岩掘进时，盾构长时间高负荷运转，所以要保证足够流量的冷却水和良好的洞内通风，以冷却盾构液压系统、电气设备和降低洞内作业温度。

2）软弱地层

① 盾构在软弱地层掘进时，由于掌子面自稳性较差，需要在土舱内堆积足够的渣土，使土舱压力与掌子面压力平衡，避免在掘进时由于掌子面压力过大造成坍塌致使地表沉降，因此软弱地层采用土压平衡盾构掘进时必须在土压平衡模式下进行，采用泥水平衡盾构掘进时必须在泥水平衡模式下进行。

② 此种地层中掘进时应向刀盘多加泡沫、多搅拌，改善渣土的流塑性，防止在刀盘形成泥饼，再有就是掘进中随时注意刀盘扭矩和掘进速度的变化，当掘进速度明显降低，而刀盘扭矩却增加时，很有可能是刀盘上形成了泥饼，应立即采取措施处理，用刀盘加泡沫加水旋转搅拌洗去泥饼；在地质条件允许，可进舱用水冲洗刀盘，快速去除泥饼，或更换切刀。

③ 软弱地层掘进时，应控制好土舱压力和每环的出渣量，防止地表下沉，掘进速度不可过快，以保证同步注浆量。掘进时下部油缸推力要比上部的大 30～50bar，防止由于自重引起的盾构低头。控制好盾构姿态。

3）软硬不均地层

① 软硬不均地层是指盾构掘进断面的地质不均匀，掌子面的上中下以及左右岩石强度变化大，既有软弱地层的不稳定性，又有硬岩地层的强度，考虑到地表可能发生沉降的因素，此地质下土压盾构掘进须采用土压平衡模式。泥水盾构掘进需采用泥水平衡模式。

② 掘进中刀盘的扭矩变化大，盾构有较大的滚动、振动现象及间断的响声，掘进方向较难控制，渣土中会有较大的石块出现。

③ 在此地层中应采用低刀盘转速、低推进速度掘进，因为掌子面地质不均匀，掘进时刀盘各部位会受力不均，容易使部分刀具受力过大而不能转动，最终导致偏磨，还有当掘进速度过快时，刀具的贯入度也增大，容易使刀盘扭矩突然上升超过设定值而卡死，甚至造成刀圈崩裂脱落。

④ 由于硬岩部分强度高，不易切削，为保护刀具需降低掘进速度，长时间的掘进对软弱地层部分的稳定性很不利，因此需保持土舱、泥水舱较高的压力。

4）含砂富水地层

① 此地层自稳性差，含大量砂粒、砾石，遇水容易坍塌。应采用土压或泥水平衡模式掘进。

② 土压盾构掘进过程中向土舱内及刀盘面板注入泡沫、膨润土等添加材料，改善渣土性能，提高渣土的流动性和可塑性，防止涌水流砂和发生喷涌现象，并利于螺旋输送机排渣。每环掘进结束前要保证土舱内的渣土量，保证土舱压力值，减少地下水渗入，让下一环开始掘进时不会因土舱内水太多而发生喷涌。泥水盾构应注意泥浆相对密度的调整。

③ 掘进中要严格控制出渣量，要加大盾尾油脂的注入量和调整好盾构姿态（盾尾间隙），防止水带砂土从盾尾或铰接密封处进入隧道。

5）硬岩破碎地层

① 此地层岩石强度较大，但整体结构性差，岩层节理裂隙发育，透水能力强，土压盾构宜采用半敞开模式进行掘进。

② 掘进时刀盘扭矩变化大，有较大的振动和响声，对刀具的损伤较大，可能出现刀圈的崩损和脱落。

③ 掘进中要适当降低刀盘转速和掘进速度，防止刀具因超载而损坏，多加泡沫改善渣土性状，减小刀具磨损，提高渣土的流塑性，加强盾尾密封油脂的注入，确保盾尾密封效果。加强铰接处的密封检查，及时调节密封压块螺栓，保证其密封效果，随时观察出渣口渣土的情况，在地质条件允许的情况下，适当增加检查刀具的频率。

6）过江河地段

① 此地层掘进除受隧道洞身地层影响外，还存在着隧道外围高土压、高水压的影响。土压盾构应采用土压平衡模式掘进。泥水盾构宜采用泥水平衡模式掘进。

② 过江河前，要对设备进行全面的检查和保养，保证设备的完好，特别是盾尾密封、铰接密封、刀具的完好。

③ 掘进时要尽量降低对地层的扰动，防止土舱与江（河）水的直接连通，加泡沫或高分子聚合物增加对地层的止水性，加强盾尾油脂的注入，确保盾尾密封效果，调整同步注浆配合比，缩短浆液凝固时间，提高浆液的凝固速度。

5.1.4.4 质量控制要点

（1）掘进参数的设定：盾构机掘进参数，根据地质条件和地表建筑物实行动态设定和优化，施工后地表最大沉降量在设计和规范要求范围之内。

（2）在盾构试掘进阶段调整、确定掘进参数；盾构轴线偏离隧道轴线不大于 50mm；盾构本体滚动角不大于 3°；严格控制推进行程油缸行程，行程差一般在 0～50mm 之间；特殊地段（上软下硬地层、小曲率段）盾构掘进参数应及时调整，使盾构姿态偏差在控制范围内。

（3）根据盾构的横向和竖向偏差及滚转角，调整盾构姿态可采取液压缸分组控制或使用仿形刀适量超挖或反转刀盘等措施进行控制。

（4）应根据隧道工程地质与水文地质条件、隧道埋深、线路平面与坡度、地表环境、施工监测结果、盾构姿态和盾构始发掘进阶段的经验，设定盾构刀盘转速、掘进速度、泥水舱压力和送排泥水流量等掘进参数，并应对盾构姿态和管片状态进行实时复核测量。

（5）应实时测量盾构里程、轴线偏差、俯仰角、方位角、滚转角和盾尾管片间隙，应根据测量数据和隧道轴线线型，选择管片型号。

5.1.5 渣土改良

5.1.5.1 施工工艺流程

渣土改良与管理作业内容包括施工准备、渣土改良、螺旋输送机和皮带机出渣、渣土水平和垂直运输、渣土外运。渣土改良与管理作业流程如图 5.5 所示。

5.1.5.2 施工控制要点

（1）出渣中尽量减少和避免喷渣。计算设计每环理论出渣量，根据不同地层，乘以相应的堆积密度松散系数，得出理论出渣量，在掘进过程中控制出渣量。

（2）根据地层不同地质、含水量和渣土温度和干湿度，适当加入压缩空气、泡沫剂、膨润土、添加剂等，通过刀盘和螺旋输送机搅拌产生流塑性较好的渣土，输送出舱外至皮带机上。

（3）电瓶车严禁超速行驶，停车须在两端安装阻车器。

（4）门式起重机作业时须做到机车调车员、起重装卸机械操作工由建筑起重司索信号工统一指挥。门式起重机应对每车渣土进行称重，并记录。

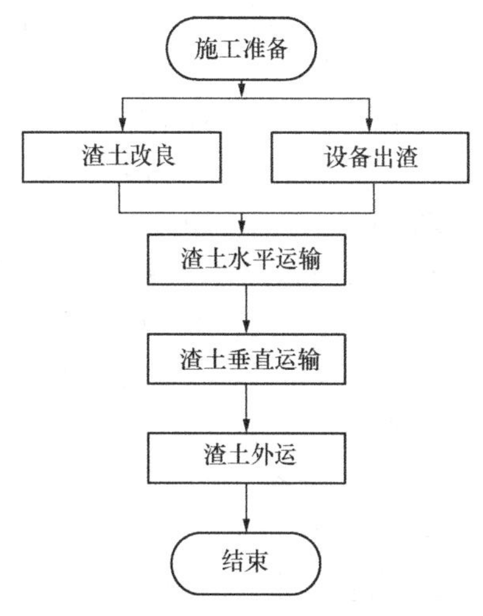

图 5.5 渣土改良与管理作业流程

（5）渣场容量有限，须将渣土由挖机装至出渣车辆，做到安全、及时、高效、环保、统一管理，满足生产需要。

5.1.5.3 质量控制要点

（1）改良后渣土具有较好的流塑性、合适的稠度、低透水性和较小摩阻力。

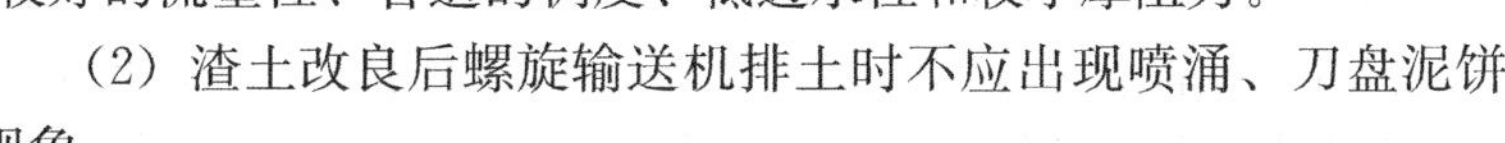

（2）渣土改良后螺旋输送机排土时不应出现喷涌、刀盘泥饼现象。

（3）渣土改良后降低黏性土对刀盘的堵塞和粘附作用，有效降低刀盘扭矩。

5.1.6 管片拼装

5.1.6.1 施工工艺流程

管片安装施工内容包括管片进场、管片防水材料粘贴、管片运输、管片拼装、管片缺陷处理等。管片安装流程如图 5.6 所示。

5.1.6.2 施工控制要点

（1）管片进场

作业内容包括管片出厂前检查、管片装车运输、管片进场检查、管片卸车存放等。

1）管片出厂检查：管片型号正确，养护周期达到标准，管片不应有露筋、孔洞、疏松、夹渣、有害裂缝、缺棱掉角、飞边等缺陷，麻面面积不得大于管片面积的 5%。

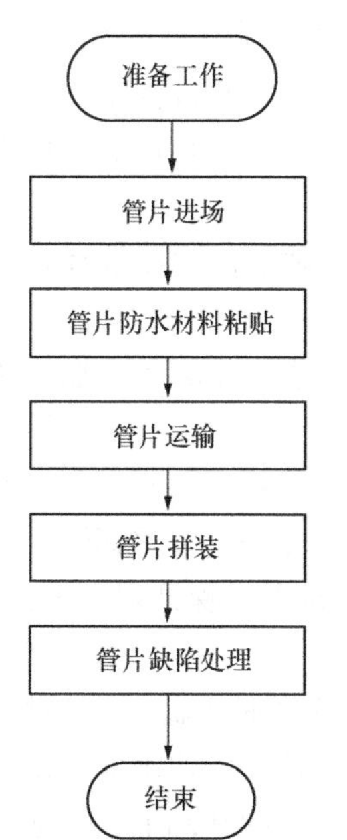

图 5.6 管片安装流程

2）管片装车运输：管片与平板车之间及管片与管片之间要有柔性垫条，垫条摆放的位置应均匀，厚度要一致，垫条上下成一直线。采用吊机进行管片装车。管片弯弧向上堆放整齐，管片的叠放不能超过四块。标准块一摞，按 A2、A1、A3 的顺序自上而下排列，邻接块与封顶块一摞，按 K、B1、B2 的顺序自上而下排列。管片装好车以后，要捆绑保险带，以免管片在运输的过程中移位、倾斜。运输过程应平稳。

3）管片进场检查：在管片的内弧面角部须喷涂标记，标记内容应包括管片型号、模具编号、生产日期、生产厂家、合格状态，每一片管片应独立编号。进场管片型号正确，龄期满足规范要求，管片不能有缺角、气泡、裂纹，螺栓孔及注浆孔内无杂物，不符合要求的杜绝卸车，做好标记返厂处理。

4）管片卸车存放：由门式起重机进行管片卸车，用两条吊带按一摞一次起吊，管片在到场后的水平运输用叉车完成，管片现场的堆放要求同一环管片的两摞要相邻存放，间距不小于 1.0m。不同型号的管片分区存放，并用帆布遮盖。

（2）管片防水材料粘贴

作业内容包括施工准备、管片检查及清理、止水条粘贴、传力衬垫粘贴、管片角部自黏性橡胶薄片粘贴。

1）施工准备：确认管片型号，按照技术要求准备止水条、衬垫、自黏性橡胶板及粘贴所用刷子和胶水等。

2）管片检查及清理：管片为完整一环；无明显破损、裂纹等；检查管片螺栓孔是否存在杂物；吊装孔可以正常安装吊装螺栓；将管片环纵接触面及预留粘贴止水条的沟槽清理干净。将管片螺栓孔和吊装孔进行清理，确保正常使用。管片环纵接触面有水存在时，在自然条件下风干，或者采用风机进行烘干。

3）止水条粘贴：用刷子在管片环纵接触面、预留粘贴止水条的沟槽及止水条上涂抹粘贴剂；涂完粘贴剂后凉置一段时间（一般 10～15min，随气温、湿度而异），待手指接触不粘时，再将加工好的框形止水条套入密封沟槽内；将止水条套入管片预留沟槽中时，统一将止水条的外边缘与管片预留沟槽的外弧边靠紧，套入止水条时先将角部固定好，再向角部两边推压。止水条待凸肋的环边安装在管片背千斤顶侧。施工现场管片堆放区应有防雨淋设施；粘贴止水条时应对其涂缓膨剂。

4）传力衬垫粘贴：以类似的方法粘贴环纵缝衬垫，环缝的软木衬垫粘贴在管片背千斤顶侧环面，粘贴衬垫时应注意预留螺栓孔。

5）管片角部自黏性橡胶薄片粘贴：按设计在管片角部粘贴自粘性橡胶薄片，加强角部防水。

（3）管片运输

作业内容包括施工准备、管片选型、管片运输前检查、管片垂直运输、管片水平运输。

1）施工准备：管片螺栓、垫圈及螺栓孔密封圈要严格按照要求准备，保证数量准确，质量完好。

2）管片选型：指令由当班的值班（土木）工程师下达。管片选型时遵循以下原则：满足隧道线形为前提，重点考虑管片安装后盾尾间隙满足下一掘进循环限值，确保有足够的盾尾间隙，以防盾尾直接接触管片，也就是管片选型在满足隧道线形的基础上，要适应盾尾的原则。管片选型时要避免产生较大的推进油缸行程差，一般情况下要求推进油缸的油缸行程差不大于 50mm。

3）管片运输前检查：检查管片型号是否正确，管片有无明显外观缺陷，管片止水条和衬垫等是否完整，管片螺栓、垫圈及螺栓孔密封圈数量是否正确。

4）管片垂直运输：管片采用门式起重机下井，采用双吊带起吊，吊带绑扎位置正确，慢速下吊，管片下井时注意安全，下方避免站人。管片块与块之间放置两块 10cm×10cm 方木，保证管片放置稳固，防止管片发生碰撞造成边角等的损坏，避免管片发生相对位移。

5）管片水平运输：隧道管片运输采用专用管片运输车，在管片运输过程中，必须采取必要的缓冲措施并保证管片放置稳固，防止管片边角等的损坏。

（4）管片拼装

作业内容包括施工准备、管片起重机卸车和倒运、管片安装区清理、管片安装与螺栓连接、管片螺栓二次紧固和管片拼装质量检查。

1）施工准备：拼装人员必须熟悉管片排列位置、拼装顺序，施工过程中施工人员依据上一环管片位置、盾构姿态、盾尾间隙等准备、运输、安装管片。

2）管片起重机卸车及倒运：管片由管片起重机吊起，按右旋方向旋转后放至输送小车上，由管片运输小车前移、顶升、后退、下放、再前移循环动作供应到位，管片放好后应使粘贴有软木衬垫的一侧朝向盾构掘进的反方向。

3）管片安装区清理：在盾构掘进完成后，管片安装前对管片安装区进行清理，清除如污泥、污水，保证安装区及管片相接面的清洁，确保管片底无异物。

4）管片安装与螺栓连接：管片拼装应按拼装工艺要求逐块进行。管片安装必须从隧道底部开始，然后依次安装相邻块，最后安装封顶块；安装管片时只收缩对应位置的油缸，注意保持油缸回收时活塞杆清洁；操作管片安装机的抓取器，旋紧吊装螺栓抓取管片；管片安装机沿滑道运行到管片所需要安装的位置；管片安装机的旋转紧绕盾构的中心线左或右旋转，伸缩升降油缸把管片放到准确的位置；进行管片螺栓连接后，推进油缸顶紧管片，安装机释放管片，紧固管片连接螺栓；封顶块安装前，应对止水条进行润滑处理，安装时先径向插入 2/3，调整位置后缓慢纵向顶推。拼装管片时应防止管片及防水密封条的损坏。在管片拼装过程中，应严格控制盾构千斤顶的压力和伸缩量，使盾构位置保持不变。

5）管片螺栓二次紧固：管片脱出盾尾后，会发生部分螺栓松动的现象，及时进行螺栓的二次紧固，防止管片失圆和错台发生。

6）管片拼装质量检查：对已拼装成环的管片环作椭圆度的抽查，确保拼装精度。检查管片脱出盾尾后是否有破损现象，记录管片错台情况，并进行原因分析。管片连接螺栓紧固质量应符合设计要求。

（5）管片缺陷处理

作业内容包括管片清理、管片缺陷检查、管片缺陷修补、修复后质量检查、管片外观处理。

1）管片清理：用钢丝刷对管片修补处表面进行清理，崩角和破损处应将残余混凝土清理干净；在进行修补前必须保证破损表面干燥。

2）管片缺陷检查：当隧道衬砌表面出现缺棱掉角、混凝土剥落、大于 0.2mm 宽的裂缝或贯穿性裂缝时，必须进行修补。在施工阶段应调查和记录隧道渗漏水和衬砌环变形等状态，当隧道渗漏水不能满足设计规定要求时，必须根据具体情况查找和分析渗漏水原因，并采取措施进行封堵、引排等措施进行治理。

3）管片缺陷修补

① 渗漏水：堵漏注浆时，注浆压力不应大于管片的设计荷载压力。

② 裂缝：管片的细小裂缝用胶水搅拌水泥填平，所有填补料应和裂缝表面紧密结合，并且结合完好；对于深度＞2mm、宽度＞3mm 的裂缝，要进行二次填补，操作时待第一次填补的材料干缩后，再进行第二次填补。贯通裂缝要进行注浆修补。

③ 崩角：修补时必须分层进行，一次填补厚度不得超过 40mm，逐层填补后进行抹平、修边；当崩角较大时，刚修补的砂浆要脱落或变形，需在填补砂浆前立靠模。

④ 破损：破损较大时应制拌细石混凝土进行修补，顶部有较大破损处如需修补还应焊接钢筋网。

4）修复后质量检查：管片修补时，修补材料的抗拉强度不应低于 1.2MPa，抗压强度不应低于管片强度。隧道缺陷处理应遵循“彻底修复、不留后患”的原则。

5）管片外观处理：清除注浆、修补造成的管片污染，对修补面进行打磨，为保持修补处的颜色与管片表面颜色一致，需调合与管片颜色相近的水泥浆对修补处进行抹面修整。

5.1.6.3 质量控制要点

(1) 管片拼装应严格按拼装设计要求进行，管片不得有内外贯穿裂缝和宽度大于 0.2mm 的裂缝及混凝土剥落现象。

(2) 管片防水密封质量应符合设计要求，不得缺损，粘贴应牢固、平整，防水垫圈不得遗漏。

(3) 螺栓质量及拧紧度必须符合设计要求。

(4) 管片拼装过程中应对隧道轴线和高程进行控制，轴线允许偏差：高程偏差 ±50mm；平面偏差 ±50mm。

(5) 施工中管片拼装允许偏差应符合相关规范要求。

(6) 粘贴管片防水密封条前应将管片密封条槽清理干净，粘贴后的防水密封条应牢固、平整、严密、位置正确，不得有起鼓、超长和缺口。管片防水密封条粘贴完毕并达到粘贴时间要求后方可拼装。管片拼装前应对粘贴的密封条进行检查，拼装时不得损坏密封条。

(7) 螺栓孔密封胶圈应按设计要求安装，不得遗漏，且不宜外漏。

(8) 管片嵌缝防水应符合设计要求。当无设计要求时，应符合《地下工程防水技术规范》GB 50108—2008 的规定。

(9) 盾构管片拼装符合设计要求，具体见表 5.1～表 5.4。

管片拼装过程中隧道轴线和高程允许偏差和检验方法　　表 5.1

序号	项目	允许偏差（mm）	检查方法	检查频率
1	隧道轴线平面位置	±50	用经纬仪测中线	1点/环
2	隧道轴线高程	±50	用水准仪测高程	1点/环

成型隧道轴线和高程允许偏差和检验方法　　表 5.2

序号	项目	允许偏差（mm）	检查方法	检查频率
1	隧道轴线平面位置	±100	用全站仪测中线	10 环
2	隧道轴线高程	±100	用水准仪测高程	10 环

施工中管片拼装允许偏差和检验方法　　表 5.3

序号	项目	允许偏差（mm）	检查方法	检查频率
1	衬砌环直径椭圆度	±5‰D	尺量后计算	4 点/环
2	相邻管片的径向错台	5	用尺量	4 点/环
3	相邻环片环面错台	6	用尺量	1 点/环

注：D 指隧道的外直径，单位 mm。

成型隧道管片允许偏差和检验方法　　表 5.4

序号	项目	允许偏差（mm）	检查方法	检查频率
1	衬砌环直径椭圆度	±6‰D	尺量后计算	10 环
2	相邻管片的径向错台	10	用尺量	4 点/环
3	相邻环片环面错台	15	用尺量	1 点/环

注：D 指隧道的外直径，单位 mm。

5.1.7　壁后注浆

5.1.7.1　工艺概述

管片壁后注浆按与盾构推进的时间和注浆目的的不同，可分为同步注浆、二次补强注浆和堵水注浆。同步注浆与盾构掘进同时进行，通过盾构机同步注浆系统及盾尾注浆管，在盾构向前推进、盾尾空隙形成的同时进行，使浆液在盾尾空隙形成的瞬间及时起到填充作用，支撑周围岩体，控制地表的沉降。二次注浆是在盾构机穿越后，发现同步注浆存在不足地方时进行。二次注浆使用专用泥浆泵，注浆前凿穿管片注浆孔的外侧保护层，安装专用注浆接头，注入水泥—水玻璃双液浆。

5.1.7.2　施工工艺流程

壁后注浆工艺流程如图 5.7 所示。

5.1.7.3　施工控制要点

（1）应根据注浆要求进行注浆材料的实验和选择。可按地质条件、隧道条件和工程环境合理选用单液或双液注浆材料。

（2）壁后注浆材料应满足强度、流动性、可填充性、时间、收缩率、环保等要求。

（3）应按注浆施工要求准备拌浆、贮浆、注浆设备，并应进行试运转。

（4）注浆作业时，应观察注浆压力及流量变化，严格控制注浆参数。

（5）注浆过程中，若注浆压力变化不大但注浆量突然增大时，必须先停止注浆，待分析原因并采取有效对策后方可继续施工。

（6）注浆过程采用注浆压力和注浆量双指标控制，注浆压力取 1.1～1.2 倍静止水压力，最大不超过 3.5bar，注浆量达到设计值的 85%以上时，认为达到注浆质量要求。

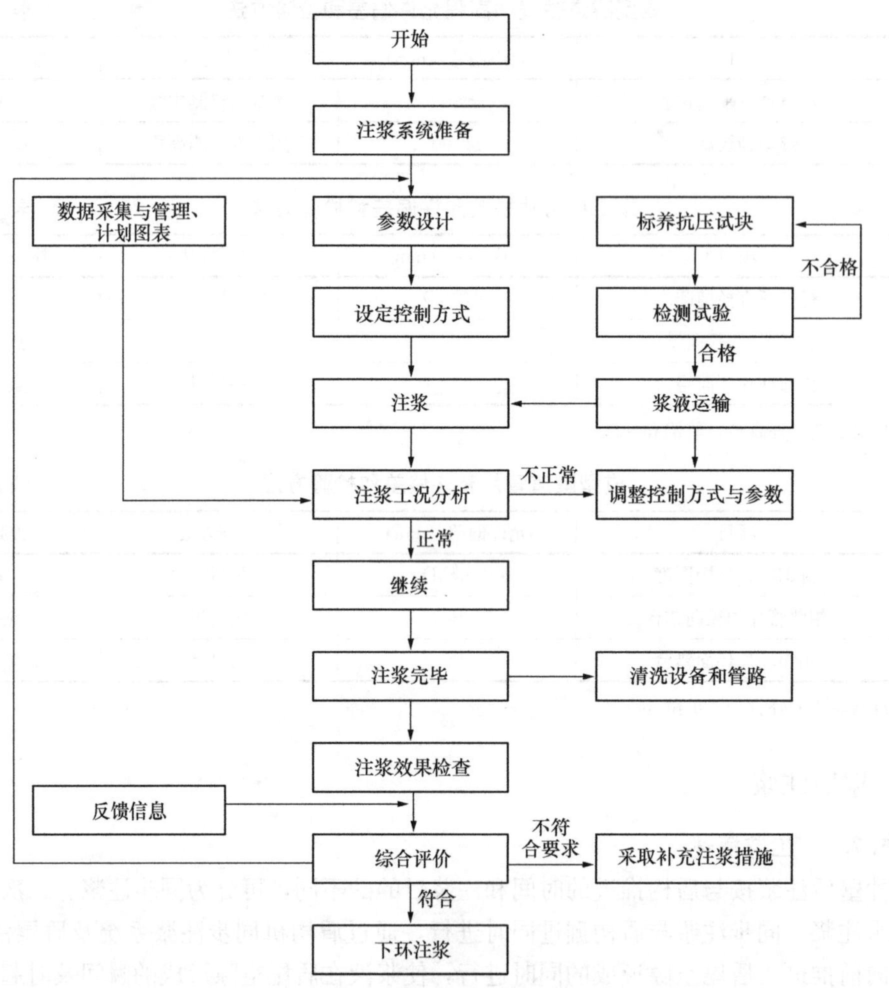

图 5.7 壁后注浆工艺流程

(7) 注浆时间及速度控制：根据盾构推进速度，以每环达到总注浆量而均匀注入，从盾构推进进行注浆开始，推进完毕注浆结束，具体注浆速度应根据现场实际掘进速度计算而确定。

(8) 每环掘进前确认注浆系统处于正常，且浆液储量足够，保证注浆作业连续不中断。

(9) 注浆作业后，应及时清洗注浆设备和管路。

(10) 长时间停机时，必须用膨润土浆液填充注浆管路，防止管路堵塞。

(11) 盾构法区间隧道施工壁后注浆质量控制要点参照《盾构法隧道施工及验收规范》GB 50446—2017、《地铁设计规范》GB 50157—2013、《铁路隧道工程施工质量验收标准》TB 10417—2018，具体验收标准如下：

(1) 注浆使用原材料、浆液配合比、注浆压力、注浆量、浆凝胶时间、固结体强度、浆液结实率、稠度和稳定性指标符合设计要求，必要时根据试验加入外加剂。

(2) 同步注浆浆液初凝时间为 6～8h，固结体 24h 强度不低于 0.2MPa，28d 强度不低于 0.5MPa；稠度为 8～12cm，倾析率不大于 5%。

(3) 注浆完成后，应保证管片背后充填密实、管片无开裂、无渗漏、地面沉降达到稳定状态。

5.1.8 联络通道

5.1.8.1 盾构隧道架支撑

(1) 施工工艺流程

切割管片前，先安装临时支撑、支撑板等，以控制施工时衬砌环变形，一般架设范围为洞口两侧 3～5 环，其设置图如图 5.8 所示。

按照设计图纸要求，加 H 型钢支架，运送至联络通道处，进行组装，组装完成后，根据设计要求，在支架与管片接触点设置楔形块，以达到支顶牢固的效果，同时，若需施加预应力，则通过分体式千斤顶完成，过程中注意隧道的监测工作。

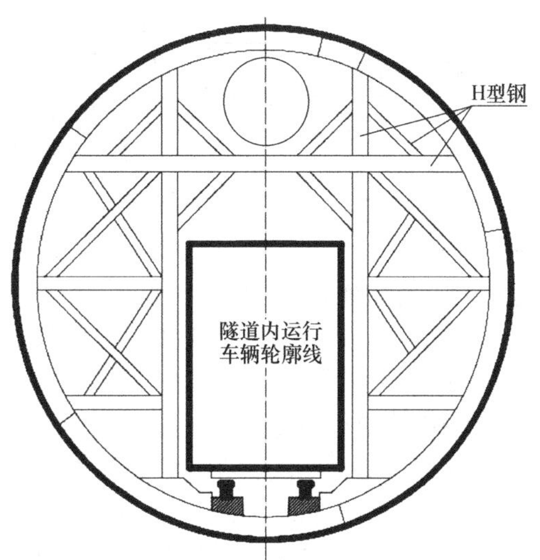

图 5.8 内支撑设置图

(2) 施工控制要点

1) 安全员和质检员要对支撑架安装进行全过程的监督检查。

2) 支撑设置于每环管片的中部，且支撑的钢架各节点与管片需紧密接触，要具有较高的刚度。

3) 搭设施工平台支撑要着实地，连接要牢固、稳定，防止在施钻时钻机产生不均匀下沉、摆动、位移等影响钻孔质量。

4) 支撑架安装过程中，注意隧道的监测工作。

5) 临时支撑施工完毕，履行验收手续，验收合格后方可进入下步工序。

6) 联络通道施工前需检查上方是否有未封住的地质钻孔，如有，需用水泥浆封好再开始施工。

7) 联络通道开挖时，当隧道围岩自稳能力较差时，应尽可能缩短开挖长度，尽快使初期支护闭合。

(3) 质量控制要点

1) 各种支架及构件、配件的材质、规格必须符合设计要求。

2) 支撑架焊接质量、成品平整度和水平轴线偏差、垂直度偏差需满足相关规范要求。

3) 支撑位置、支撑预应力应符合设计要求，同时，支撑预应力应进行验算。

4) 开挖循环进尺宜为锚杆的纵向间距，一次循环开挖进尺应控制在 1m 以内。

5) 锚杆安装位置要准确，砂浆填充密实，确保锚杆与岩体粘接牢固可靠受力。

5.1.8.2 地层加固

盾构联络通道地层加固一般采取冷冻法加固、超前小导管注浆及超前管棚注浆，其中冷冻法加固施工适用于在软弱含水土层加固；超前小导管注浆主要用于自稳时间短的软弱破碎带、浅埋段、洞口偏压段、砂层段、砂卵石段、断层破碎带等地段的预支护；超前管棚注浆适用于破碎岩体、塌方体、砂土质地层、强膨胀性地层、强流变性地层、裂隙发育岩体、断层破碎带、浅埋大偏压等围岩，特别是在特殊困难地段的穿越铁路和重要建（构）筑物的隧道工程以及大断面地下工程等特殊情况下地层加固。

(1) 冷冻法地层加固

1) 施工工艺流程

冷冻法施工工艺流程如图 5.9 所示。

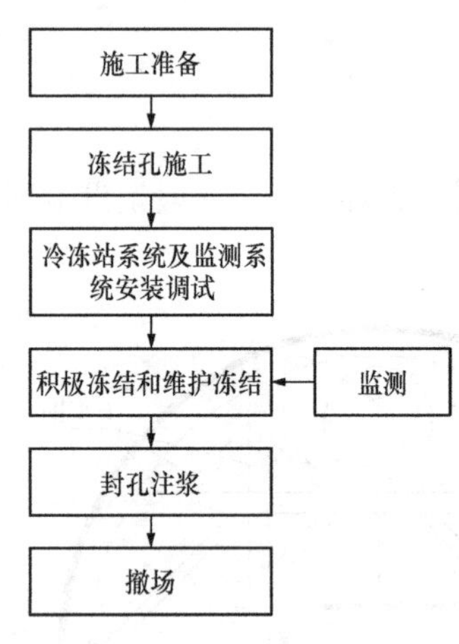

图 5.9　冷冻法施工工艺流程

按照设计孔口位置放线。选用金刚石钻头钻机进行钻孔，深度在 200～250mm，打入加工好的孔口管，并安装闸阀及孔口密封盘根。以冻结管作为钻杆，运用钻孔设备由上而下进行钻孔施工，根据穿透孔的偏差，进一步调整有关的钻进参数。待冻结管达到设计深度后冲洗单向阀，并密封冻结管端部，再安装冻结站。对冷冻机组、盐水管路经试漏、清洗后用保温板或棉絮保温。然后将盐水箱加满清水，溶解氯化钙，送入盐水干管除去杂质。设备安装完毕后，进行调试和试运行，使机组在有关工艺规程和设备要求的技术参数条件下运行。

2) 施工控制要点

① 冷冻法应编制专项施工方案并进行专家论证后实施。

② 在钻进第一个冻结孔时，分析钻机过程中参数变化情况，必要时修正冻结钻孔施工参数。限制冻结孔向隧道内的偏移，最大孔间距控制在 2m 之内。

③ 选取高精度的水平陀螺仪、纠偏组合钻具、制冷机组和冻结工程检测系统。

④ 钻进过程中严格监测孔斜，发现超偏及时纠正。

⑤ 每个冻结器都要安装进回液阀门，及时调整各个冻结器的流量。

⑥ 用温度监测系统监测冻结孔的温度变化，对其进行动态预报，必要时调整冻结供冷参数。

3) 质量控制要点

① 由于冻结法施工工程技术难度高，施工风险大，工程中不可预测因素多，故此对质量要求极高。其质量检验标准可参考《煤矿井巷工程质量验收规范》GB 50213—2010、《煤矿井巷工程质量检验评定标准》MT 5009—1994 的规定。

② 根据施工基准点，按冻结孔施工图布置冻结孔，且冻结孔孔位偏离设计孔位不大于 50mm；冻结孔偏斜率应尽量控制在 5‰以内；冻结孔深比冻结长度长 0.5～1.5m。

③ 冻结孔钻进深度应不小于设计深度。钻头碰到隧道管片的，不参与制冷循环的长度不大于 150mm。

④ 冻结孔终孔最大允许间距为 1300mm，超出最大允许间距的，可进行补孔或作延长冻结时间进行理。

⑤ 冻结管长度和偏斜合格后再进行打压试漏，压力控制在 0.8～1.2MPa，前 15min 压力损失小于 0.05MPa，后 30min 压力稳定无变化者为试压合格。试压不合格的，可拔出冻结管进行重新钻孔，或下套管进行处理。

(2) 超前小导管支护、超前管棚支护

超前小导管支护和超前管棚支护详见“5.2 矿山法区间隧道施工质量控制”。

5.1.8.3　管片拆除

(1) 施工工艺流程

洞门处管片拆除施工工艺流程如图 5.10 所示。

1) 测量定位。定出洞门的准确位置，然后放线，在管片上弹出联络通道洞门的切割边线。

2) 切割前先在要切割的管片面上打眼，探明管片背侧土体的含水量，如发现水量较大，则应补充注浆封水。

3) 切割时严格按标识线固定走刀架进行管片切割，切割时从上到下进行，将切割下来的管片运出隧道，然后清理管片切割面，施作防护门植筋。

4) 切割下来的管片利用区间内行驶的电瓶车运走。

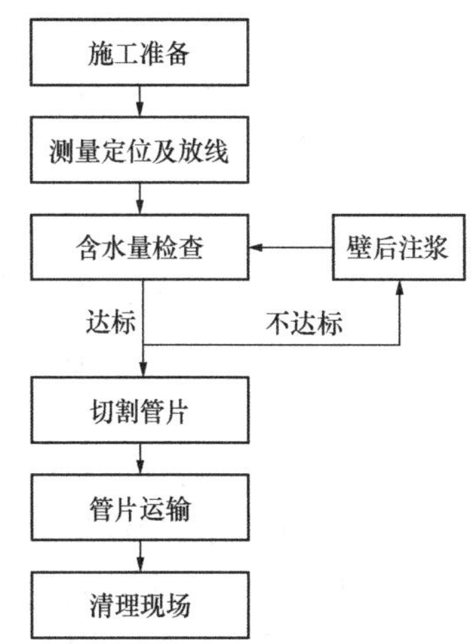

图 5.10　洞门处管片拆除施工工艺流程图

(2) 施工控制要点

1) 切割管片前，需确保临时支撑牢固顶紧。

2) 切割过程严格控制速度，避免破坏相邻管片。

3) 管片拆除如果发现掌子面的情况与探孔情况明显不符，应立即停止管片的拆除工作，封堵管片。

4) 管片拆除可用混凝土切割机分块分组进行拆除。

5) 管片拆除过程要严格控制管片的移动，宜缓拉、慢拉，确保手拉葫芦处于紧张的状态。

(3) 质量控制要点

1) 洞门位置必须严格按照设计规范要求放线。

2) 进行管片切口操作时，沿管片开口线切割，保证联络通道洞门尺寸及外观。

3) 管片拆除操作时，要认真观察管片受力及位移情况，消除局部受阻因素，防止管片变形。

5.1.8.4　防护门施工

(1) 施工工艺流程

防护门主要作用是为防止通道开挖中出现涌水及塌方等紧急情况。在管片切割完成后，施作防护门，可通过预埋、植筋或化学锚栓三种方式安装门框，门框必须安装牢固。

(2) 施工控制要点

防护门框预埋件必须固定牢固。

(3) 质量控制要点

1) 防护门框预埋件的位置、尺寸及受力必须符合规范要求。

2) 防护门的密封性应该符合规范要求。

5.1.8.5　土方开挖

(1) 施工工艺流程

土方开挖施工工艺流程如图 5.11 所示。

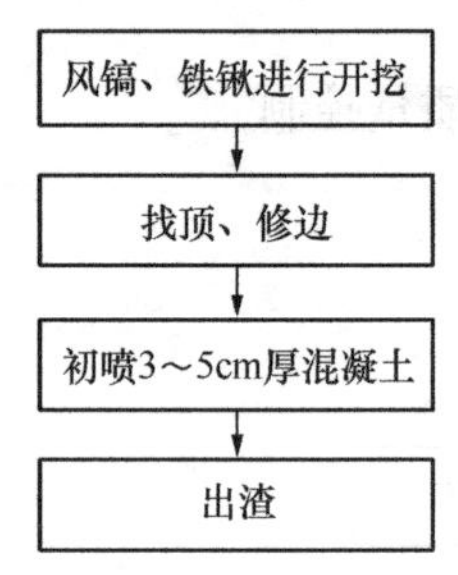

图 5.11　土方开挖施工工艺流程

1）隧道开挖前应制定防坍塌方案，备好抢险物资，并在现场堆码整齐。

2）开挖前，先进行水平探孔，取出芯样，若联络通道范围内的土体加固情况较好，地层较稳定，则进行开挖施工，若土体自稳性较差，含水量较大，则对土体进行注浆加固。

3）开口宜采用爬坡开挖，爬坡角度控制在30°以内。通道开挖根据实际地质情况，采用上下短台阶开挖，台阶长度通常为2m；开挖一个循环后，立即喷射混凝土封闭围岩；在上台阶格栅拱架拱脚处须施作锁脚锚杆以限制初支下沉和防止初支向通道内收敛变形。

4）土方开挖时严禁带水作业，当发现掌子面水量较大时，先行封闭掌子面，再研究具体处理措施。

（2）施工控制要点

1）开挖断面尺寸应满足设计要求。

2）开挖作业不得危及初期支护、衬砌和设备的安全，并应保护好量测用的测点。

3）下台阶开挖应在上台阶初期支护基本稳定后进行，下台阶墙体一般采用单侧落底或双侧交错落底，避免拱脚悬空，下台阶边墙落底后应及时施工初期支护结构。

4）开挖后，应做好地质构造的核对和监测量测工作，发现洞体位移速率增大时，应及时封闭仰拱。

5）隧道开挖过程中，应进行地质描述并做好记录，必要时应进行超前地质勘探。

（3）质量控制要点

1）台阶法施工，应在拱部初期支护结构基本稳定且喷射混凝土达到设计强度的70%以上时，方可进行下部台阶开挖。

2）一次循环开挖进尺长度，应符合施工方案的要求，开挖尺寸应按设计尺寸严格控制开挖断面，不得欠挖，应尽量减少超挖，超挖部分必须用初期支护等强度的混凝土回填密实。

3）边墙应采用单侧或双侧交错开挖，不得使上部结构同时悬空。边墙挖至设计高程后，必须立即支立钢筋格栅拱架并喷射混凝土。

4）仰拱应根据监控量测结果及时施工。

5）开挖循环进尺，在土层和不稳定岩体中为0.5～1.2m，在稳定岩体中为1～1.5m。

5.1.8.6　监控量测

（1）监测项目

根据设计图纸以及工程的具体情况，需对联络通道结构和周围受影响的地面环境等进行安全监测。监测项目以位移监测为主，主要为地表及建筑物的沉降，通道沉降及水平收敛。监测数据相互印证，确保监测结果的可靠性。表5.5为暗挖施工监测量控制表。

暗挖施工监测量控制表　　　　**表 5.5**

序号	监测项目	监测方法与仪表	监测范围	测点间距	测试精度	控制标准	量测频率
1	洞内、外观察	现场观察、地质预探	开挖工作面、初支完成区、内衬完成区、洞口及地表	随时进行	① 开挖面围岩的自立柱； ② 支护衬砌的变形、开裂等情况； ③ 岩土类别的核对		开挖后立即进行
2	隧道周围地表沉降	经纬仪 水准仪	具体见图		1mm	普通段： 30mm，2mm/d； 过管线段： 15mm，1mm/d	1d
3	净空变化	收敛计	每导洞一条	通道内 3 个	0.1mm	20mm，1mm/d	1d
4	拱顶下沉	水准仪 钢尺	每导洞一条	通道内 3 个	1mm	普通段： 30mm，2mm/d； 过管线段： 15mm，1mm/d	1d
5	管线监测	经纬仪 水准仪	① 通道宽度+两侧各 3 倍； ② 埋深管线的上方布设	间距小于 10m	1mm	20mm，0.0025，3mm/d	1d
6	建(构)筑物及倾斜监测	经纬仪 水准仪	① 通道宽度+两侧各 3 倍； ② 埋深范围内的建、构筑物	结合地表沉降点布设建筑物四角	1mm	符合既有建筑物的沉降、倾斜容许值范围的有关规定	1d
7	钢筋应力应变	钢筋计 应变仪	初支格栅钢筋、内衬环向钢筋	底板、侧墙、拱顶、通道中部一个	0.1MPa	符合既有建筑物容许值范围有关规定	1d
8	隧底隆起	水准仪	每导洞一条	通道内 3 个	1mm	20mm，1mm/d	1d

注：监控报警值为极限值的 70%，警戒值为极限值的 80%；情况出现异常时，应增大监测频率。

（2）监测方法

联络通道施工监测方法包括洞内外观察、地表沉降变形量观测、净空变化监测、顶部下沉监测、管线位移监测、钢筋应力应变监测、底部隆起、监测出现问题的应急措施（表 5.6）。

监测方法统计表　　　　**表 5.6**

序号	监测方法	埋设方法	测试方法
1	洞内外观察	对开挖工作面观察： ① 开挖工作面的稳定状态； ② 涌水情况：位置、水量、水压； ③ 底板是否有隆起现象。 对开挖后已支护地段的观测： ① 混凝土有无裂隙和剥离或剪切破坏； ② 钢拱架有无被压变形情况。 观察围岩破坏形态并分析： ① 危险性不大，不会发生急剧破坏，如加临时支护之后就可稳定的情况； ② 应当引起注意的破坏，如拱顶混凝土喷层因受弯曲压缩的影响而出现的裂隙； ③ 危险征兆的破坏，如拱顶混凝土喷层出现有对称性局部崩落，侧墙内移	

续表

序号	监测方法	埋设方法	测试方法
2	地表沉降变形量观测	放出测点位置，钻穿路面，将普通水准标识送入路面以下，或将道钉打入测点位置	沉降测量在施工影响范围之外布设2～3个高程起算点，且均与已知水准点定期联测，对起算点定期复核，确保起算点的准确性。测量采用精密水准仪，按国家二等水准要求观测。以附合或闭合路线在水准路线上联测各监测点，以水准控制点为基准，测算出各监测点标高
3	净空变化监测	按要求放出测点位置，在测点处钻孔，孔深约为25cm。在孔中填满水泥砂浆后插入收敛预埋件，尽量使两预埋件轴线在基线方向上，待砂浆凝固后即可量测	采用收敛计进行量测，量测时应记录环境温度，以便对测得数据进行修正
4	顶部下沉监测	在每个量测断面的拱顶中心埋设自制的钢筋预埋件。埋设前，先在待测部位成孔，然后将预埋件放入，并用混凝土填塞，待混凝土凝固后即可量测	利用收敛尺或钢尺，一端挂在拱顶自制预埋件上。按国家二等水准要求施测。每次测量时以高程传递点为起始点引测
5	管线位移监测	地下管线监测点的埋设除能利用原有管线设备点外，采用套洞法埋设。即在地下管线对应地表打设或埋设硬套管，将顶面刻画“+”的钢筋置入其中，并用黏土或砂将其固定	同地表沉降
6	钢筋应力应变监测	量测目的：钢筋、混凝土应力量测的目的在于了解初衬内钢筋、混凝土应力的变化情况，为施工设计做指导。 断面布置：钢筋应力量测仅限于Ⅳ、Ⅴ级围岩地段，混凝土应力计位于初衬混凝土内，与钢筋应力量测测点布置在同一量测断面上，测点布置位置相同，单洞每个断面5个测点。钢筋应力计安装前，在钢拱架待测部位并联焊接钢弦式钢筋计，在焊接过程中注意对钢筋计淋水降温，然后将钢拱架由工人搬至洞内立好，记下钢筋计型号，并将钢筋计编号，用透明胶布将写在纸上的编号紧密粘贴在导线上。注意将导线集结成束保护好，避免在洞内被施工所破坏。钢架安装完以后即可测取读数。混凝土应力计布置时，要求被初衬混凝土包裹好	
7	底部隆起	放出测点位置，将水准标识送入埋入	每次测量时以高程传递点为起始点引测
8	监测出现问题的应急措施	对各项目进行监测的过程中，若有某一监测项目超出允许值时，马上向有关部门反映，同时研究并采取有效的措施进行处理，防止继续扩散，并尽可能进行修复工作	

（3）监测控制要点

1）妥善协调好施工和观测设备埋设间的相互干扰，将观测设备的埋设计划列入工程进度控制计划中，及时提供工作面，创造条件保证监测埋设工作的正常进行。

2）开挖工作面的观察，在每个开挖面进行，开挖后立即核对地质情况，绘出地质素描图，记录开挖面稳定状态，顶部有无土体剥落和坍塌现象，记录涌水位置、涌水量、涌水压力和水质，若遇特殊不稳定情况时，派专人进行不间断的观察，对已支护地段，观察喷射混凝土是否发生裂隙和剥落或剪切破坏，格栅钢架有无被压曲变形情况。

3）洞周收敛采用收敛计进行量测，对短台阶法施工的隧道，每断面设二条水平基线。

4）顶部下沉量测和洞周收敛量测设于同一断面。

5）地表下沉量测，测点尽量设在隧道中线上，并与顶部下沉测点设在同一断面上，在隧道开挖前就开始进行，以获得开挖过程中的全位移曲线。

6）施工监测随隧道施工的进度连续进行，在开挖卸载高峰阶段，加大量测频率。

7）施工前做好路面和地面建筑物及地下管线的调查和记录工作，必要时进行现场拍摄。

8）测点布置应结合后续主体工程施工，教育施工人员采取切实有效措施，防止一切观测设备和电缆受到机械和人为的损坏，尽量避免将来被破坏。

5.1.8.7 其他施工工艺

钢筋格栅及钢筋网架设、喷射混凝土、防水、二次衬砌的施工详见“5.2 矿山法区间隧道施工质量控制”。

5.2 矿山法区间隧道施工质量控制

5.2.1 围护结构

见“3.2 围护结构”。

5.2.2 竖井

5.2.2.1 工艺概述

竖井是洞壁直立的井状管道。在平面轮廓上呈方形、长条状或不规则圆形。井壁陡峭，近乎直立。竖井被广泛应用于工程的通排风、出渣、补气等，竖井施工具有占地面积小、对周边施工干扰少等特点。然而，竖井施工空间小、工期长、登高及临边作业多、通行不便，导致竖井施工的安全风险突出。

5.2.2.2 施工工艺流程

竖井施工工艺流程如图 5.12 所示。

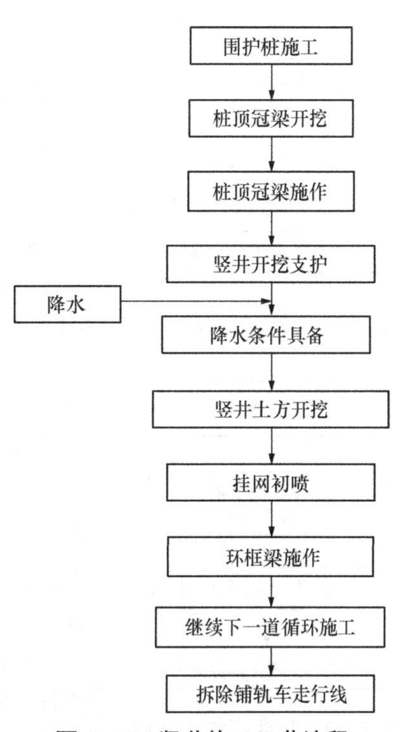

图 5.12 竖井施工工艺流程

5.2.2.3 施工控制要点

（1）围护结构施工完成，进行冠梁开挖，桩头凿除，桩基检测；桩顶冠梁钢筋绑扎、模板安装、混凝土浇筑；竖井土方分层开挖，每次开挖高度控制为 1.0～2.0m 立即进行桩间钢筋网和喷射混凝土施作；在竖井开挖至每道环框梁底部时，停止开挖，施作该处环框梁；逐层开挖至竖井底部，封底。

（2）在桩顶冠梁开挖前，做好地下管线的保护的措施。开挖时，采用机械与人工配合开挖、绑扎钢筋、立模、混凝土浇筑。在冠梁开挖完成后，应及时进行桩基完整性检测。

(3) 为防止雨水进入竖井，在竖井冠梁上，砌筑挡水块，在挡墙与冠梁外侧阴角处，粘贴防水卷材，防止场地内渗水灌入竖井。

(4) 竖井采用人工配合机械开挖，主要采用挖掘机分层开挖，局部采用人工配合修整、清理；根据开挖岩层稳定情况，每次开挖进尺1.0～2.0m，然后挂网并喷射混凝土封闭。

(5) 设置竖井中设置集水坑，在竖井开挖过程中，若有渗水，在对应范围水平设置渗水管，压入土体内，与竖向排水管连接，将水引排至底部集水坑，采用污水泵将渗水排入场地内既有沉淀池，经处理后，排入排水沟渠。

(6) 竖井围护桩桩间支护采用钢筋网和喷射混凝土组成支护体系，竖井开挖由上到下，每次开挖深度至每道环框梁结构下时，停止开挖，绑扎环框梁钢筋，并局部凿除围护桩钢筋保护层，扳出预埋筋，锚入环框梁，一次连续浇筑混凝土，养护达到强度后拆除模板，继续下挖竖井土方，循环施作竖井桩间支护及环框梁结构施工。

5.2.2.4 质量控制要点

(1) 开挖的同时应辅以人工配合，基底以上30cm的土层采用小型机械开挖人工配合，以减少超挖、保持坑底土体的原状结构。

(2) 开挖过程及时协调工序连续，及时封闭坡面，减少坡面暴露时间。

(3) 竖向排水管埋于网喷混凝土内，靠近土体侧，与钢筋网固定牢固。

(4) 基坑土方开挖挖掘机水平、分层开挖，垂直出土。

(5) 土方开挖过程中，应加强观察和监控量测工作，并通过监测反馈及时调整开挖程序。

5.2.3 洞口

5.2.3.1 马头门

(1) 工艺概述

马头门是竖井井筒与井底车场的连接处，形状似马头，是设备、材料和人员等转运点。根据车场的通过能力，马头门分单面和双面两种形式。

(2) 施工工艺流程

马头门施工流程如图5.13所示。

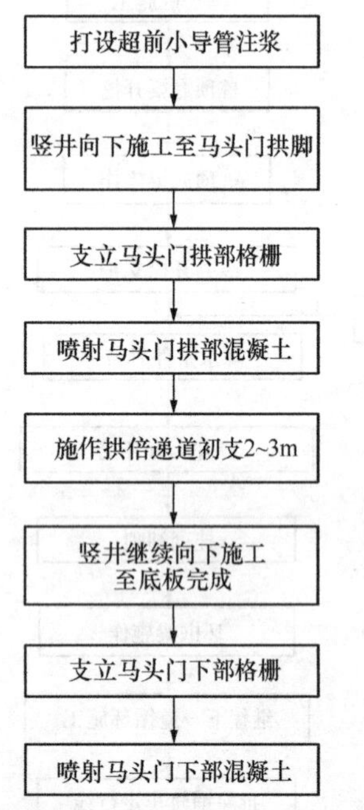

图5.13 马头门施工流程

(3) 施工控制要点

1) 区间竖井结构施工完成后，即可进行大里程端隧道马头门施工，按照台阶法开挖顺序。先施工大管棚，再进行影响正洞施工的围护桩破除，破除方式采用风镐、砂轮锯和人工配合。

2) 首先在马头门处立一榀格栅钢架，拱部沿开挖线打设管棚；马头门处连立钢架，每洞室按上下台阶法施工。

3) 按设计位置和尺寸，以格栅钢架尺寸外放5cm掏槽开挖，开槽宽度 40cm，连接板位置扩大开挖（扩大 20cm），方便钢架连接操作。安装马头门第一洞室第一榀钢架及中间支撑，钢架安装并校正后，在钢架拱脚位置打设锁脚锚杆，对其进行加固。

4）钢架之间用纵向连接钢筋焊接在一起，钢架中心间距 0.5m，连接钢筋环向间距 0.5m。喷射混凝土覆盖格栅钢架，超前小导管注浆与预埋导管回填注浆。

5）破除拱部核心土以外围护桩，环向开挖洞室上台阶，安装第二、三榀格栅钢架、钢筋网及连接筋，喷射混凝土支护。

6）洞室上台阶支护后开始破除下部围护桩，进行下台阶施工，下台阶部位混凝土破除后及时安装拱架，并喷射混凝土封闭成环。

（4）质量控制要点

1）马头门钢筋格栅和钢筋网采用的钢筋种类、型号、规格应符合设计要求。马头门位置和尺寸应严格按照设计图纸施工。马头门开挖轮廓应平直、圆顺。

2）马头门钢筋格栅应垂直支立，格栅制作时，主筋应采用完整的钢筋，避免接头。格栅安装时，纵向连接筋的焊接应按《钢筋焊接及验收规程》JGJ 18—2012 的规定抽取焊接接头试件做力学性能检验，其质量应符合有关规程的规定。

3）喷射混凝土必须符合设计及规范要求。用于检验结构混凝土强度的试件，应在喷射地点随机取样。

4）马头门位置允许偏差为：横向±30mm，高程±20mm，垂直度 5‰。

5.2.3.2 洞门

（1）工艺概述

洞口工程指隧道及地下建筑工程出入口部分的建筑物，包括洞门，洞口通风和排水设施，边、仰坡支挡结构和引道等。

（2）施工工艺流程

洞门施工流程如图 5.14 所示。

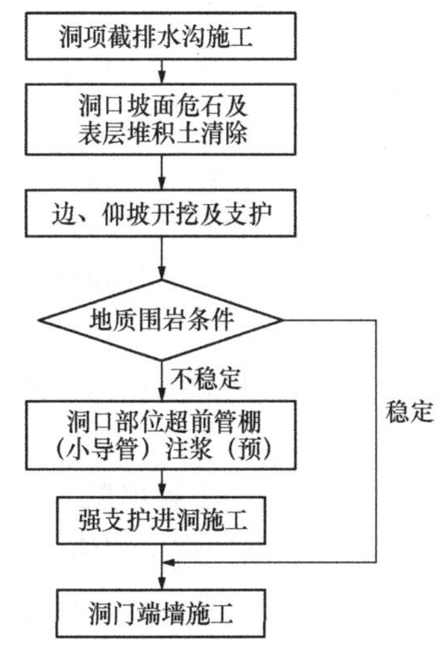

图 5.14 洞门施工流程

（3）施工控制要点

1）洞顶截水沟

首先在洞口边仰坡开挖边缘线外施作洞顶截水沟，以拦截地表水，防止地表水冲刷边仰坡，避免雨水冲刷洞门造成危害；应做到圆顺流畅，不积水，不渗水，拦截引导地表水，防止地表水影响洞口施工，达到稳定坡面的目的。

2）洞口开挖

边仰坡开挖应根据测量人员放出的边仰坡开挖轮廓线，清除开挖范围内的植被，按照“分层、分段、自上而下，边开挖、边防护”的原则，采用挖掘机自上而下进行开挖，人工配合精确刷坡。避免围岩振动过大，造成边坡、仰坡坍塌，甚至造成山体滑坡，影响洞口施工安全。

3）洞口边仰坡防护

明洞段临时开挖坡面采用喷锚网防护，喷混凝土厚度、强度等级、锚杆长度、锚杆间距、网格间距布置符合设计及规范要求。明洞段开挖应从上而下分段进行，分段及时防护，并加强对坡面的监测。

4）预制、铺挂钢筋网

制作成型的钢筋网片必须轻抬轻放，避免摔地产生变形。钢筋网片成品应远离加工场地，堆放在指定的成品堆放场地上。存放和运输过程中要避免潮湿的环境，防止锈蚀、污染和变形。按图纸标定的位置挂设加工好钢筋网片，将钢筋网片绑扎或焊接于先期施工的砂浆锚杆之上，钢筋网的搭接长度不小于 25cm。

5）喷射混凝土作业

在每层坡面开挖完后，立即对边坡上的浮石、危石及时清险，坡面凹凸不平处应予整修平顺，然后按照图纸设计，边仰坡布置梅花型砂浆锚杆孔，采用人工手持风凿机钻孔，砂浆锚杆外露 10～15cm。喷射作业分片进行，喷层厚度要均匀，喷射厚度不小于设计厚度；喷射混凝土拌合物的存放时间不得大于 30min；喷嘴宜与喷射面垂直，其间距宜为 1.5～2.0m，喷嘴应连续、缓慢做横向环行移动，当表面有松动、开裂、下坠、滑移等现象时，应及时清除重喷。

6）施作套拱

套拱采用先墙后拱方法施工，先做基础底部边墙，待边墙强度满足要求后施工拱圈部分，若基础底部承载力达不到设计要求的地基承载力，对基础采取加宽加深处理，并对该段基底进行补强措施，套拱处施工注意避免边坡超挖欠挖。洞口端用长套拱作为大管棚导向墙。套拱施工采用先墙后拱法，在套拱内架立钢拱架，纵向连接筋采用钢筋。在钢支撑上安装孔口管，孔口管采用钢筋焊接在工字钢上，方向与管棚位置方向一致，钢筋与工字钢、孔口管相接处采用双面焊接，焊接宽度不小于 $5d$。然后浇筑混凝土包裹钢支撑和导向管。

7）管棚施工

钻孔合格后应及时安装钢管，其接长时连接必须牢固，注浆密实。

（4）质量控制要点

1）端墙应在土石方开挖后及时完成，基础超挖部分应用与基础同强度等级混凝土和基础同步浇筑，端墙及挡翼墙的开挖轮廓面应符合设计要求。

2）端墙、挡翼墙基础的基底承载力必须满足设计要求，承载力采用静力触探试验或标准贯入试验检测，必要时采用载荷试验检测。

3）端墙、挡翼墙基础位于软硬不均的地基上时，除按设计要求处理外还应在分界处设沉降缝。

4）拱墙应与洞内相邻拱墙同时灌注。

5）端墙的泄水孔应与洞外排水系统及时连通。

6）隧道门端墙和挡翼墙、挡土墙的反滤层、泄水孔、施工缝设置应符合设计及《新建客运专线铁路隧道工程施工质量验收暂行标准》（铁建设〔2005〕160 号）的要求。

7）隧道门的截、排水设施应与洞门工程同步施工，当端墙顶部水沟置于填土上时，填土必须夯填密实。

5.2.4 超前探测

（1）工艺概述

为保证隧道的顺利施工，避免地下水发育地段突水、突泥灾害的发生，防止造成地表水、地下水流失，破坏当地生态环境，确保施工安全，需要采取有效的措施对隧道施工掌子面前方的地质情况进行较为准确的预测预报。超前地质预报主要有工程地质分析法、物理探测法和钻孔探测法三种。

1）工程地质分析法

在宏观上对整个工程区的地质构造进行总体把握，结合掌子面地质素描对前方地质进行直观性经验判断，特别是对大的断层或其他地质构造进行重点分析，找到瓦斯的运移通道。

2）物理探测法

根据岩土的物理特性，由特定的探测设备进行检测从而推断前方的工程地质，比较常用的物理探测手段主要有红外线探测（温度）、地震波探测（TSP、陆地声呐）、地质雷达探测（表面地质雷达、孔中地质雷达）、瞬变电磁法（电磁波）等。

3）钻孔探测法

钻孔是直接揭露前方围岩地质情况的最直观的、最有效的探测方法。根据现有技术水平，可以进行几米到几十米，甚至上百米的探孔。

（2）控制要点

1）施工时，将把超前地质预报纳入施工工序，做到“先探测、后施工，不探测，不施工”。

2）实施计划总的思路是：采用超前水平钻短距离钻探，在设计高瓦斯地段布置 3 个孔进行钻探，每次钻探 30m；同时加强常规地质分析。

3）地质预报方法就是建立一个地质信息系统，通过各种方法收集地质信息，输入信息处理系统，进行综合分析、判断，并将处理结果反馈给施工现场，及时调整施工方法和参数。然后从施工过程中获取新的地质信息，更新地质信息系统，经处理后，再一次反馈给施工现场，如此往复。通过地质信息系统的及时、准确预报，为信息化施工提供决策依据。

4）地质预报由地质专业工程师负责，施工、隧道质检人员配合，进行资料收集、统计、分析和编制信息预报成果，由技术负责人复核，并报设计、监理单位，为修正支护参数，修改施工方法提供依据。对已披露的实际地质情况与前期地质预报内容相比较，评估预报的准确性，为以后的超前预报工作积累经验。经分析、整理的地质资料作为施工技术资料存档。

5）地质超前预报施工的协调问题：实践证明，地质超前预报在隧道施工中发挥着十分重要的作用，为隧道施工安全、确保工程质量和进度提供可靠保障。

5.2.5 超前支护

5.2.5.1 管棚施工

（1）工艺概述

管棚施工或称伞拱法，其实质是在拟开挖的地下隧道或结构工程的衬砌拱圈隐埋弧线上，预先钻孔并安设惯性力矩较大的厚壁钢管，起临时超前支护作用，防止土层坍塌和地表下沉，以保证掘进与后续支护工艺安全运作。

（2）施工工艺流程

管棚施工工艺流程如图 5.15 所示。

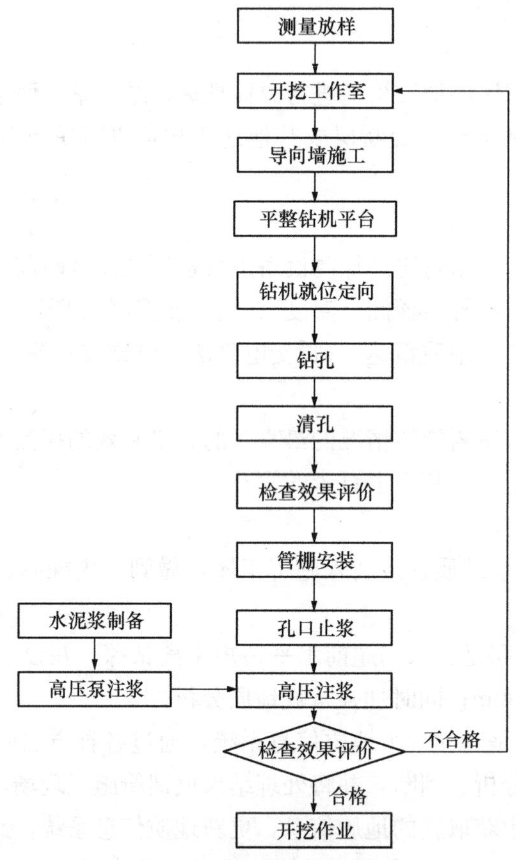

图 5.15　管棚施工工艺流程

（3）施工控制要点

1）钻孔

套拱中预埋孔口管作为导向管进行钻孔。坡面必须按要求先喷一层素混凝土作为止浆墙，以确保坡面在进行压力注浆时不出现漏浆、坍塌，保障坡面围岩稳定。钻孔角度按照设计仰角钻进。

2）顶管

① 先钻大于棚管直径的引导孔，然后利用钻机的冲击和推力，将安有工作管头的管棚沿引导孔钻进，接长棚管，直至孔底。

② 管棚接长时先将第一根钢管顶入钻好的孔内，再逐根连接。事先需加工好连接丝扣。

③ 接长管件应满足管棚受力要求，相邻管的接头应前后错开，避免接头在同一截面受力，临近管接头错开。

④ 施工中的钢管在安装前必须逐孔逐根进行编号，按编号顺序接管推进、不得混接。管棚钢管由机械顶进，钢管节段间用丝扣连接，顶进时，管棚顶到位后，钢管与导向管间

隙用速凝水泥或其他材料堵塞严密，以防浆液冒出。堵塞时设置进浆孔和排气孔。

⑤ 顶管施工完毕后对每根管进行清孔处理，防止杂物堵塞在管内造成后续管棚注浆工作无法开展。

3）管棚注浆

① 注浆顺序：从下而上，跳孔注浆。

② 注浆前先检查管路和机械状况，确认正常后做压浆试验，确定合理的注浆参数后方可以施工。

③ 注浆过程中随时检查孔口、邻孔、覆盖层较薄部位有无串浆现象，如发生串浆，在有多台注浆机的条件下，应同时注浆；无条件时，应立即停止注浆或采用间歇式注浆封堵串浆口，也可采用麻纱、木楔、快硬水泥砂浆或锚固剂封堵，直至不再串浆时再继续注浆。注浆过程中压力如突然升高，可能发生堵管，应停机检查。

④ 注浆采用单液注浆，并采取分段注浆方式保证注浆能充分填充至围岩内。水泥浆液（掺加5%水玻璃）进浆量很大，压力长时间不升高，应调整浆液浓度及配合比，缩短凝胶时间，进行小泵量低压力注浆或间歇式注浆，使浆液在裂隙中有相对停留时间，以便凝胶，停留时间不超过混合浆的凝胶时间。

⑤ 注浆压力达到2MPa，并持压5min以上，注浆浆液达到设计80%以上时，可停止注浆，并及时封堵注浆口，防止空气进入。

⑥ 注浆过程应派专人负责，填写《注浆记录表》，详细记录注浆时间、浆液消耗量及注浆压力等数据，观察压力表值，监控连通装置，避免因压力猛增而发生异常情况。并针对现场可能出现的特殊情况，做出相应应急措施。

⑦ 注浆结束后，先对钢管进行清孔，清孔完毕后立即用M30砂浆进行充填，增加钢管强度。

（4）质量控制要点

1）管棚施工应符合设计、规范和标准要求。

2）管棚安装前应将工作面封闭严密、牢固，清理干净，并测放出钻设位置后方可施工。

3）导管采用钻孔施工时，外插角宜为5°～15°，其孔眼深度应大于导管长度；采用锤击或钻机顶入时，其顶入长度不应小于管长的90%。

4）管棚施工应符合下列规定：

① 钻孔的外插角允许偏差为5‰。

② 钻孔应由高孔位向低孔位进行。

③ 钻孔孔径应比钢管直径大30～40mm。

④ 遇长钻、坍孔时应注浆后重钻。

5）钻孔合格后应及时安装钢管，其接长时连接必须牢固。

6）导管和管棚注浆应符合下列规定：

① 注浆浆液宜采用水泥或水泥砂浆，其水泥浆的水灰比为0.5∶1，水泥砂浆配合比为1∶0.5∶3。

② 注浆浆液必须充满钢管及周围的空隙并确保密实，其注浆量和压力应根据试验确定。

5.2.5.2 超前小导管施工

(1) 工艺概述

超前小导管注浆技术是隧道浅埋暗挖的一种支护措施，在隧道的软弱破碎地层、穿越浅埋段、沙层段、洞口偏压段、断层破碎带及砂卵石段等不良地段施工中发挥着重要的作用。

(2) 施工工艺流程（图 5.16）

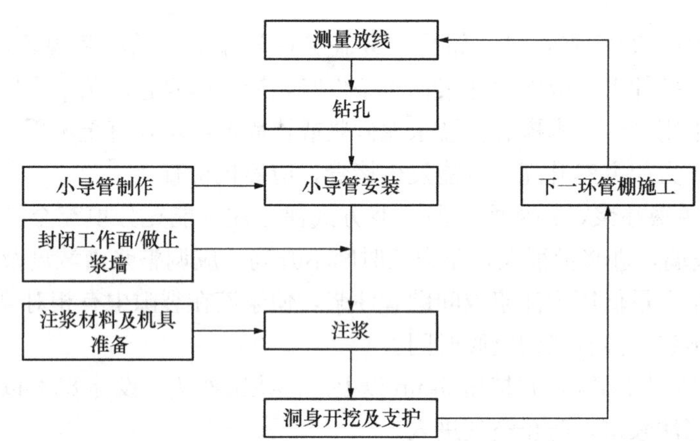

图 5.16 超前小导管施工工艺流程

(3) 施工控制要点

1) 熟悉设计图纸，由测量队准确地进行开挖轮廓放线，制作小导管。

2) 喷混凝土封闭开挖面。

为了防止小导管注浆时浆液沿隧道掌子面渗漏，需做止浆墙封闭开挖面，止浆墙采用喷射混凝土方法制作，喷混凝土范围为开挖面和 5m 范围内的坑道，厚度为 5～10cm，喷射混凝土施工按喷射混凝土作业指导书有关规定操作。

3) 钻孔、安装小导管

① 测量放样，在设计孔位做标记。

② 钻孔需沿隧道纵向开挖轮廓线向外以 10°外插角钻孔，钻孔达设计深度，钻孔完毕将小导管沿孔打入。如遇地层松软，也可用游锤或手持风钻直接打入。

③ 与支撑结构的连接，一般有三种方法：

a. 对于格栅钢架将末端置于钢架腹部并焊固在格栅钢架上，对于型钢钢架，首先在拱架腹板中央开孔，钻孔和安装均通过该孔，安装后末端同钢架焊固；

b. 在钢架（型钢或格栅）顶部钻孔，安装后末端焊固在钢架上；

c. 将末端用短筋环向焊固相连，以增强共同支护作用。

④ 在拱架腹板中央开孔，钻孔和安装均通过该孔，安装后末端同钢架焊固，顶部钻孔，安装后末端焊固在钢架上。测量放线预埋格栅外环主筋，紧靠主筋钻孔，将末端用短筋环向焊固相连，以增强共同支护作用。

4) 密封

小导管打入后，将注浆泵的高压胶管与管口连通，并且用棉纱等将管口处的缝隙塞紧，以保证注浆时不至于渗漏浆液。管路接通后先要压水检查密封性，达到要求后方可注浆。

5）注浆

注浆顺序由下向上进行，浆液可用拌合机拌制，浆液由稀到浓逐级变换，即先注稀浆，然后逐步变浓直到设计浓度为止，考虑到注浆后需尽快开挖，注浆宜用普通水泥或早强水泥，拌浆时可按试验室要求适量掺加减水剂，注浆压力控制在 0.5～1MPa 之间。

（4）质量控制要点

1）超前小导管所用的钢管原材料进场检验应符合现行国家标准的要求。

2）超前小导管所用钢管的品种、级别、规格和数量必须符合设计要求。

3）超前小导管与支撑结构的连接应符合设计要求。

4）超前小导管的纵向搭接长度应符合设计要求。

5）超前小导管施工允许误差：外插角 2°、孔距（mm）±50、孔深（mm）+50/0。

6）注浆浆液强度和配合比应符合设计要求，且浆液应充满钢管及周围的缝隙。

7）导管采用钻孔施工时，其孔眼深度应大于导管长度。

8）导管安装前应将工作面封闭严密、牢固、清理干净，并测放出钻设位置后方可施工。

5.2.6　洞身开挖

5.2.6.1　台阶法

（1）二台阶法

1）工艺概述

台阶法一般适用于Ⅲ、Ⅳ级围岩，Ⅴ级围岩应在必要的超前支护措施稳定开挖面后采用台阶法开挖，单线隧道及围岩地质条件较好的双线隧道可采用二台阶法。

2）施工工艺流程（图 5.17）

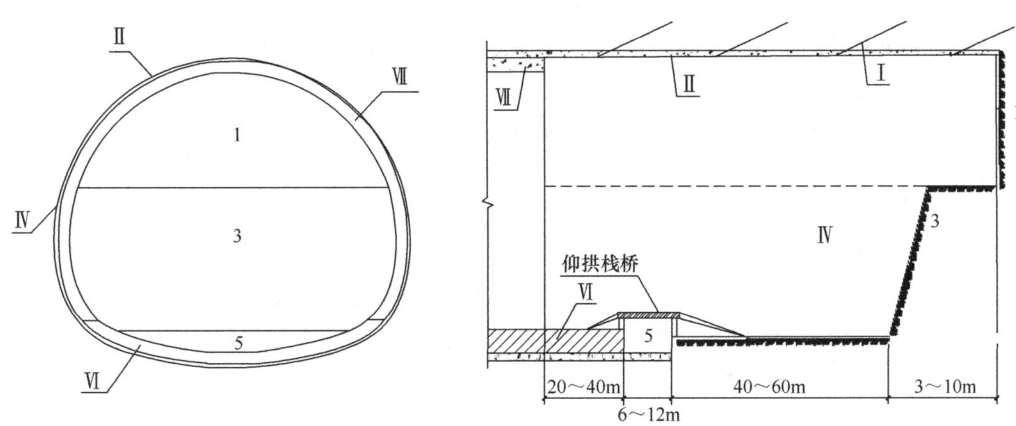

图 5.17　二台阶法施工工艺流程

Ⅰ—超前支护；1—上部开挖；Ⅱ—上部初期支护；3—下部开挖；
Ⅳ—下部初期支护；5—隧道底部开挖；Ⅵ—仰拱及填充混凝土；Ⅶ—拱墙二次衬砌

3）施工控制要点

① 长台阶法

长台阶法开挖断面小，有利于维持开挖面的稳定，适用范围较全断面法广，一般适用于Ⅰ～Ⅲ级围岩。在上、下两个台阶上，分别进行开挖、支护、运输、通风、排水等作业线，因此台阶长度长。但台阶长度过长，如大于100m时，会增加支护封闭时间，同时也增加了通风排烟、排水的难度，降低了施工的综合效率。因此，长台阶一般在围岩条件相对较好、工期不受控制、无大型机械化作业时选用。

② 短台阶法

短台阶法适用于Ⅲ～Ⅴ级围岩，台阶长度定为10～15m，即1～2倍开挖宽度，主要是考虑既要实现分台阶开挖，又要实现支护及早封闭。上台阶一般采用小药量的松动爆破，出渣采用人工或小型机械转运至下台阶。因此，台阶长度不宜过长，如果超过15m，则出渣所需的时间显得过长。

短台阶法可缩短支护闭合时间，改善初期支护的受力条件，有利于控制围岩变形。缺点是上部出渣对下部断面施工干扰较大，不能全部平行作业。

③ 微台阶法

微台阶法是全断面开挖的一种变异形式，适用于Ⅴ～Ⅵ级围岩，一般台阶长度为3～5m。台阶长度小于3m时，无法正常进行钻眼和拱部的喷锚支护作业；台阶长度大于5m时，利用爆破将石渣翻至下台阶有较大的难度，必须采用人工翻渣。微台阶法上下断面相距较近，机械设备集中，作业时相互干扰大，生产效率低，施工速度慢。

4）质量控制要点

① 采用台阶法开挖隧道时，应根据围岩条件合理确定台阶长度和高度。台阶长度不宜过长，宜控制在1～1.5倍洞径以内。

② 台阶形成后，各台阶开挖、支护宜平行作业。

③ 下台阶开挖时，左右侧宜交错进行。

④ 循环进尺应根据围岩地质条件和初期支护钢架间距合理确定。Ⅲ级围岩不宜超过2m，Ⅳ级不宜超过1.5m，Ⅴ级不宜超过1m；仰拱开挖每循环不大于3m。

⑤ 当拱部围岩条件发生较大变化时，可适当延长或缩短台阶长度，确保开挖、支护质量及施工安全。

⑥ 上台阶的底部位置应根据地质情况确定，一般情况下，可在起拱线及以下位置。

⑦ 上台阶使用钢架时，可采用扩大拱脚和施作锁脚锚杆等措施，防止拱部下沉变形。

（2）三台阶法

1）工艺概述

台阶法一般适用于Ⅲ、Ⅳ级围岩，Ⅴ级围岩应在必要的超前支护措施稳定开挖面后采用台阶法开挖，隧道断面较高、单层台阶断面尺寸较大时可采用三台阶法。

2）施工工艺流程（图5.18）

3）施工控制要点

① 上部弧形导坑开挖：在拱部超前支护后进行，环向开挖上部弧形导坑，预留核心土，核心土长度宜为3～5m，宽度宜为隧道开挖宽度的1/3～1/2。开挖循环进尺应根据初期支护钢架间距确定，最大不得超过1.5m，开挖后立即初喷3～5cm混凝土。上台阶开

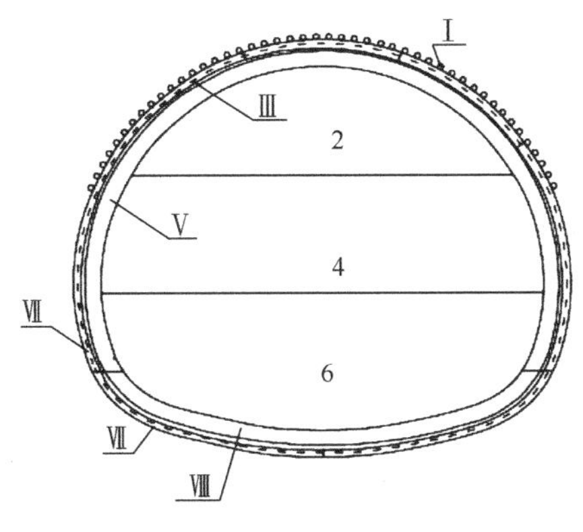

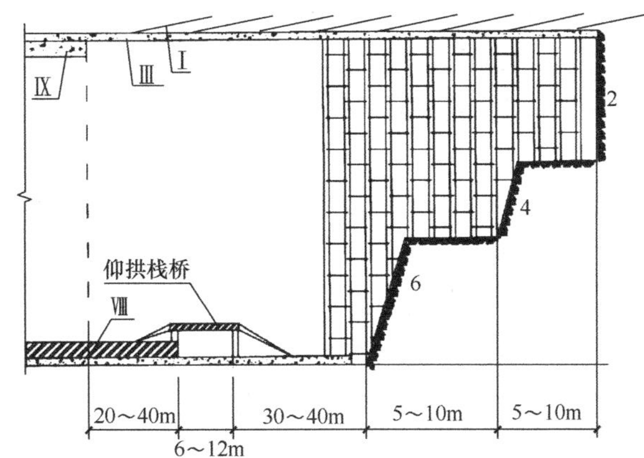

图 5.18 三台阶法施工工艺流程

Ⅰ—超前支护；2—上部开挖；Ⅲ—上部初期支护；
4—中部开挖；Ⅴ—中部初期支护；6—下部开挖；
Ⅶ—下部初期支护；Ⅷ—仰拱及填充混凝土；Ⅸ—拱墙二次衬砌

挖矢跨比应大于 0.3，开挖后应及时进行喷、锚、网系统支护，架设钢架，在钢架拱脚以上 30cm 高度处，紧贴钢架两侧边沿，按下倾角 30°打设锁脚锚杆，锁脚锚杆与钢架牢固焊接，复喷混凝土至设计厚度。

② 左、右侧中台阶开挖：开挖进尺应根据初期支护钢架间距确定，最大不得超过 1.5m，开挖高度一般为 3～3.5m，左、右侧台阶错开 2～3m，开挖后立即初喷 3～5cm 混凝土，及时进行喷、锚、网系统支护，接长钢架，在钢架墙脚以上 30cm 高度处，紧贴钢架两侧边沿，按下倾角 30°打设锁脚锚杆，锁脚锚杆与钢架牢固焊接，复喷混凝土至设计厚度。

③ 左、右侧下台阶开挖：开挖进尺应根据初期支护钢架间距确定，最大不得超过 1.5m，开挖高度一般为 3～3.5m，左、右侧台阶错开 2～3m，开挖后立即初喷 3～5cm 混凝土，及时进行喷、锚、网系统支护，接长钢架，在钢架墙脚以上 30cm 高度处，紧贴钢架两侧边沿，按下倾角 30°打设锁脚锚杆，锁脚锚杆与钢架牢固焊接，复喷混凝土至设计厚度。

④ 上、中、下台阶预留核心土：各台阶分别开挖预留的核心土，开挖进尺与各台阶循环进尺相一致。

⑤ 隧底开挖：每循环开挖长度宜为 2～3m，开挖后及时施作仰拱初期支护，完成两个隧底开挖、支护循环后，及时施作仰拱，仰拱分段长度宜为 4～6m。

4）质量控制要点

① 以机械开挖为主，必要时辅以弱爆破。

② 弧形导坑应沿开挖轮廓线环向开挖，预留核心土，开挖后及时支护。

③ 其他分步平行开挖，平行施作初期支护，各分部初期支护衔接紧密，及时封闭成环。

④ 仰拱紧跟下台阶，及时闭合构成稳固的支护体系。

⑤ 施工过程通过监控量测，掌握围岩和支护的变形情况，及时调整支护参数和预留

变形量，保证施工安全。

⑥ 完善洞内临时防排水系统，防止地下水浸泡拱墙脚基础。

5.2.6.2 全断面法

（1）工艺概述

全断面法施工一般适用于Ⅰ、Ⅱ、Ⅲ级围岩，Ⅳ级围岩在采取有效措施稳定开挖工作面后，也可采用全断面法开挖。

（2）施工工艺流程（图5.19）

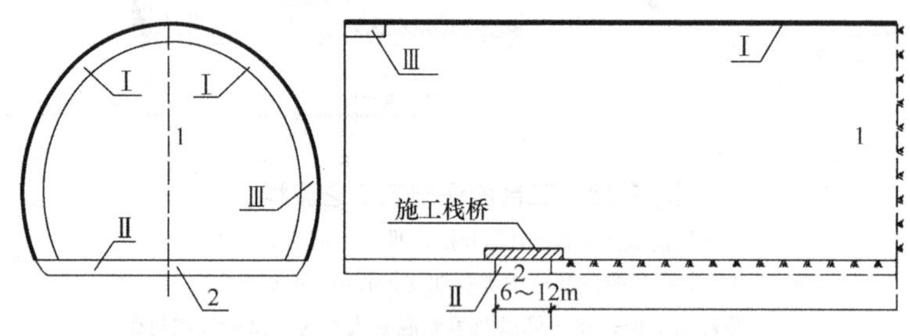

图5.19 全断面法施工工艺流程

1—开挖；Ⅰ—初期支护；2—检底；Ⅱ—铺底混凝土；Ⅲ—拱墙混凝土

（3）施工控制要点

1）在地质条件较差地段采用全断面法开挖隧道时，必须对围岩进行超前支护或预加固，并控制循环进尺。

2）当隧道地质条件发生变化时，必须根据情况及时变换适宜的开挖方法。

3）隧道开挖爆破后应先采用机械进行找顶，然后用人工找顶。

（4）质量控制要点

1）全断面法开挖时，应控制一次同时起爆的炸药量，减少爆破振动对围岩的影响。

2）长及特长隧道应采用大型施工机械，各种施工机械设备应合理配套，充分发挥机械设备的综合效率。

5.2.6.3 双侧壁导坑法

（1）工艺概述

双侧壁导坑法适用于Ⅳ～Ⅵ级围岩双线或多线隧道。工法是先开挖隧道两侧导坑，并及时施作导坑四周初期支护，再根据地质条件、断面大小，对剩余部分断面进行一次或两次开挖。双线或多线隧道通过软弱围岩地段时，由于跨度较大（一般开挖宽度达到11m以上），无法采用全断面或台阶法开挖，而采用双侧壁导坑法，相当于先开挖2个小跨度的隧道，开挖后，围岩的自稳时间能够满足初期支护的需要，有利于施工的安全。侧壁导坑完成后，剩余断面一般采用上、下两步开挖，上部开挖后，立即进行初期支护，安装钢架支撑，并将钢架与侧壁导坑的钢架连接成一个整体，从而克服了大跨度带来的施工安全问题。

（2）施工工艺流程（图5.20）

（3）施工控制要点

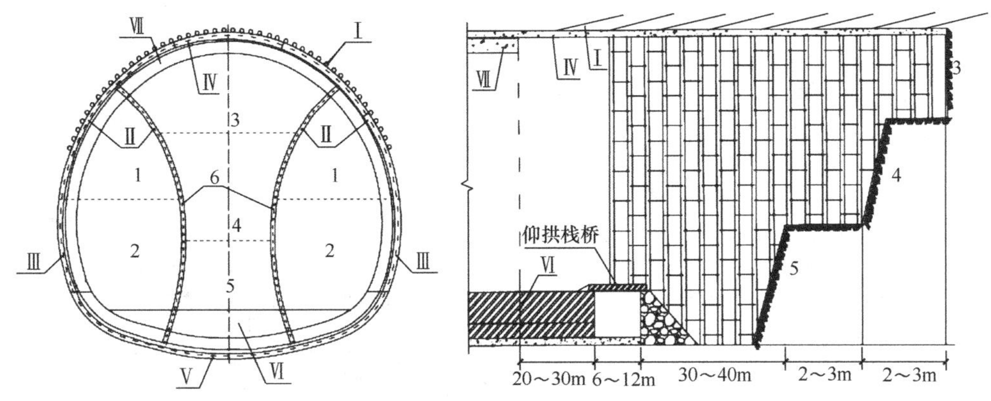

图 5.20 双侧壁导坑法施工工艺流程

Ⅰ—超前支护；1—左（右）侧导坑上部开挖；Ⅱ—左（右）侧导坑上部支护；
2—左（右）侧导坑下部开挖；Ⅲ—左（右）侧导坑下部支护成环；3—中槽拱部开挖；
Ⅳ—中槽拱部初期支护与左右Ⅱ闭合；4—中槽中部开挖；5—中槽下部开挖；
Ⅴ—中槽下部初期支护与左右Ⅲ闭合；6—拆除临时支护；Ⅵ—仰拱及填充混凝土；
Ⅶ—拱墙二次衬砌

1）侧壁导坑形状应近于椭圆形断面，导坑断面宜为整个断面的 1/3。

2）侧壁导坑形状应近似椭圆形，导坑宽度不应大于 0.3 倍隧道宽度；侧壁导坑、中槽部分开挖应采用短台阶，台阶长度 3～5m，必要时应预留核心土；左右导坑施工时，前后拉开距离不宜小于 10m，导坑与中间土体同时施工时，导坑应超前 30～50m。

3）导坑开挖后应及时进行初期支护，并尽早封闭成环。

（4）质量控制要点

1）导坑施工是隧道施工中的重要环节，必须十分重视保护围岩，尽量减少对围岩的扰动，施工中应采用机械开挖、人工配合，尽量不使用爆破，以减少对围岩的扰动。

2）开挖断面必须及时封闭。各开挖部位必须在最短时间内利用临时仰拱封闭成环，做到“自封闭”。

3）隧道左右两侧导坑以 3～5m 间距交错开挖前进，严禁同时开挖。

4）侧导结构中，初期支护作为施工支护的主要手段，当位移过大时，应注意及时加设横向木撑或钢撑。

5）喷射混凝土要紧随掌子面施作，钢架的拱脚或底脚不得置于虚渣上。

6）侧导坑施工中应按监控量测要求，埋设洞内观测点，实施监控量测，并及时反馈信息以指导施工和修改设计。

7）完成隧道开挖及初期支护后，根据量测结果进行模筑二次衬砌的浇筑。

8）其他事项与中隔壁法质量控制要点相同。

5.2.6.4 中隔壁法（CD 法）

（1）工艺概述

中隔壁法也称 CD 法，工法是在软弱围岩大跨度隧道中，先开挖隧道的一侧，并在设计中间部位作中隔壁，然后再开挖另一侧的施工方法，主要应用于双线隧道Ⅳ级围岩深埋硬质岩地段以及老黄土隧道（Ⅳ级围岩）地段。

（2）施工工艺流程（图 5.21）

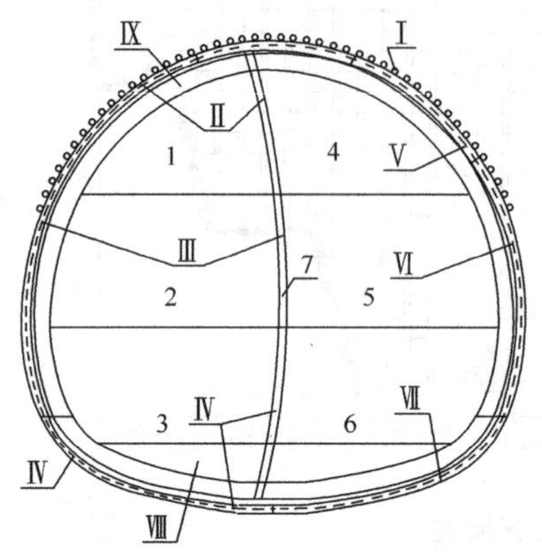

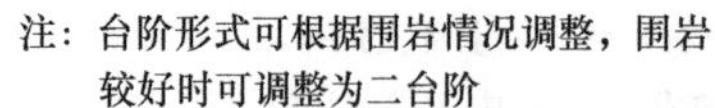
注：台阶形式可根据围岩情况调整，围岩较好时可调整为二台阶

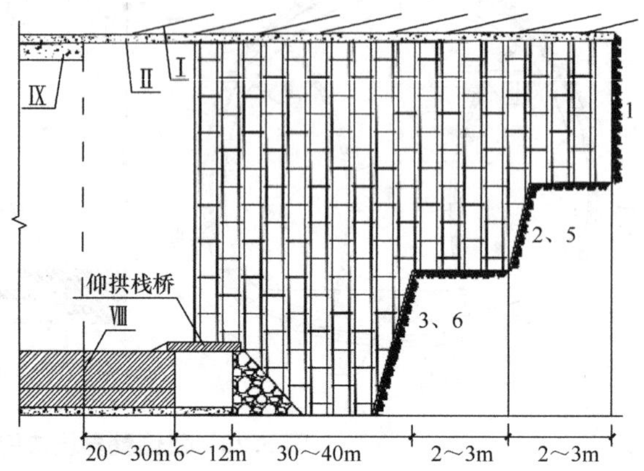

图 5.21　中隔壁法施工工艺流程

Ⅰ—超前支护；1—左侧上部开挖；Ⅱ—左侧上部初期支护；2—左侧中部开挖；
Ⅲ—左侧中部初期支护；3—左侧下部开挖；Ⅳ—左侧下部初期支护；4—右侧上部开挖；
Ⅴ—右侧上部初期支护；5—右侧中部开挖；Ⅵ—右侧中部初期支护；6—右侧下部开挖；
Ⅶ—右侧下部初期支护；7—拆除中隔壁；Ⅷ—仰拱及填充混凝土；Ⅸ—拱墙二次衬砌

（3）施工控制要点

1）中隔墙开挖时，应沿一侧自上而下分为二或三部进行，每开挖一部均应及时施作锚喷支护、安设钢架、施作中隔壁，底部设临时仰拱，中隔壁墙依次分步连接而成，之后再开挖中隔墙的另一侧，其分步次数及支护形式与先开挖的一侧相同。

2）各部开挖时，周边轮廓应尽量圆顺，减小应力集中。

3）各部的底部高程应与钢架接头处一致。

4）每一部的开挖高度，要根据实际调整。

5）后一侧开挖应全断面及时封闭。

6）左、右两侧纵向间距，应拉开一定距离。

7）中隔壁应设置为弧形或圆弧形。

8）中隔壁在灌注二次衬砌时，应根据监测数据逐段拆除。

（4）质量控制要点

1）初支应在最短时间内封闭成环。

2）左右侧掌子面距离宜为 10～15m，每侧上下台阶距离宜为 3～5m。

3）下部开挖时，应确保上部支护结构的稳定，减小对上部围岩和支护的扰动和破坏。边墙部开挖时必须采用两侧交错挖马口施作，避免上部断面两侧拱脚同时悬空。

4）喷射混凝土必须紧随开挖掌子面施作。每榀钢架分拱、墙两次架成，确保拱脚加固质量，可采用扩大拱脚、锁脚锚杆（锚管）、加强纵向连接等方法，使上部初期支护与围岩形成完整体系。钢架的拱脚或底脚不得置于虚渣上。

5）施工中按监控量测设计要求，埋设洞内观测点，实施监控量测，并及时反馈信息以指导施工和修改设计。

6）完成隧道开挖及初期支护后，根据量测结果进行模筑二次衬砌的浇筑。

7）必须充分分析和论证中壁拆除时间和中壁拆除后的安全性。根据规范或有关规定，应以中壁拆除前的拱顶下沉量（一般一天的下沉量小于 2mm）、净空收敛值来确定，以及中壁拆除中、中壁拆除后的拱顶下沉增量（不大于 6mm）作为控制基准。

5.2.6.5 交叉中隔壁法（CRD 法）

（1）工艺概述

交叉中隔壁法（CRD 法）一般适用于Ⅴ级围岩，有偏压，浅埋段设计施工；整个隧道断面分为左上、左中、左下、右上、右中、右下共六个部分，CRD 法的开挖顺序为左上→左中→右上→右中→左下→右下。

（2）施工工艺流程（图 5.22）

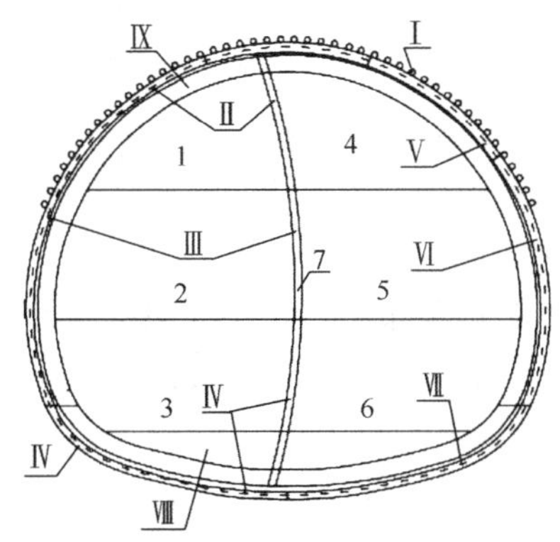

注：台阶形式可根据围岩情况调整，围岩较好时可调整为二台阶

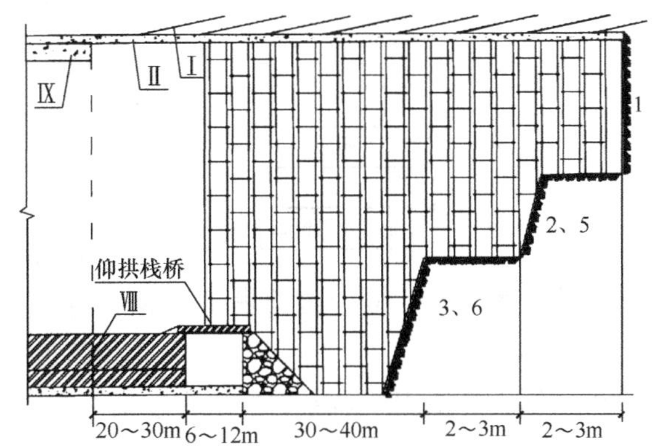

图 5.22 交叉中隔壁法施工工艺流程

Ⅰ—超前支护；1—左侧上部开挖；Ⅱ—左侧上部初期支护；2—左侧中部开挖；
Ⅲ—左侧中部初期支护；3—左侧下部开挖；Ⅳ—左侧下部初期支护；4—右侧上部开挖；
Ⅴ—右侧上部初期支护；5—右侧中部开挖；Ⅵ—右侧中部初期支护；6—右侧下部开挖；
Ⅶ—右侧下部初期支护；7—拆除中隔壁；Ⅷ—仰拱及填充混凝土；Ⅸ—拱墙二次衬砌

（3）施工控制要点

1）CRD 法开挖断面必须及时封闭。各开挖部位必须在最短时间内利用临时仰拱封闭成环，做到“自封闭”。

2）其他与中隔壁法施工控制要点相同。

（4）质量控制要点

与中隔壁法质量控制要点相同。

5.2.6.6 岩石爆破

（1）工艺概述

岩石爆破是利用炸药的爆炸作用对岩石施加荷载，使岩石破坏，从而有利于进行开挖。

（2）施工工艺流程（图 5.23）

（3）施工控制要点

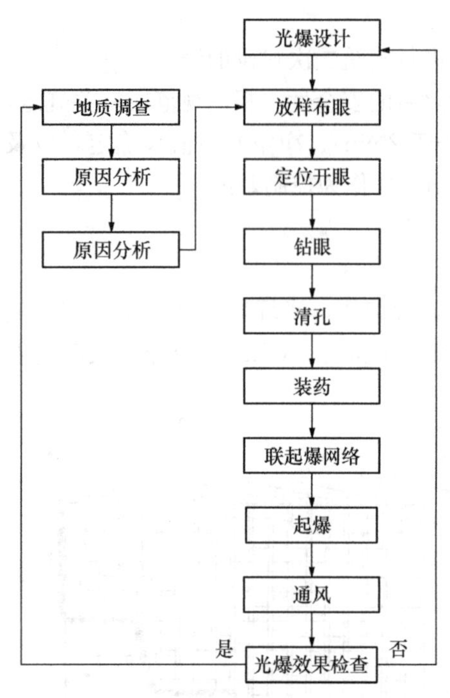

图 5.23 岩石爆破施工工艺流程

1）布孔和钻孔

① 施工布眼

钻眼前，测量人员用红油漆准确绘出开挖断面的中线和轮廓线，按爆破设计（修正设计）标出炮眼位置，其误差不超过 5cm。

② 定位开眼

采用人工手持风钻利用自制开挖台架钻孔。台架就位后，人工按炮眼布置图正确钻孔。对于掏槽眼和周边眼的钻眼精度要求比其他眼要高，开眼误差分别控制在 3cm 和 5cm 以内。

③ 钻眼

a. 隧道的开挖质量即超欠挖程度在很大程度上取决于钻孔工人的钻孔技术水平。在爆破工程技术人员的指导下，钻孔应严格按照爆破设计要求进行布孔、钻孔作业，特别是周边眼的钻孔，严格按照设计图纸进行。

b. 钻工要熟悉炮眼布置图，要能熟练地操纵凿岩机械，特别是钻周边眼，一定要由有丰富经验的钻工司钻，方向由测工确定并在台架上确定参照物供司钻人员使用，确保周边眼有准确的外插角（按爆破设计或修正设计），尽可能使两茬炮交界处台阶不小于 15cm。同时，根据眼口位置岩石的凹凸程度调整炮眼深度，保证炮眼底在同一平面上。

2）清孔

装药前，用由钢筋弯制的炮钩和小直径高压风管输入高压风将炮眼石屑刮出吹净。

3）孔位检查

装药前应组织现场监理和爆破工程师、技术人员一起对各个成孔的孔深和倾斜度进行检查并做好记录，各参与人员必须在记录簿上签字。

4）装药

① 装药前瓦斯检测

装药前必须组织爆破工、班组长、瓦检员检查放炮地点附近 20m 以内风流中的瓦斯，瓦斯浓度达到 0.5%时不准装药，并加强通风，当瓦斯浓度低于 0.5%时方可进行装药作业。

② 装药作业

装药分片分组，按炮眼设计图确定的装药量自上而下进行，雷管“对号入座”。

③ 装药要求

装药作业应在爆破工程技术人员的指挥下，严格按照爆破设计要求进行，装药前应认真检查孔内是否有水和孔内是否堵塞。如果发现有水，使用防水炸药；如果出现孔内堵塞，要及时清孔或补孔，待检查合格后方可装药。装药时要做好原始记录（单孔装药量、出现的问题及处理措施），装药应使用木制或竹制长杆进行，严禁使用铁制等金属杆件。

5）堵塞炮眼

① 堵塞材料采用自制的炮泥（黏土或黏土和砂子的混合物），所有炮眼均以炮泥堵塞，竖井爆破炮眼堵塞长度不小于炮孔长度的1/3，隧道爆破炮眼堵塞长度不小于炮孔长度的1/3。

② 堵塞长度严格按照爆破设计要求进行，不得自行增加药量和改变堵塞长度，如需调整，应征得现场爆破技术人员和监理工程师的同意并做好变更记录。堵塞时应防止堵塞悬空，保证堵塞材料的密实，不得将导线拉得过紧，防止被拉断或破坏。

6）爆破网络的敷设

隧道爆破施工区域主要采用煤矿许用毫秒延时电雷管和三级煤矿许用乳化炸药进行爆破。本爆破网络设计采用孔内延时爆破，延时段别为1～5段，最长延时时间不超过130ms。在联网过程中，要严格按照爆破设计要求进行，必须采用串联电爆网络且不得跨段别使用。竖井爆破采用毫秒延期导爆管雷管和2号岩石乳化炸药进行爆破，爆破时孔内采用高段位，孔外为低段位的逐孔起爆技术，以降低爆破振动。

7）安全警戒

① 各爆破施工班组必须配备足够的安全帽、安全警戒线、警戒标识牌、口哨以及安全员，必要时需配备小红旗和对讲机。

② 施爆时，切实做好人员、机械等的撤离及安全警戒工作，指派有一定爆破安全经验的安全员专项负责，警戒范围不得少于200m，在警戒未解除时，禁止任何闲杂人等进入警戒范围。

③ 在相邻两个平行隧道中的一个隧道工作面需要爆破时，必须通知相邻隧道内的工作人员撤离到安全区域。

8）起爆

① 起爆前瓦斯检测

起爆前必须组织爆破工、班组长、瓦检员检查放炮地点附近20m以内风流中的瓦斯，瓦斯浓度达到0.5％时不准爆破，并加强通风，等瓦斯浓度低于0.5％时方可进行起爆作业。

② 起爆前检查

起爆前，必须由专人负责检查。经检测不合格的网络不允许合闸起爆，在做好警戒措施，确保爆破网络正确、电路畅通后，方可实施起爆。隧道属于瓦斯隧道时，起爆装置必须采用防爆型起爆器。

（4）质量控制要点

1）爆破参数应依据浅孔、密布、弱爆、循序渐进的原则选用，并必须经现场试爆后确定。

2）炮眼深度应控制在1～1.5m；掏槽炮眼应采用直眼，特殊情况采用斜眼时，如岩层层理或节理明显，则斜眼与其应成一定角度并宜垂直；周边炮眼应沿设计开挖轮廓线布置，辅助炮眼应均匀交错布置在周边与掏槽炮眼之间；周边炮眼与辅助炮眼的眼底应在同一垂直面上，掏槽炮眼加深100mm。

3）炮眼装药前应清理干净，炸药宜采用低密度、低炸速、低猛度或高爆炸力炸药。药卷宜采用小直径连续或间接装药结构；在软岩中，可采用空气柱反向装药结构，硬岩的眼底可装一节加强药卷。起爆方式采用毫秒雷管、导爆索或导爆管，如雷管分段毫秒差小，则周边眼应与内圈眼的雷管跳段使用；周边眼根据地质条件分段起爆。装药完毕，炮眼堵塞长度不宜小于200mm，当采用预裂爆破时，应从药包顶端起堵塞，不得只堵眼口。

4）爆破眼的眼痕率：硬岩应大于80%，中硬岩应大于70%，软岩应大于50%，并在轮廓面上均匀分布；两炮眼衔接台阶的最大尺寸不应大于150mm；爆破岩面最大块度不应大于300mm。

5.2.7 初期支护

5.2.7.1 钢筋格栅、钢筋网架设

（1）工艺概述

钢筋格栅、钢筋网架设是初期支护的一个工序，钢筋格栅与钢拱架配合使用，铺设时焊接在锚杆上，固定土体的部件。

（2）施工工艺流程（图5.24）

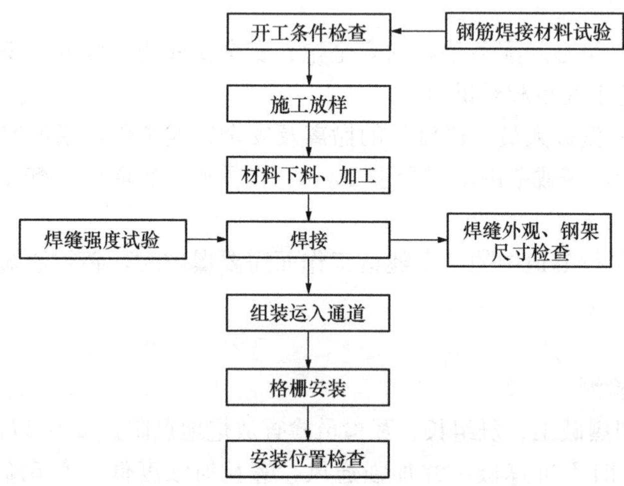

图5.24 初期支护施工工艺流程

（3）施工控制要点

1）钢筋网：钢筋网铺设时焊接在锚杆上，钢筋网在格栅钢架外侧单层设置；钢筋网片之间以及与已喷混凝土的钢筋网片搭接牢固，钢筋网片堆放和运输时不得损伤和变形，安装前有锈时应除锈。

2）钢筋格栅：钢筋格栅与钢拱架配合使用，每榀拱架安装时，测量定位准确，轮廓要符合设计要求；每榀拱架安装好后，在每个拱脚处设置两根锁脚锚杆，以限制初支下沉和防止初支向通道内收敛变形，其尾部与拱架焊接牢固；锚管安装完成后，及时注浆填充，注浆材料为水泥砂浆。

（4）质量控制要点

1）钢筋格栅和钢筋网宜在工厂加工，钢筋格栅首榀制作好后应试拼，经检验合格后方可批量生产。

2）钢架拱脚必须放在牢固的基础上，应清除底脚下的虚渣及其他杂物，脚底超挖部

分应用喷射混凝土填充密实。

3）钢筋格栅与壁面应楔紧，每片钢筋格栅节点及相邻格栅纵向必须分别连接牢固。钢筋格栅采用双层钢筋网时，应在第一层铺设好后再铺设第二层。

4）钢筋格栅和钢筋网采用的钢筋种类、型号、规格应符合设计要求，其施焊应符合设计及钢筋焊接相关标准的规定。

5）钢筋网加工允许偏差为：钢筋间距±10mm，钢筋网搭接长度±15mm。

6）每层钢筋网之间应搭接牢固，且搭接长度不应小于20mm。

7）钢筋格栅应垂直于线路中线，允许偏差为：横向±30mm，纵向±50mm，高程±30mm，垂直度5‰。

5.2.7.2 喷射混凝土

（1）工艺概述

喷射混凝土，是用压力喷枪喷涂灌注细石混凝土的施工法。常用于灌注隧道内衬、墙壁、顶棚等薄壁结构或其他结构的衬里以及钢结构的保护层。喷射混凝土是将预先配好的水泥、砂、石子、水和一定数量的外加剂，装入喷射机，利用高压空气将其送到喷头和速凝剂混合后，以很高的速度喷向岩石或混凝土的表面。

（2）施工工艺流程（图5.25）

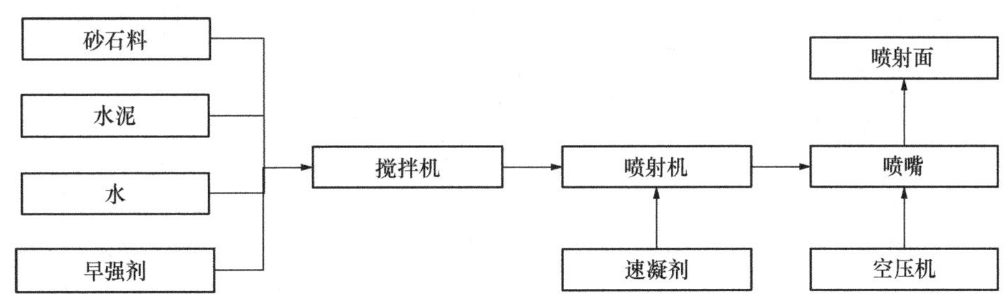

图5.25 喷射混凝土施工工艺流程

（3）施工控制要点

1）当开挖进行一个循环后，立即喷射混凝土封闭围岩。

2）根据设计及围岩情况进行锚杆施工，安装格栅钢架施工，挂钢筋网片，喷混凝土至设计厚度。

3）喷射混凝土前应对开挖轮廓面进行检查，首先将超欠挖控制在规定允许范围内，然后对围岩表面进行清理，清除浮灰和松动土块。

4）喷射混凝土应掺速凝剂，原材料应满足设计及有关规范的要求。使用前应做与水泥相容性试验及水泥净浆凝结效果试验，初凝时间不应超过5min，终凝时间不应超过10min。

5）喷射混凝土配合比应满足设计及有关规范的要求，水泥与砂石重量比应取1∶4～4.5。砂率应取45％～55％，水灰比应取0.4～0.45。速凝剂掺量应通过实验确定。原材料称量允许偏差：水泥和速凝剂±2％，砂石±3％。

（4）质量控制要点

1）喷射混凝土应密实、平整、无裂缝、脱落、漏喷、漏筋、空鼓、渗漏水现象，平整度允许偏差为30mm。

2）喷射混凝土应分片依次自下而上进行，并先喷射钢筋格栅与壁面间混凝土，然后再喷两根钢筋格栅之间的混凝土。

3）每次喷射厚度为：边墙 70～100mm，拱顶 50～60mm。

4）分层喷射时，应在前一层混凝土终凝后进行，如终凝 1h 后再喷射，应清洗喷层表面。

5）喷层混凝土回弹量，边墙不宜大于 15%，拱部不宜大于 25%。

6）喷射混凝土 2h 后应养护，养护时间不应少于 14d，当气温低于 5℃时，不得喷水养护。

5.2.8 防水施工

（1）工艺概述

防水施工是指各种防水施工工艺，矿山法隧道防水施工主要有喷射混凝土基面处理、无纺布铺设、防水卷材铺设等。

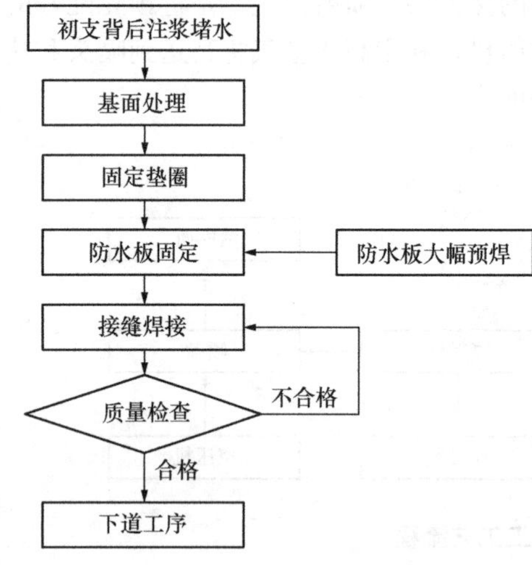

图 5.26 防水施工工艺流程

（2）施工工艺流程（图 5.26）

（3）施工控制要点

1）喷射混凝土基面处理：将基面钢筋及凸出的管件等尖锐突出物，从混凝土表面处割除，并在割除部位涂抹砂浆，砂浆面抹成曲面；通道断面变化处的角抹成 $R=10$cm 圆弧；基面若有明水，进行引排或采取注浆等堵漏措施，确保基面干净，无松动和渗漏水现象。

2）无纺布铺设：拱顶射钉间距、布置排列符合设计及规范要求；边墙部位铺设应顺通道纵向竖向垂直铺设；底部铺设应顺通道纵向铺设。

3）防水卷材铺设：先在无纺布上用射钉布设热塑性塑料圆垫片，在拱顶无纺布上弹出通道纵向中心墨线，使防水卷材的纵向中心线与墨线重合，先将拱顶的防水卷材与塑料圆垫片热熔焊接，再从拱顶开始向两侧下垂铺设，边铺边与垫片热熔焊接。

4）防水卷材收口、搭接以及热熔施工：防水卷材搭接宽度短边不小于 150mm，长边不小于 100mm，焊缝宽度不小于 10mm；防水层的接头处应擦拭干净，去除表面油物灰尘，以保证焊接质量。

5）防水卷材修补：修补仍采用热合办法，补丁不得过小，离破坏孔边不小于 7cm，补丁剪成圆角，不要有正方形、长方形、三角形等尖角。

6）防水层的保护：防水层做好后，通道底部施作细石混凝土作为保护层，并及时灌注防水混凝土。

（4）质量控制要点

1）防水层应在初期支护结构趋于基本稳定，并经隐检合格后方可进行铺贴。

2）铺贴防水层的基面应坚实、平整、圆顺、无漏水现场，基面不平整度不超过 50mm，基面阴阳角处应做好 100mm 圆弧或者 50mm×50mm 钝角。

3）卷材应沿隧道环向由拱顶两侧依次铺贴，长、短边搭接长度不应小于100mm。

4）相邻两幅卷材处应采用双焊缝焊接，焊接宽度不应小于10mm，且均匀连续，不得有假焊、漏焊、焊穿的现象。

5）相邻两幅卷材接缝应错开，错开位置距结构转角处不应小于600mm。

5.2.9 二次衬砌

（1）工艺概述

二次衬砌是隧道工程施工在初期支护内侧施作的模筑混凝土或钢筋混凝土衬砌，与初期支护共同组成复合式衬砌。

（2）施工工艺流程（图5.27）

（3）施工控制要点

1）二衬钢筋加工前，首先按设计进行配筋设计，根据配筋设计在洞外钢筋厂下料加工成型，并分类堆放，挂牌标识，以防混用。

2）钢筋绑扎、焊接施工时必须采取必要的防护措施，防止钢筋施工时损伤防水层。

3）模板安装前必须经过正确放样，检查无误后再立模，安装好后，必须复核中线及标高是否正确，模板表面清理干净，涂刷好隔离剂。

4）所有预埋件和钢筋骨架固定在一起，以免灌筑混凝土时移位。

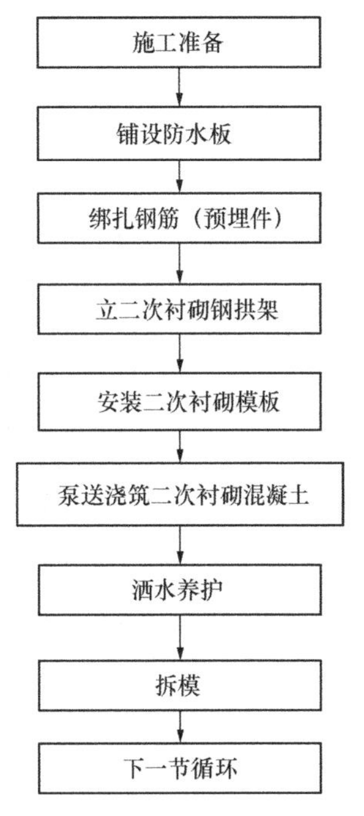

图5.27 二次衬砌施工工艺流程

（4）质量控制要点

1）拱部模板应预留10～30mm沉落量，其高程允许偏差为设计高程加预留沉落量。

2）变形缝处端头模板处的填缝板中心应与初期支护结构变形缝重合，安装时应检查中线、高程、断面和净空尺寸。

3）模板安装前，应仔细检查防水板、排水盲管、衬砌钢筋、预埋件等隐蔽工程，做好记录。

4）边墙与拱部模板应预留混凝土灌注及振捣孔口。

5）严禁使用含氯化物的水泥，混凝土中氯化物总含量应符合规范规定。

6）混凝土入模温度，冬期施工时不低于5℃，夏期施工时不低于32℃。

7）拱顶混凝土衬砌浇筑时，应在拱顶预留注浆孔，注浆孔间距不大于3m，且每个模板台车范围内的预留孔不应少于4个；拱顶注浆时，宜在衬砌混凝土强度达到100%后进行，注入砂浆的强度等级应满足设计要求，注浆压力应控制在0.1MPa内。

5.2.10 监控量测

5.2.10.1 施工工艺概述

隧道监控量测作业是喷锚构筑法施工的重要内容，应纳入施工工序，监控量测实施需遵循以下原则：

(1) 应按照工程实际情况编制监控量测实施方案。

(2) 监控量测作业应根据现场实际情况制定监测项目和监测频率。

(3) 应在经济适用的原则下选用精度高、耐久性好的仪器设备。

(4) 应遵循“勤量测”的原则，及时进行监测，确保施工安全。

(5) 应确保日常的监测数据及时分析，正确指导施工。

5.2.10.2 施工工艺流程（图 5.28）

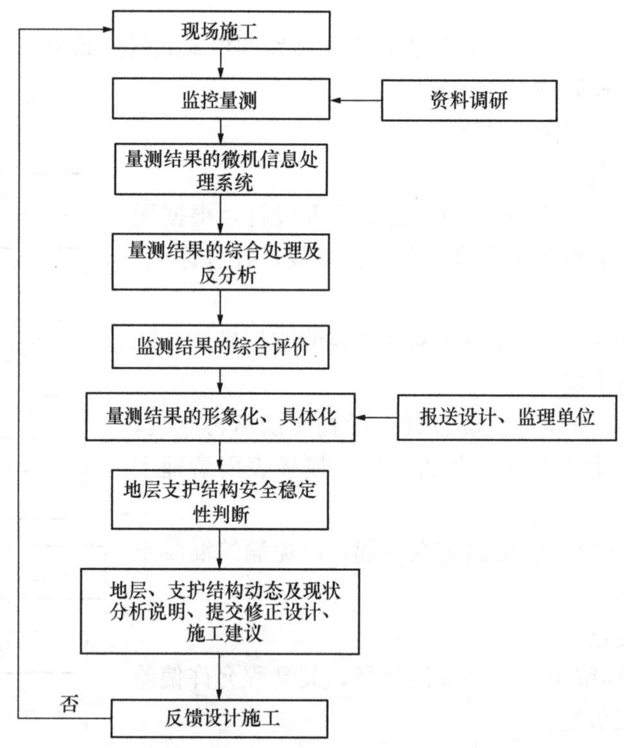

图 5.28 监控量测施工工艺流程

5.2.10.3 施工控制要点

(1) 测点在初支施工后及时安设，初支有钢架的要求安设在两榀钢架质检的岩面上，严禁直接焊接在钢架上，并尽快取得初读数，测点布置牢靠，易于识别，并注意保护。

(2) 每次量测都要认真做好原始数据记录，并记录开挖里程、支护施工情况及环境温度等，保持原始记录的准确性。

(3) 监测结果分析采用散点图（时态曲线）和回归分析法，依据时态曲线的形态对围岩稳定性、支护结构的工作状态做安全评估，并提出实施意见指导施工。

(4) 发现数据异常，按规定发出预警，同时现场采取针对性措施（如测点加密、监测频率加大，支护措施加强等），并暂停开挖，直到稳定后复工。

5.2.10.4 质量控制要点

(1) 监测架构、基准与精度要求。

(2) 围护结构顶部的水平及垂直位移控制。

（3）围护结构顶部的水平及垂直位移。

（4）周围土体侧向变形。

（5）围护结构土压力控制。

（6）地表沉降监测控制。

（7）周围建筑物沉降监测。

（8）地下管线变形监测。

（9）隧道拱顶下沉监测。

（10）隧道内收敛监测要符合相关设计要求。

（11）隧道开挖监控量测验收标准见表 5.7。

监控量测验收标准 **表 5.7**

类别	检查项目及质量验收标准
主控项目	围护结构水平位移应≤±1.0mm
	围护结构变形应≤±1.0mm
	地面沉降监测应≤±1.0mm
	土体侧向变形应≤±1.0mm
	围护结构侧向土压力≤1/100（kN/m）
一般项目	地下水位应≤±1.0mm
	地下水位应≤±1.0mm
	建筑物沉降倾斜应≤±1.0mm
	地下管线沉降和位移应≤±1.0mm

5.3 明挖法区间施工质量控制

5.3.1 围护结构

同“3.2 围护结构”内容。

5.3.2 土石方工程

5.3.2.1 垂直围护土方开挖

（1）工艺概述

垂直围护土方开挖是采用重力式搅拌桩挡墙、地下连续墙、桩列式挡墙等作为基坑支护加固结构进行基坑开挖的工艺。垂直围护结构不仅保证基坑的稳定性及坑内作业的安全、方便，而且要使坑底和坑外的土体位移控制在一定范围内，确保邻近建筑物及市政设施正常使用。

（2）施工工艺流程（图 5.29）

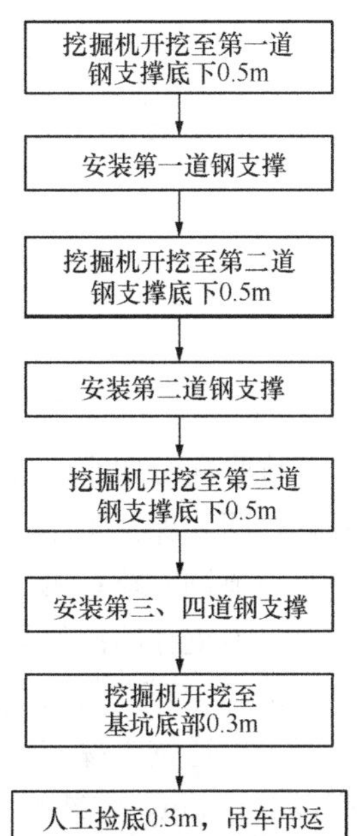

图 5.29 垂直围护土方开挖施工工艺流程

（3）施工控制要点

基坑采用纵向分段、横向分块、竖向分层、中间拉槽开挖的方式进行，纵向每段长度约 20m，横向中间拉槽，拉槽深度 5～6m，保证槽底宽度不小于 6m，两侧放坡坡度为 1∶1～1∶0.3，竖向分层厚度为 2m。

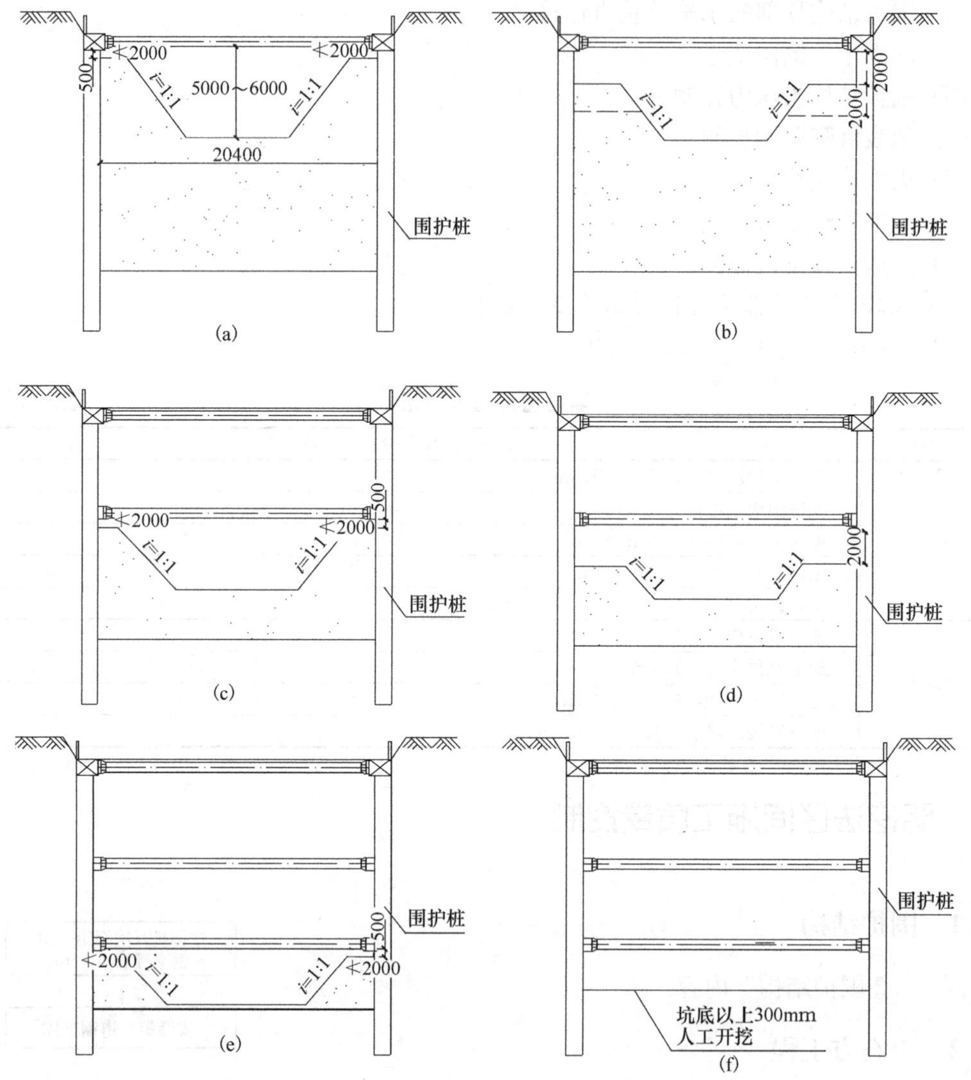

图 5.30 垂直围护土方开挖分步示意图

(a) 第一步开挖示意图；(b) 第二步开挖示意图（一）；(c) 第二步开挖示意图（二）；(d) 第三步开挖示意图（一）；(e) 第三步开挖示意图（二）；(f) 第四步开挖示意图

基坑竖向分四个步骤，第一步，表层土开挖，开挖至第一道支撑以下 0.5m，中部拉槽开挖，两侧保留不小于 3m 宽平台，中部开挖至第二道支撑以下约 0.5m 处，停止开挖，安装第一道钢支撑；第二步，待第一道支撑安装完成、按设计加载轴力后，挖除第一道支撑与第二道支撑间两侧剩余的土方，挂网喷射混凝土，中部继续拉槽开挖至第三道支撑以下 0.5m，安装第二道钢支撑；第三步，待第二道钢支撑安装完成、按设计加载轴力后，再进行第二道钢支撑与第三道钢支撑间剩余土方，挂网喷射混凝土，中部继续拉槽开挖至基底以上 0.3m，安装第三、四道钢支撑；第四步，待第三、四道钢支撑安装完成、按设计加载轴力后，挖除剩余全部土方（基底以上 0.3m 范围人工挖除，吊车吊运）挂网喷射混凝土。垂直围护土方开挖分步示意图如图 5.30 所示。

当开挖至结尾部纵向放坡困难时，采取分台阶开挖法，即分层、分台阶使用挖机倒土至基坑外，运渣车装运（图 5.31）。

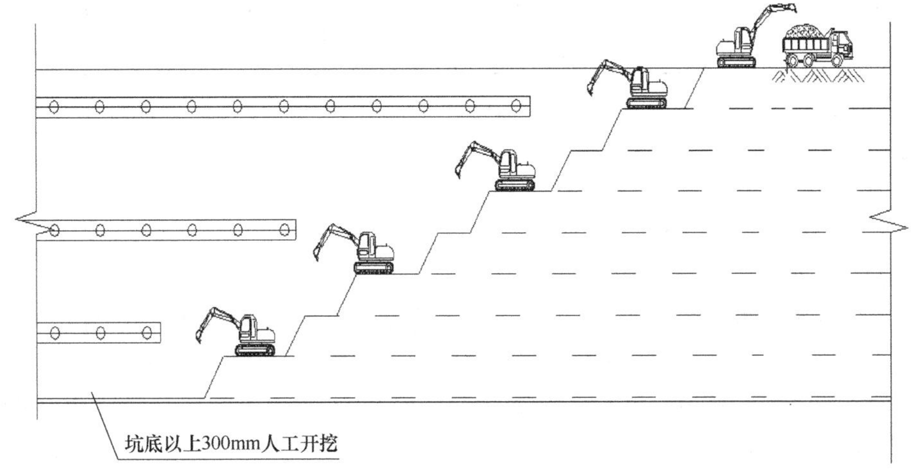

图 5.31　分台阶开挖法

（4）质量控制要点

1）土方开挖顺序、方法必须与方案一致，并遵循"开槽支撑，先撑后挖，分层开挖，严禁超挖"的原则，必须严格按施工方案规定的施工顺序进行开挖，分层、分段依次进行。

2）对面积较大的基坑，为减少空间效应的影响，基坑土方宜分层、分块、对称、现时进行开挖。

3）土方开挖至设计标高后，对有抗拔桩的位置，宜边破桩头边浇筑垫层，尽可能早一些浇筑垫层，以便利用垫层对围护墙起支撑作用，以减少围护墙的变形。

4）挖土机挖土时严禁碰撞工程桩、支撑、立柱和降水的井点管。分层挖土时，层高不宜过大，以免土方侧压力过大使工程桩变形倾斜，在软土地区尤为重要。

5）同一基坑内当深浅不同时，土方开挖宜先从浅基坑处开始，如条件允许可待浅基坑处底板浇筑后，再挖基坑较深处的土方；如两个深浅不同的基坑同时挖土时，土方开挖宜先从较深基坑开始，待较深基坑底板浇筑后，再开始开挖较浅基坑的土方；如基坑底部有局部加深的电梯井、水池等，如深度较大宜先对其边坡进行加固处理后再进行开挖。

6）土方开挖工程的质量检验标准应符合表 5.8 的规定。

土方开挖工程质量检验标准（mm）　　表 5.8

项目	序号	项目	允许偏差或允许值					检验方法
			柱基基坑基槽	挖方场地平整		管沟	地（路）面基层	
				人工	机械			
主控项目	1	标高	−50	±30	±50	−50	−50	水准仪
	2	长度、宽度（由设计中心线向两边量）	+200 −50	+300 −100	+500 −150	+100	—	经纬仪，用钢尺量
	3	边坡	设计要求					观察或用坡度尺检查

续表

项目	序号	项目	允许偏差或允许值					检验方法
			柱基基坑基槽	挖方场地平整		管沟	地（路）面基层	
				人工	机械			
一般项目	1	表面平整度	20	20	50	20	20	用2m靠尺和楔形塞尺检查
	2	基底土性	设计要求					观察或土样分析

注：地（路）面基层的偏差只适用于直接在挖、填方上做的地（路）面的基层。

5.3.2.2 复合土钉支护土方开挖

（1）工艺概述

复合土钉支护土方开挖是指采用复合土钉作为基坑边坡支护加固结构进行基坑开挖的工艺。土钉墙支护技术是由被加固土体、设置在土体中的土钉和喷射混凝土面层组成，主要用于基坑支护工程；新型复合土钉墙技术是将土钉墙与深层搅拌桩、旋喷桩、树根桩、钢管土钉及预应力锚杆结合起来，通过多种组合，形成复合基坑支护技术，大大扩展了土钉墙支护的应用范围。复合土钉墙支护具有轻型、机动灵活、适用范围广、造价低、工期短、安全可靠等特点，支护能力强，可作超前支护，并兼备支护、截水等效果。在实际工程中，组成复合土钉墙的各项技术可根据工程需要进行灵活的有机结合，形式多样，复合土钉墙是一项技术先进、施工简便、经济合理、综合性能突出的基坑支护技术。

（2）施工工艺流程（图5.32）

（3）施工控制要点

基坑从上而下分层开挖，每层开挖深度为2m，开挖至锚杆（土钉）以下0.5m，随开挖随支护，严禁在一个工况条件下，一次开挖到底。复合土钉支护土方开挖如图5.33所示。

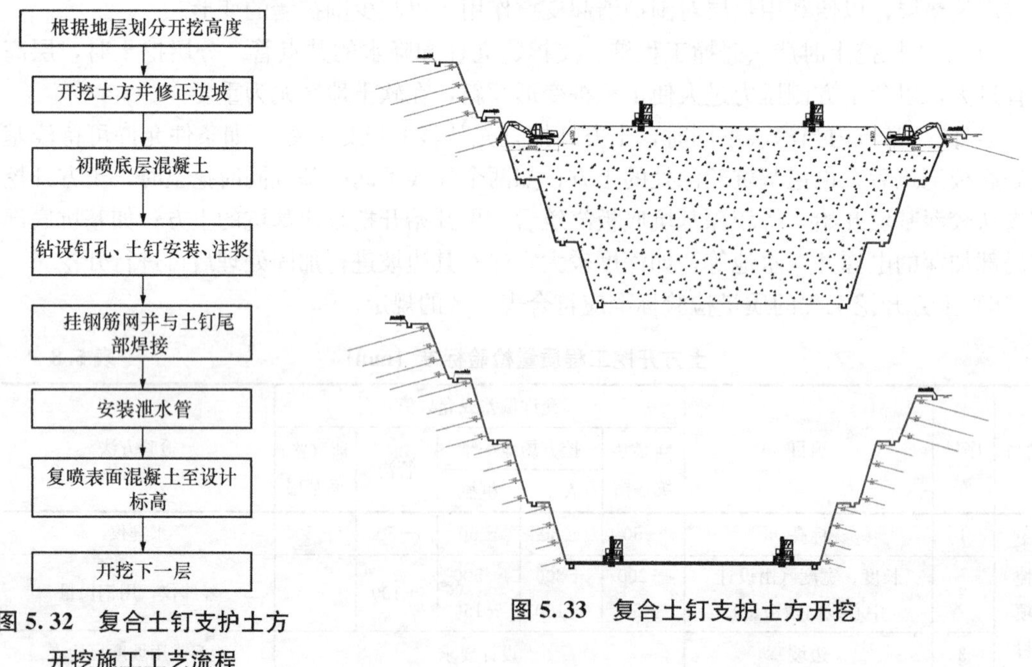

图5.32 复合土钉支护土方开挖施工工艺流程

图5.33 复合土钉支护土方开挖

基坑分段开挖，每段的开挖长度符合设计及规范要求。待上层强度达到设计强度的75%后进行下一层的开挖。逐层开挖至基底以上 0.3m，然后人工配合清底，防止对基地的土体扰动。

（4）质量控制要点

1）有限放坡线修整到位。

2）避免修成倒坡。

3）壁面上有浸水时，用排水管疏导。

4）每次作业面高度控制在 2m 内，不宜过短、也不得超高。

5）托架钢筋与土钉钢筋必须采用焊接，焊接采用双面焊，焊缝长度为 $5d$，焊缝必须饱满、焊接牢固。

6）保证成孔深度：允许偏差±50mm。

7）保证孔距：允许偏差±100mm。

8）保持锚杆施工倾角：允许偏差±3%，为避开障碍物时角度可以加大。

9）保证孔径：允许偏差±5mm。

10）压浆水泥砂浆水灰比 0.4～0.45，灌浆压力不小于 0.6MPa。

11）纵横加强筋均应与锚杆焊接牢固。

12）钢筋网搭接时，搭接长度不应小于 200mm，若为搭接焊，搭接长度不小于钢筋直径的 10 倍。

13）焊接网的长度、宽度及网格尺寸的允许偏差均为±10mm；网片两对角线之差不得大于 10mm。

14）喷射作业分段、分片进行，同一段自下而上，喷头与受喷面距离控制在 0.6～1m 范围内，射流方向垂直指向喷射面，为保证喷射混凝土厚度达到规定值，可在边壁上垂直插入短钢筋作为标志。

15）根据喷射混凝土施工的具体情况，必要时加入速凝剂。

16）施工过程中做好混凝土的厚度检查工作，不得小于设计值，每 500m^2 检测数量不应少于 1 组，每组检测点至少为 3 个。

17）喷射混凝土须随喷随抹，终凝 2h 后，喷水养护，养护时间不少于 4h。

18）采用自上而下分层方式开挖基坑土方。分段开挖长度约为 20m，分层高度约 1.2～2m，以保证边挖土方边施工护壁，开挖提供的工作面与护壁施工协调一致。

19）土方开挖前应检查定位放线是否正确，施工过程中随时检查平面位置、水平标高、开挖深度、边坡坡度，并随时观测周围的环境变化。

20）基坑开挖过程中，严格控制坡顶的地面超载，开挖的土体及时运走，不应在基坑坡顶周边 2m 范围内堆积。

21）坑角及放坡处应留有足够的土方采取人工开挖清理。

22）为保证土方不超挖和欠挖，在接近基坑设计底标高时需跟踪测量控制标高和边界，保证土方开挖的准确。

5.3.3 区间主体结构工程

主体结构钢筋工程、模板工程、混凝土工程质量控制要点见“3.5.3 质量控制要点”。

6　轨道工程施工质量控制

地铁轨道工程指用条形的钢材铺成的供地铁列车行驶的路线，由道床和钢轨等组成，地铁多采用由混凝土整体浇筑而成的道床，道床内可预埋混凝土长枕或混凝土短枕。在道床上安设钢轨，钢轨为车轮提供连续、平顺和阻力最小的滚动表面。它的功用在于引导机车车辆的车轮前进，承受车轮的巨大压力，并传递到轨枕上，保证机车车辆的通行。

6.1　长枕式整体道床

6.1.1　工艺概述

长枕式整体道床亦称整体浇筑式轨道。施工时自下而上进行，不架设钢轨，而用施工机具把连接扣件的玻璃钢套管按设计位置预埋在道床内，上面做成承轨台，然后再安装钢轨和扣件。

6.1.2　施工工艺流程（图 6.1）

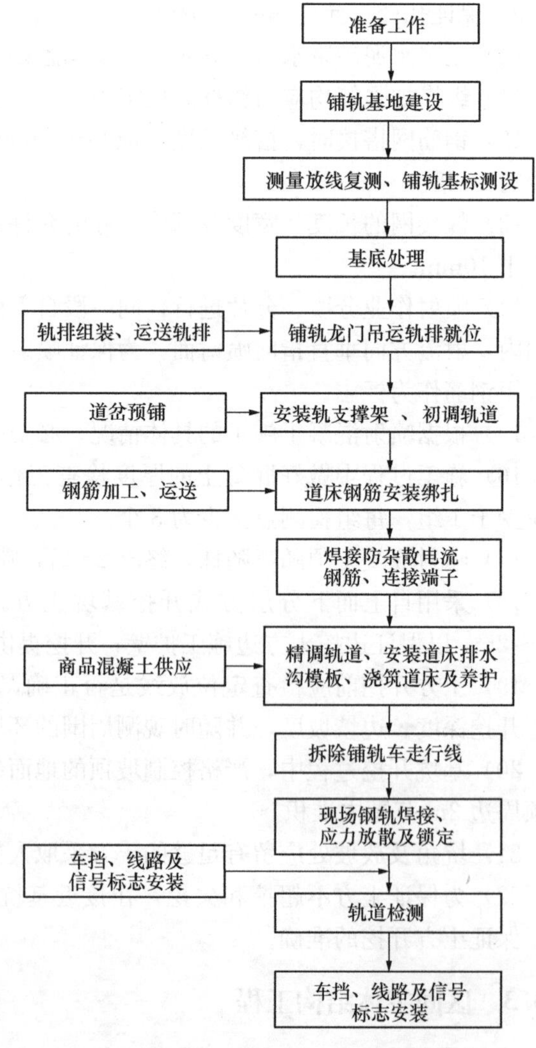

图 6.1　长枕式整体道床施工工艺流程

6.1.3　施工控制要点

（1）轨排组装

轨排组装时，根据铺轨计划按轨排使用的先后顺序进行。

1）按照配轨计划表内所列的每 25m 钢轨的轨枕根数，在轨排拼装台位摆放轨枕，再在轨枕上摆放铁垫板下橡塑垫板和铁垫板，上锚固螺栓，然后摆放轨下橡胶垫板。

2）使用配轨计划表所列的钢轨，在轨排拼装台位上摆放钢轨并方正，根据规范规定的轨枕间距粗调轨枕间距，然后进行扣件涂油工作，并安装扣轨弹条、轨距垫块。摆放钢轨要求如下：

① 除曲线内股和在曲线两端的直线上第一对钢轨，为调整接头相错量需要

时，配置厂制缩短轨外，同一个轨排需选用长度公差不大于 3mm 的钢轨配对使用。

② 钢轨接头采用相对式，直线地段相错量为 20mm，曲线地段相错量为规定采用缩短轨缩短量的一半加 15mm。

③ 摆好钢轨后，要用方尺按配轨计划表上标明的钢轨接头相错量方正钢轨。轨距尺和方尺在使用前需校正，其精度允许误差为 0.5mm。

3）用白油漆在钢轨轨腰内侧（曲线在外股钢轨轨腰内侧）标注轨枕位置，并用方尺方正轨枕，要求轨枕应与线路中轴线垂直。

4）精调轨距，并紧固扣件。弹簧扣件要与轨底扣压密贴，不允许有松动、吊板等现象，构件组装正确。

5）拼装完毕并检查无误后，在轨排上做好标记，将轨排吊装至存轨排台位或直接装车。

（2）轨排铺设

1）用轨道车及专用平车将轨排装运至铺轨前端（图 6.2）。用铺轨龙门吊将轨排吊运就位，走行轨支架采用可调式钢支撑，按 1m 间距布置。支架横向设在同一水平面上，纵向同线路纵坡，钢支撑与轨道管片之间采用膨胀螺栓固定，走行轨与钢支撑采用扣板螺栓进行固定，保证铺轨龙门吊的行驶安全。轨排吊装铺设示意如图 6.3 所示。

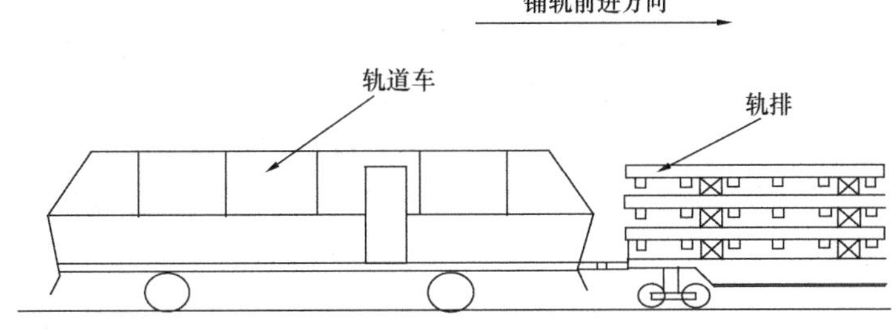

图 6.2 轨排运输示意

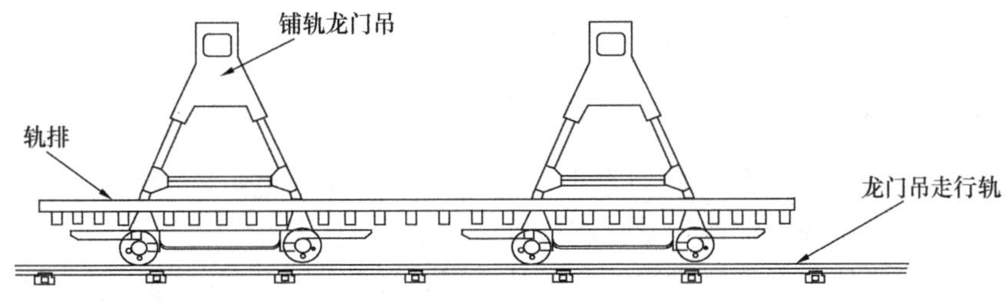

图 6.3 轨排吊装铺设示意

2）轨排就位后，立即在计划位置安装起道支撑架，准备起道调整线路位置，同时，组织钢筋工序施工人员加穿道床底层和顶层钢筋。

起道支撑架的安装位置如图 6.4 所示。

3）起道支撑架安装完毕后，将成品轨排依次顶升至设计标高，并对线路的轨道平面、高程几何状态进行调整。

4）在钢筋焊接完成后，由质检工程师组织一次全面检查，经自检合格后，填报隐蔽

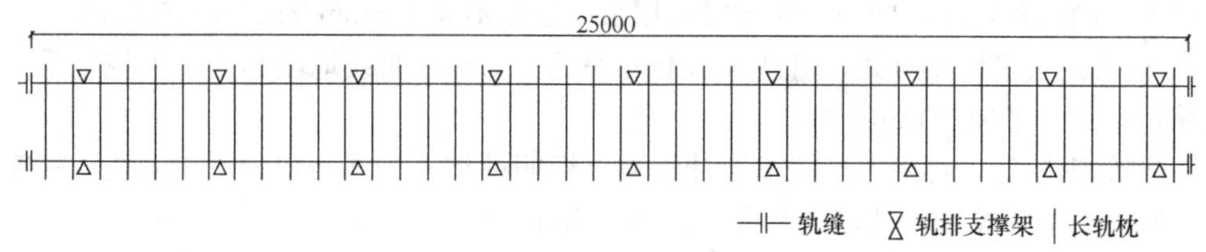

图 6.4 长轨枕轨排支撑架平面位置示意（单位：mm）

工序检查证，报请监理工程师进行隐蔽工序验收。经监理工程师验收合格并签证后，整道工序作业人员重新对轨道状态进行一次全面检查，重新精确调整轨道标高及平面几何尺寸，确保线路状态准确无误，并检查钢筋绑扎和焊接质量、道床预埋件是否正确安装、相关接口工程是否按要求施工等。同时，组织模板工序作业人员安装道床两侧水沟模板。对轨枕上道床钢筋预留孔，在钢筋焊接并调整完毕后，人工用同强度等级的干硬性砂浆进行封堵，要求填塞密实。

5）轨道精调完成后，由质检工程师进行全面检查，据实填写轨道整道、钢筋、模板工序检查评定表格，并报请监理工程师检查验收。经监理工程师组织隐蔽工序验收合格并签字后，正式开始道床混凝土第一次浇筑施工。

（3）道床混凝土施工

1）施工用混凝土多采用商品混凝土。首选采用汽车泵布料至施工位置进行浇筑。当混凝土泵送距离要求较大，而汽车泵又无法施打时，用混凝土泵负责将商品混凝土由地面混凝土搅拌运输车输送至轨道平车的料斗上，用轨道车将轨道平车顶进至施工作业面附近，再用铺轨车倒运混凝土料斗至施工位置进行浇筑。或直接采用固定式混凝土泵配合混凝土输送管进行浇筑。

2）道床混凝土与水沟一次性完成浇筑。混凝土浇筑前，必须用麻袋或塑料布将轨道及扣件遮盖，防止受污染。道床混凝土施工时，采用插入式振动捣固器进行捣固，捣固时振动棒应快进慢出，捣固时间 20～30s 左右，以混凝土表面泛浆不冒气泡为度，特别是轨枕底部位置要加强振捣，保证轨枕底下混凝土捣固密实。

6.1.4 质量控制要点

轨排的调整定位的原则是：先调水平，后调轨距；先调桩点，后调桩间；先调基准轨，后调另一轨，先粗调后精调，反复调至符合标准为止。

（1）粗调定位：轨排经钢轨支撑架摆放就位后，以铺轨基标为基准，借助于直角道尺和万能道尺，通过钢轨支撑架支撑杆对轨道几何状态进行初调。要求轨道目视顺直或圆顺，标高、轨距、水平及方向偏差均不超过±20mm（以减少精调的工作量），内外长轨枕对齐，上紧接头螺栓并保持轨缝对接。

（2）精调定位：轨排初调完成后，采用弦线法、水准仪和万能道尺（精度允许偏差+0.5mm）等工具进行精调定位作业。具体调整方法如下：

1）用直角道尺检查、调整其中一股钢轨。先将立柱高度调节至基标与轨面高差相适应，并将立柱底的对准器对准基标的中心孔，道尺滑动块架在钢轨上；然后将万能道尺紧贴直角道尺架在左右两股钢轨上，检查两股钢轨的轨距。

2）调整基标前后相临钢轨支撑架，且先调水平再调中线。

3）旋转支撑架立柱，使钢轨升高或降低，直角道尺水准气泡居中时表示该股钢轨已调至所需高度，万能道尺水准气泡居中时，表示另一侧钢轨也调至所需高度。

4）旋转支撑架上的轨卡螺栓（先松一侧再紧另一侧）使轨排左右移动，直至道尺水平滑块指针读数为零。

5）目测观察配合万能道尺和10m或20m长弦线丈量，旋转离基标较远的支撑架的立柱和轨卡螺栓，使钢轨平直圆顺。

6）在整个调轨作业中，由于钢轨支撑架的位置与线路基标不在同一断面上，钢轨与支撑架立柱又不在同一位置，以及某一支撑架调整时钢轨的刚性连动，调轨工作往往需要重复多次，反复调整，才能达到要求。

（3）在起道到达设计标高，同时轨道状态基本调整到位后，开始进行钢筋绑扎与焊接。首先按设计规定，每隔一定距离设置一处道床伸缩缝，其位置在现场根据轨枕位置进行调整。如果现场存在土建结构的沉降缝，应另行调整道床伸缩缝位置，在土建结构的沉降缝上预留道床伸缩缝。

（4）按规范规定对现场道床钢筋进行绑扎。道床钢筋搭接采用双面焊接，搭接焊接长度不得少于6倍钢筋直径，焊高不小于6mm。按设计要求在每个道床结构段内每隔5m选一横向钢筋与所有交叉的纵向钢筋焊接，同时在垂直轨道下方选两根纵向钢筋和所有的横向钢筋焊接，并在道床两端部钢筋位置按杂散电流防护设计有关要求进行焊接，设置连接端子，确保全线道床钢筋具有良好的电气连接。

（5）混凝土表面质量要求：混凝土在终凝前必须对表面进行2～3次抹光，保证混凝土顶面标高正确、表面平整、不积水、排水畅通。道床混凝土浇筑终凝后，开始对混凝土进行覆盖并保湿养护。在混凝土强度达到5MPa后方可拆除支撑架，达到设计强度的70%以后，才允许通行轨道车，并拆除铺轨车走行轨道。

（6）轨排组装架设轨距允许偏差+2/-1mm，变化率不得大于1‰；水平允许偏差2mm；轨向允许偏差直线不得大于2mm/10m弦；高低允许偏差直线不得大于2mm/10m弦；中线允许偏差5mm；高程允许偏差±5mm；轨底坡允许偏差1/25～1/35（设计文件为1/30时），1/35～1/45（设计文件为1/40时）。

6.2 钢弹簧浮置板整体道床

6.2.1 工艺概述

钢弹簧浮置板整体道床是将具有一定质量和刚度的混凝土道床板浮置于钢弹簧隔振器上，距离基础垫层顶面一定距离，构成质量—弹簧—隔振系统的道床。

6.2.2 施工工艺流程（图6.5）

6.2.3 施工控制要点

（1）基底处理

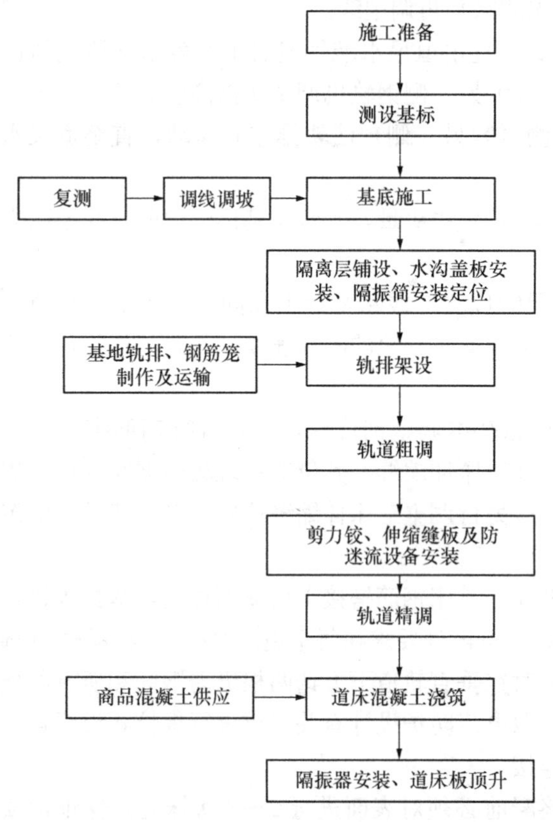

图 6.5　钢弹簧浮置板整体道床施工工艺流程

施工前需进行基底处理，将积水排出，并清理干净，确保整体道床施工质量。

（2）测设基标

按照线路走向设置线路中心基标，间距 5m，并根据设计调线、调坡数据对基标进行测设，详细准确记录测量数据。

（3）基底施工

圆形隧道基底采用混凝土进行回填。进行基底混凝土浇筑时，严格按照测量组在盾构边沿弹出的回填线进行施工，基底表面安装隔振器，位置平整度要求为 2mm/m，普通段垂直方向公差要求 0～－5mm。基础找平层每隔一定距离设置一处伸缩缝，伸缩缝的处理方式同普通道床要求。基底部分钢筋的加工及绑扎需考虑基底的厚度。圆形隧道内不需凿毛。

（4）隔离层铺设施工

根据设计要求，施工道床板之前应在基础混凝土表面及道床板所覆盖范围内，覆盖厚度为≥1mm 的透明塑料布以起到隔离作用。在铺设隔离层之前应根据设计要求，提前计算出每个断面上需要隔离层的长度，再根据要求截取。在隔离层之间搭接时搭接长度应不小于 30cm，搭接处采用强力万能胶粘结，万能胶涂抹必须均匀，防止个别地方由于不均匀而漏浆致使道床板与基础粘结影响顶升。

（5）浮置板钢筋笼安装定位

1）钢筋笼拼装

在混凝土硬化台位上放出板外轮廓尺寸、端头线、浮置板钢筋笼中心线、钢轨中心线、隔振器中心位置等，作为拼装钢筋笼轨排的基准线，曲线段注意轮廓曲率与线路曲率保持一致，绑扎时注意留出混凝土保护层。在隔振器外套筒周围绑扎钢筋时避免移动隔振器外套筒；按设计要求进行浮置板钢筋笼的防迷流焊接，确保纵横钢筋的电路流通。

2）钢筋笼吊装

① 为了保证钢筋笼的整体稳定性，满足钢筋笼的吊装及运输要求，需要对钢筋笼的整体性进行加固，选择合理吊点位置，使吊装的挠度控制在最小值。

② 吊装前在钢轨上方等间距设置横向方钢，在两端与上层钢筋用螺栓扣在一起，使钢轨与钢筋笼被紧扣成一个整体，在钢筋笼吊装过程中，将钢轨、扣件、支撑架、钢筋整体吊装，吊点对称布置，起吊的支点选择在离端部约 5m 处的钢轨上，用两台龙门吊同时起吊。

③ 在钢筋笼吊装过程中，由于曲线地段绑扎的钢筋为曲线钢筋笼，并且与钢轨、扣件为整体吊装，为了保证吊装后的钢筋笼保持原样，则需要对钢筋笼的局部位置进行焊接，增强钢筋笼的刚度。

④ 浮置板钢筋笼轨排加固完毕后，用吊轨钳将浮置板钢筋笼轨排吊装至平板车上，轨道车运输至前方作业面，将轨排吊运到位，架设轨排，并进行轨道调整。

（6）剪力铰及伸缩缝板安装

1）为保护钢轨不受大的额外剪力，在浮置板之间的接头处设置剪力铰，剪力铰和剪力筒分别埋设在两块相邻浮置板中间，纵向可以相对自由伸缩，径向刚度很大，可以传递垂向载荷，这样可以保证相邻浮置板之间协同受力，接头处变形基本一致，钢轨不额外受剪。

2）在浇筑道床板混凝土过程中应时刻注意剪力铰是否变形，若发生变形应及时纠正。待混凝土浇筑完毕之后，并且达到初凝后，方可拆除剪力铰固定部件。

（7）道床模板安装

采用特殊加工的整体钢模，在安装定位时严格按照道床几何尺寸进行安装，接缝严密，垂直度符合设计要求，模板支撑牢固。

（8）浮置板混凝土浇筑施工

整体道床混凝土的浇筑要求与基础混凝土施工基本相同，只是应该特别注意以下情况：

1）由于钢筋网比较密集，因此振捣时必须快插慢拔，保证道床板混凝土的密实度。

2）在混凝土浇筑之前应当用塑料袋对钢轨扣件进行包裹，钢轨混凝土挡罩必须随时罩在钢轨上。

3）道床面排水横坡按照设计设置。

4）及时对溅在钢轨及扣件上的混凝土进行清理。

5）承轨槽内混凝土抹面高度与木垫板底平齐。

（9）浮置板道床隔振器定位

隔振器是钢弹簧浮置板整体道床的核心部件，其定位的准确性直接影响到隔振器的减振效果。在定位时多直接采用高精度的全站仪进行施工放样，用隔振器生产厂家提供的专用千斤顶顶升抬起浮置板。为了测量浮置板水平和静变形，在每次浮置板上要布置测量点，测量浮置板的水平，隔振器在定好位后，必须用透明玻璃胶将其与隔离层粘结固定。固定好后最后用玻璃胶将隔振器边缘封堵，防止漏浆。

（10）钢弹簧浮置板顶升施工

钢弹簧浮置板顶升施工是最后一道工序，其主要施工原理是利用液压千斤顶逐个将钢弹簧压缩致使道床板抬升，然后利用高度调整片将顶升高度锁定，再松开液压千斤顶液压阀，取出千斤顶，最后利用精密水准仪及观测点对顶升高度进行检测。

6.2.4 质量控制要点

（1）道床板混凝土在养护 28d 之后才能实施顶升作业。

（2）在实施顶升作业前的准备工作中，提前清理检查孔内垃圾并按照设计尺寸加工检查孔盖板。

(3) 清理钢弹簧浮置板道床两端过渡段水沟内的垃圾及积水，保证水沟流水畅通，防止隔振器在顶升后浸泡在水中，影响减振效果。

(4) 顶升前应用密封条密封道床板与隧道管片交接位置及道床板板间伸缩缝位置，以免顶升后有杂物落入道床板与基础之间影响减振效果或致使道床板发生断裂。

(5) 在满足强度要求之后，在每块道床板上对称布置 3 对 6 个观测桩。

(6) 打开隔振器外套筒顶盖，在外套筒内中心位置按照设计要求安装横向限位螺栓，然后安装钢弹簧，注意隔振器不能倒置。

(7) 在每个隔振器位置依次摆放不同规格及型号的调整片。

(8) 顶升过程中应逐渐调整顶升高度，不得一次性顶升至设计高度，防止由于道床板受力不均匀而发生断裂。顶升至设计标高后安装锁定板及隔振器外套筒顶盖。

(9) 隔振器外套筒位置允许偏差±3mm；剪力铰安装位置公差允许偏差±5mm；浮围置板宽度（需立侧模时）允许偏差±5mm；浮置板长度允许偏差±12mm；基底顶面标高（一般）允许偏差±8mm；基底顶面标高（隔振器位置）允许偏差±5mm；顶升高程允许偏差±1mm；轨下净空允许偏差+0～3mm。

6.3 无缝线路

6.3.1 工艺概述

无缝线路是指将钢轨焊接起来的线路，又因长轨存在巨大的温度应力，故也称温度应力式无缝线路。按焊接长轨条长度不同可分为普通无缝线路和跨区间无缝线路。

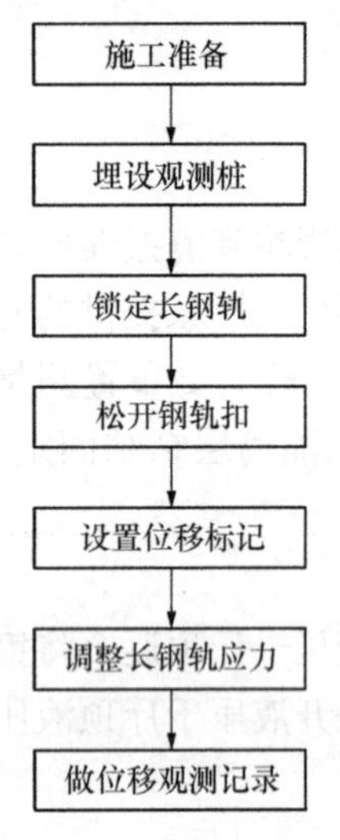

图 6.6 无缝线路施工工艺流程

6.3.2 施工工艺流程（图 6.6）

6.3.3 施工控制要点

(1) 当作业时轨温在设计锁定轨温范围内时，采用“滚筒放散法”放散应力后，予以锁定；当作业时轨温低于设计锁定轨温时，采用“钢轨拉伸器滚筒放散法”放散应力后进行锁定。

1) 滚筒放散法：钢轨焊接成设计长度的轨条后，把需要放散应力的长钢轨先松开，并拆除扣件，用起轨器将钢轨提升，并在钢轨下垫入滚筒，撞击长钢轨数次，让长钢轨处于自由伸缩状态。一旦轨温合适，即撤滚筒、长钢轨重新进入承轨槽，测量并记录长钢轨头、尾部入槽时的钢轨温度和环境温度，并在长钢轨头、尾部做记号和编号，根据长钢轨的实际施工锁定轨温，计算钢轨伸缩调节器的调整量进行调整，并重新上紧扣件，进行锁定。

2) 钢轨拉伸器滚筒放散法：利用钢轨拉伸器和撞轨器配合作用，通过均匀拉伸长钢轨，以提高它的零应力轨温，使锁定轨温一步到位。拉伸长钢轨时，要做到匀、准、够。作业方法是首先形成零应力，在放散段自然温度的条件下，轨下垫滚筒，松开全部扣件，使钢轨能自由伸缩，每50m或100m设位移观测标记，并用撞轨器沿钢轨走行方向撞轨，当钢轨发生反弹现象时，即视为零应力；然后计算拉伸量，钢轨放散至零应力状态后，根据设计锁定轨温和实际锁定轨温计算出钢轨拉伸量，用拉伸器和撞轨器联合作用拉出该伸长量后即锁定钢轨。

（2）进行应力放散之前，应先将已经锁定区域距分界位置100～200m范围处的钢轨或者缓冲区的钢轨扣件及接头连接零件全面按设计规定扭矩紧固一遍，对计划需放散应力并锁定的地段钢轨每隔100m距离做一处初始位移监测标记，并编号记录好。以上工作完成后，才允许用起道机架空钢轨，起道时要求左右股钢轨同时进行。

6.3.4 质量控制要点

（1）确定钢轨接头轨缝及相错量

制作加工垫轨用的滚筒；提前测定现场一天内不同时间段内的轨温情况；安排现场施工人员；按设计规定调整预留钢轨缓冲区的钢轨接头轨缝及相错量。

（2）埋设观测桩

设置原则：观测桩的设置按照施工图设计要求进行，在锁定作业前预先设置完好。

设置位置：按规定，在施工之前，需在整体道床上按设计要求数量及埋设位置埋设钢轨位移观测桩。钢轨位移观测桩的布置应符合以下规定：

1）对于包含多个单元轨节的无缝线路长轨条，应按单元轨节内等距离设置位移观测桩，桩间距不宜大于500m，单元轨节长不足500m整数倍时，可适当调整桩间距离。

2）单元轨节起讫点的位移观测桩宜与单元轨节焊接接头对应，纵向相错量不得大于30m。

3）长轨条应在起讫点、距长轨条起讫点100m位置各设置一对位移观测桩。

4）长轨条长度500m以下地段设3对观测桩，长度500～1000m地段设5对观测桩。

5）每组道岔应在岔前、后、限位器、尖轨尖端等4个位置处各设1对位移观测桩。

6）位移观测桩设置齐全，牢固可靠，易于观察。

7）位移观测桩按里程前进方向顺序编号，编号方法可采用“×—×”，横线前数字为单元轨节的顺序号，横线后为单元轨条内桩号，编号均以阿拉伯数字标注。

（3）长钢轨应力放散

放散锁定采用将不同时间焊接成的两个相邻单元轨节的始端和终端同时焊接，同时放散，做到一步到位的“连入法”进行作业。

1）基本条件：根据线路和施工等情况综合考虑放散锁定单元轨节长度为1000～1500m，最短不小于200m。单元轨节锁定前应按照设计要求设置钢轨位移观测标志。在长钢轨焊接成单元轨节后，轨面设计标高、方向及水平均已达到设计标准时，方可将线路锁定。

2）遵循原则：线路锁定前应掌握轨温变化规律，根据各施工区段的时间间隔，选定锁定轨温及施工时间。线路锁定时允许锁定轨温变化范围为±5℃。

3）测量轨温时，要对钢轨的不同位置进行多点测量，取其平均值。锁定轨温应准确、可靠，符合设计规定。整正轨距后，应两股同步锁定，同时在钢轨上设置纵向位移观测的“零点”标记。

4）必须准确确定锁定轨温，左右两股钢轨的锁定轨温差不得大于 5℃，曲线内侧钢轨锁定轨温不得高于曲线外侧钢轨锁定轨温。

6.4 碎石道床

6.4.1 工艺概述

碎石道床是指用质地坚韧，不易风化，吸水率小，耐寒性能好，有弹性且不易捣碎的散粒碎石材料填筑的道床。

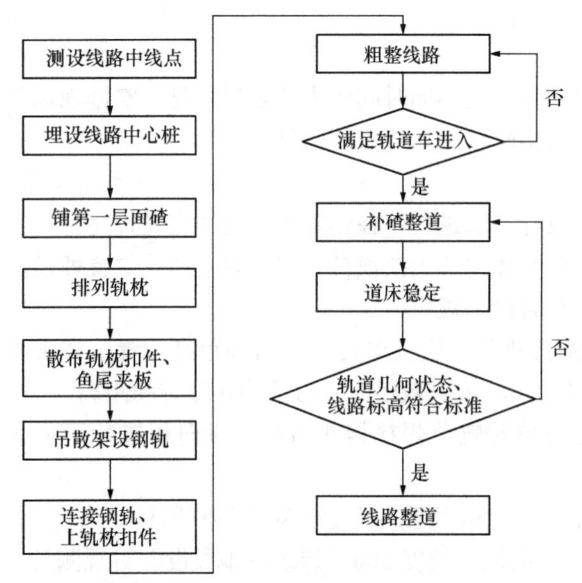

图 6.7 碎石道床施工工艺流程

6.4.2 施工工艺流程（图 6.7）

6.4.3 施工控制要点

（1）铺碴

铺碴前将路基面清理干净，根据线路控制桩按设计规定的种类和道床断面尺寸铺设，道砟材料应符合现行道碴及底碴标准。在不同的轨型和不同轨枕厚度的交接处，轨面高差用道碴以 1‰的坡度向较低方向顺接。

（2）铺枕

轨枕间距按照设计文件和《铁路路基工程施工安全技术规程》TB 10302—2020 的要求进行轨枕布置。轨枕采用货车运往工地，散布轨枕采用人工配合液压轨道吊机进行，按照设计文件的配置数量进行均匀布置，使轨枕的布置符合规范要求；待钢轨接上后再进行方正轨枕作业。

（3）铺轨

对到达施工现场的钢轨做好轨型、长度、材质的标注，分类堆码；根据设计文件和规范以及现场钢轨情况编制《配轨表》。根据编制的《配轨表》，利用人工配合液压轨道吊机散布钢轨，在钢轨的轨腰上标注轨枕的位置，以利于轨枕的方正；人工架轨到位后，根据《铁路路基工程施工安全技术规程》TB 10302—2020 的规定设置预留轨缝，用轨隙片预留轨缝，各接头可先上不少于 2 个接头螺栓，新铺钢轨对中拨正，偏离中线不得大于 20mm。钢轨接头的高低错牙需满足规范要求，对超标的接头要进行修正。

（4）补碴整道

线路钢轨接通后，即可用轨道车牵引道碴车进入线路进行卸碴、补碴作业。轨道车顶进道碴车进入线路，以小于 5km/h 牵引卸碴，随后人工上碴，根据道床断面尺寸粗整线路，人工进行道碴摊铺，利用小型液压捣固机进行起道捣固作业，一次起道量不能达到设计标高时，可以分多次补碴，多次起道，线路起、拨、改作业，最终达到设计标高。

（5）过渡段施工

正线轨道与车场线轨道的设计分界点，试车线检查坑前后为整体的道床与碎石道床衔接处，应设置过渡段。过渡段在碎石道床端采用钢筋混凝土板铺底，钢筋混凝土板下设素混凝土垫层，垫层边宽出钢筋混凝土板。车辆段库外线碎石道床与库内线整体道床衔接处因行驶速度很低，不设过渡段。

6.4.4 质量控制要点

（1）铺轨前先铺垫层，厚度铺足，顶面拉平。铺轨作业前，可以在每股钢轨中线下铺厚度不小于 100mm，宽度不小于 800mm 的道碴带。

（2）补碴整道质量控制要求：

1）补充的道碴在等级上不应低于预卸的道碴，根据铺轨后的线路复测数据，计算每股道需要的补充石碴方量。

2）$R \leqslant 800$m 的曲线外侧道床加宽 0.1m，并全线堆高碴肩。

3）钢轨铺设后，应立即重点整道，方正轨枕、补足扣件、串实道碴、消灭线路三级超限，保证道碴车能够进入卸碴。

4）每次上碴整道，先补充枕盒内部分道碴，然后起道、方枕、串碴、捣固道床，拨正轨道方向，回填清理石碴，稳定轨道。

5）铺轨后第一次上碴厚度不宜大于 100mm（单层道床厚度不大于 250mm 时，可按设计铺足）。

6）第二次上碴应在第一次上碴整道并经不少于 5 趟重车平板压道后进行。整道时以水平桩为准，轨面略高于设计高程。

7）轨道各主要尺寸，在第二次上碴整道后，逐步整正至达到规定的验收条件。

8）起道作业先校正一股轨面高程（曲线应先校正内股钢轨），据此调整另股轨面高程，左右均匀进行。每次起道高度不宜大于 150mm。直线两股钢轨保持水平，车场线因速度较低，曲线地段不设置超高，为避免反超高，施工时可将外股钢轨抬高 6mm 左右（全超高方式）。

9）拨道和改道作业要符合规定，即轨道中心线与线路中心线允许偏差为±50mm，站线与站线间允许偏差为±20mm。

（3）碎石道床道碴的品种、级别、外观，道碴的粒径级配、针状和片状指数、杂质含量符合设计要求；底碴厚度允许偏差±50mm；半宽允许偏差 0～+50mm；正线道床压实密度不应小于 1.7g/cm^3；道床整理碴肩宽度 0～+50mm；道床整理碴肩厚度±50mm。

6.5 钢轨焊接

6.5.1 工艺概述

钢轨焊接指通过焊接，使不同钢轨连接起来，消除轨间缝隙的操作。无缝线路消除了普通线路的钢轨焊接接头，减少了列车的冲击与振动，延长了轮轨部件的使用寿命，给列车运行和行车安全带来诸多好处。

6.5.2 施工工艺流程（图 6.8）

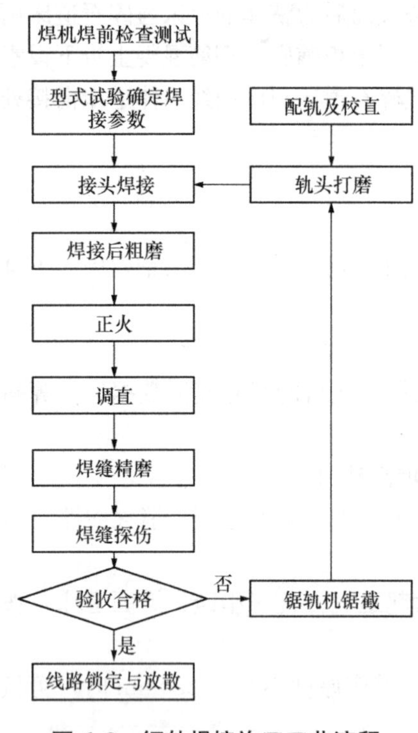

图 6.8 钢轨焊接施工工艺流程

6.5.3 施工控制要点

（1）钢轨施焊前确定钢轨接触焊作业车组编组、卸除轨枕扣配件、钢轨检查、锯配轨等。

1）钢轨接触焊作业车编组

施工时焊轨车组压住已焊接的长钢轨，轨道车采用顶进的方式，焊轨作业车组编组从焊接作业点开始依次分别为：焊轨车—轨道平板车—轨道车。根据不同的焊轨方向，焊轨车组提前在铺轨基地编组完毕后，然后到封锁区间施工地点施工。

2）卸除轨枕扣配件

焊接时，需将焊接接头前端轨道上的待焊接标准钢轨的扣件全部松开卸除，焊接接头后端已焊接的轨条扣件按松 4 紧 1 的办法每隔 4 根轨枕紧固 1 根，焊缝前后各 2 根轨枕上的橡胶垫板、T 形螺栓、轨距垫块及弹条必须全部卸除移开。

3）钢轨检查及锯配轨

待焊钢轨上的扣件全部卸除后，由专人对钢轨进行检查，检查范围包括轨头、轨腰及轨底三部分，检查项目有钢轨长度、外形尺寸、外观质量等，用 1m 钢直尺及直角尺检查钢轨端部纵向区域（轨顶面及侧面）不平直度及端面垂直度，用游标卡尺检查钢轨端部外形尺寸，如发现待焊钢轨有超标的硬弯、扭曲、裂纹、重皮、夹灰、结疤、划痕损伤等，需作更换处理。如发现端面垂直度超标，需进行轨端局部打磨或锯轨处理。所有钢轨的检查结果应在钢轨检查记录表上做好记录。

（2）钢轨接头处理

经检查合格的钢轨，才能进行焊接。焊接前钢轨接头需经过除锈打磨处理。除锈打磨的范围包括钢轨焊接端面、轨端两侧面焊机电极夹持位置等，端面打磨采用钢轨端面打磨机，轨腰两侧采用手提式砂轮机进行打磨，打磨质量要求如下：

1）钢轨除锈部位需打磨至露出金属本色，轨腰处如有凸出的钢轨生产标识必须打磨平整。

2）除锈打磨后不允许存在明显的凹凸面及划痕，打磨时对母材的磨损量不得超过 0.2mm。

3）待焊钢轨除锈打磨后的放置时间超过 8h 或者打磨部位已生锈，应重新进行打磨。

（3）钢轨焊接

1）焊轨作业车对位

用轨道车推进焊轨作业车对位，对位时由调车员进行指挥，确保焊机对位准确。

2）抬高、垫平待焊钢轨

根据焊轨需要，用液压起道机将基本轨（焊轨车组停放一端）单线抬高不少于80mm，使钢轨呈纵向倾斜状态（前端高后端低）。抬起后，用三角铁支垫密贴。用三脚架及手拉葫芦（手扳式）将前端待焊钢轨抬高，按等距离支垫焊接专用架立滚筒，使待焊钢轨保持倾斜状态（焊接端低），倾斜度必须与基本轨保持一致，焊接基本轨与待焊钢轨需对正。

3）对位、夹轨

① 在焊轨前，应严格按设备使用说明书要求检查焊接主机、冷却系统、液压系统、供电室内机械、电气设备状态是否正常，特别注意检查电压、水温、水位、油温、油位等参数。

② 启动起重机，将焊接主机旋转下放至焊接接头上方，检查焊机钳口（电极），确保钳口清洁无渣，防止电极与钢轨间发生跳火现象而烧伤钳口和钢轨。

③ 对正后下降焊接主机，打开夹轨钳口，适当调整焊机悬挂高度，使焊缝两端钢轨落入夹轨钳内，将焊缝两端钢轨对齐对正后，启动液压系统用钳口夹紧钢轨。钢轨对正误差为：焊前钢轨作用面对正偏差≤0.5mm，非作用面对正偏差≤1.0mm。

4）开机焊接

完成以上准备工作，经确认焊接设备状态正常后，可按下焊接按钮，开始进行闪光接触焊。整个焊接过程全部自动化，焊接参数预先设置完毕，焊接过程及焊接结果数据由计算机采集系统自动完成并按焊接接头编号保存在磁盘上。焊接完成后，启动推瘤装置实施推瘤操作，将焊渣及焊缝上多余的焊瘤铲除。

5）检查焊接质量

① 焊接完成后，松开焊接主机钳口及推瘤装置，起吊焊机，由专人检查并清除钳口、推瘤装置上以及焊机内其他部位粘结的焊渣及杂物，确保钳口清洁无渣。同时下平铲铲除钢轨焊缝两侧残留的焊渣及推瘤余渣。

② 计算机操作员检查计算机记录的焊接结果数据，确保焊接结果显示“合格”，同时打印焊接结果记录表。如果焊接结果不合格，需锯轨重新焊接。检查焊接接头外观尺寸，如发现有低接头、错边等不合格项，需锯轨重新焊接。接头焊接合格后待焊缝自然冷却，用测温仪对焊缝温度进行测试，焊缝温度下降到650℃以下才能通过焊轨车。

6）钢轨就位，安装扣件

焊接完成后，依次卸除已焊接钢轨底下用来垫高的三角铁及焊接专用架立滚筒，使钢轨恢复平直状态，并将钢轨拨入承轨槽内，按每隔 4 根轨枕紧固一根的方法，安装并紧固钢轨扣件，临时恢复轨道，确保焊轨列车通过。

（4）焊接后粗磨

1）等焊接接头钢轨温度下降后，开始进行焊头粗打磨。粗打磨工作主要是对焊接后钢轨焊头表面的焊瘤余量进行粗打磨，打磨范围为轨头及其两侧踏面、轨腰和轨底。焊后粗磨采用手持式砂轮机，打磨时，砂轮机必须沿钢轨长度方向移动，不得横向打磨，砂轮和钢轨接触压力不得过大，打磨后钢轨表面不得出现发蓝、发黑现象。打磨主要针对焊瘤余量，尽可能不磨削焊头母材。

2）打磨质量要求：打磨后焊头轮廓应圆顺无尖角，不得出现横向打磨痕迹和凹凸坑；

打磨面平整光洁，表面无发蓝、发黑现象；用 1m 直板尺检查，焊缝踏面部位热态时呈 0.5mm 左右的上拱度，常温时不得低踏。

（5）正火处理

用正火设备对焊接接头进行正火处理。正火时，焊接接头的温度应降到 450℃以下（以轨项踏面为轨温测量位置），采用钢轨专用正火设备，用火焰加热方式将钢轨加热至 850～920℃后，再按小于 125℃/min 的冷却速度进行冷却。在高温季节，可采用自然冷却或采用轴流风机吹风进行冷却，在严寒季节或有其他冷却介质介入时（如雨水等），应对正火后的接头加盖防护罩，防止正火后的高温焊接接头遭受快速冷却。正火质量要求：采用氧气、乙炔作为加热燃料时，需根据火焰情况及时调整其气体流量及压力，确保火焰为还原性；正火起始温度、终了温度及冷却速度必须严格控制，全过程需用温度计测量，严禁目测估计温度。

（6）调直处理

调直是对焊缝两侧各 1m 范围内钢轨进行三点调直，采用钢轨校直机进行作业。调直之前，用 1m 直板尺测量钢轨平直度（轨顶踏面及轨头侧面），对钢轨焊头偏差进行矫正。调直前钢轨焊头温度不得低于 500℃。质量要求：调直后焊缝两侧各 1m 范围内轨顶面上拱度不大于 0.3mm/m，不得低踏；非工作边直线度不大于±1.0mm/m，工作边平直度≤±0.3mm/m。

（7）焊接后精磨

钢轨焊接后精磨采用钢轨仿形打磨机，主要对焊缝两侧各 1m 范围内轨头及两侧面进行精细打磨。对于机械打磨后个别位置出现的不圆顺或尖角，应用扁平锉刀根据断面形状进行手工修整。

6.5.4 质量控制要点

（1）打磨部位钢轨表面不得出现发蓝、发黑现象；打磨时尽可能减少对母材的磨削；钢轨外形轮廓圆顺无尖角，打磨面平整光洁，无凹凸坑；打磨后轨顶踏面的平直度≤＋0.3mm/m，不得出现低踏，非工作边直线度≤＋0.5mm/m 且大于 0，工作边平直度≤±0.3mm/m。

（2）在焊轨施工中，对每个焊接接头的焊接质量均需进行外观检查及超声波无损探伤检测，并做好检测记录。检查发现有缺陷时，立即进行返工处理。

（3）焊缝两侧各 100mm 范围内不得有明显压痕、碰痕、划伤缺陷等，焊接接头不得有电击伤，轨底上表面距轨脚边缘 35mm 与母材平齐，轨头打磨区域不得有发黑、发蓝现象。

（4）焊接接头超声波无损检测应在焊缝附近轨温冷却至 50℃以下进行，如用浇水冷却轨温必须在 250℃以下，探伤部位包括轨头、轨腰及轨底。超声波探伤仪要求在每班探伤之前用标准试块进行校准。

（5）钢轨焊接接头轨顶面平直度允许偏差 0～＋0.3mm；轨头内侧工作面平直度允许偏差±0.3mm；轨底（焊筋）平直度允许偏差 0～＋0.5mm。

6.6 轨排铺架

6.6.1 工艺概述

轨排铺架是将在轨排组装基地组装的轨排铺设于道床上。整个铺设工作由轨排的组装、运送和铺设，以及道碴的运送和铺设等环节组成。

6.6.2 施工工艺流程（图 6.9）

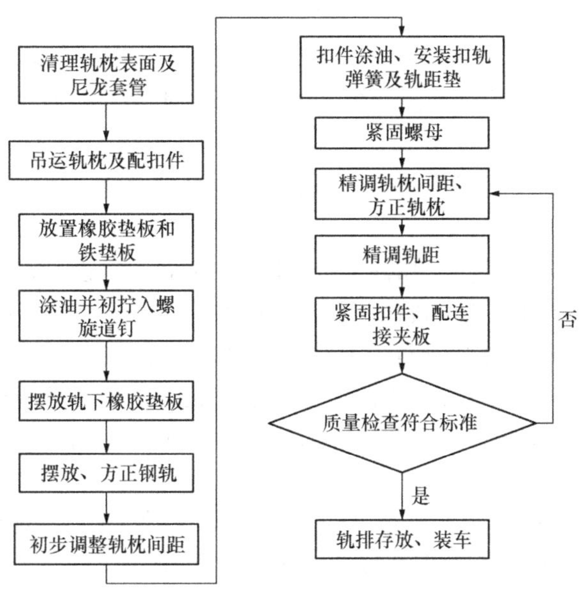

图 6.9 轨排铺架施工工艺流程

6.6.3 施工控制要点

（1）按照配轨计划表内所列的每 25m 钢轨的轨枕根数，在轨排拼装台位摆放轨枕，再在轨枕上摆放铁垫板，在下摆放橡塑垫板和铁垫板，上锚固螺栓，然后摆放轨下橡胶垫板。

（2）钢筋混凝土枕拼装按轨排表要求进行拼装，拼装前应进行轨枕检查，不合格的轨枕禁止上拼装台。

（3）使用配轨计划表所列的钢轨，在轨排拼装台位上摆放钢轨并方正，根据规范规定的轨枕间距粗调轨枕间距，然后进行扣件涂油工作，并安装扣轨弹条、轨距垫块、平垫圈及弹簧垫圈。

6.6.4 质量控制要点

（1）除曲线内股和在曲线两端的直线上第一对钢轨，为调整接头相错量需要时，配置缩短轨外，同一个轨排需选用长度公差不大于 3mm 的钢轨配对使用。

（2）钢轨接头采用相对式，直线地段相错量为 20mm，曲线地段相错量规定为采用缩短轨缩短量一半加 15mm。

（3）摆好钢轨后，要用方尺按配轨计划表上标明的钢轨接头相错量方正钢轨。轨距尺和方尺在使用前需校正，其精度允许误差为 0.5mm。

（4）曲线轨排要注意缩短轨股向和位置。钢轨如有死弯，应事先用弯轨器调正，用 1m 直尺测量钢轨低头不大于 4mm，钢轨不应有损伤和硬弯。

（5）用白油漆在钢轨轨腰内侧（曲线在外股钢轨轨腰内侧）标注轨枕位置，并用方尺方正轨枕，要求轨枕应与线路中轴线垂直。

（6）精调轨距，并紧固扣件。弹簧扣件要与轨底扣压密贴，不允许有松动、吊板等现象，构件组装正确。螺旋道钉必须拧紧，扭矩符合要求。

（7）拼装后的每排轨节都要仔细检查轨枕数量、缩短轨位置、扣件号码、轨距、各种材料的规格类型是否与轨排表的要求相符，夹板与螺杆夹在一起为准，不合格者严禁装车出场。

（8）轨排按铺架方向进行编号，装车号与轨排号要相对应、清楚、正确。装车负责人要做好日期记录和装车记录。

（9）短枕型号、外观、质量，扣件型号、外观、质量符合设计要求。

（10）无碴道床轨排组装架设轨枕间距允许偏差±10mm；轨距（变化率不大于 1‰）允许偏差＋2mm，－1mm；水平允许偏差 2mm；扭曲（基长 6.25m）允许偏差 2mm；轨向直线允许偏差 2mm/10m 弦；轨向曲线正矢差符合设计规范要求；高低允许偏差 2mm/10m 弦；中线允许偏差 5mm；高程允许偏差±5mm；轨底坡允许偏差 1/25～1/35（设计为 1/30 时），1/35～1/45（设计为 1/40 时）。

（11）有碴道床轨排组装架设轨距（变化率不大于 1‰）允许偏差＋2mm，－1mm；水平允许偏差 4mm；轨向允许偏差直线段应不大于 4mm/10m 弦；高低允许偏差直线段应不大于 4mm/10m 弦；中线允许偏差 10mm；高程允许偏差±10mm；轨底坡度允许偏差 1/20～1/40（设计为 1/30 时），1/30～1/50（设计为 1/40 时）。

7 站后工程施工质量控制

7.1 机电工程施工质量控制

7.1.1 通风空调

7.1.1.1 工艺概述

地铁是在地下运行的轨道交通工具。它是由区间隧道和车站构成的封闭式空间，在作为城市地下交通的同时还肩负着战时人防的重要功能。地铁作为一个特殊的公共场所，人口密度高，流量大，所存在的潜在危险也不容忽视。在这个封闭的空间里，由于空气流通不畅，随着季节、天气、客流量的变化而变化，同时地铁设备的运行所散发的热量及废气若不及时排除，将使本站和区间的空气质量随着温度上升而下降，严重影响地铁乘客乘车舒适度及车站办公人员工作环境。对于如何有效控制室内环境，为乘客提供一个舒适、安全的乘车环境；在发生灾害（如火灾）情况能够迅速和安全的帮助乘客离开现场，减少乘客和公共设施的损失，通风空调系统发挥着极其重要的作用。归纳起来地铁通风空调系统有以下三方面作用：

（1）为乘客正常行车创造舒适的环境，为工作人员提供合理的工作环境。

（2）保证设备正常运行。

（3）事故及灾害情况下，进行合理的气流组织，及时排烟，诱导乘客疏散。

7.1.1.2 施工工艺流程（图 7.1）

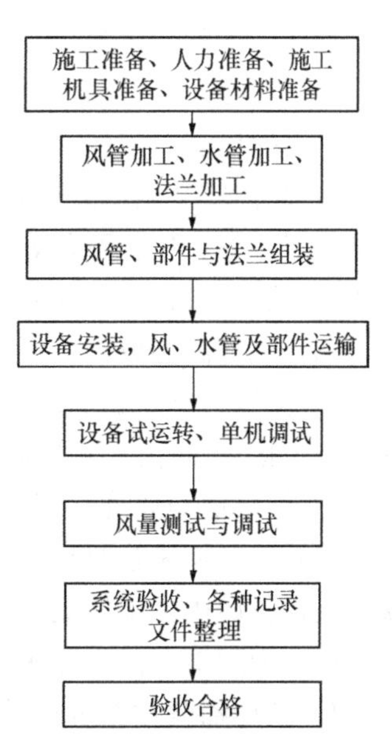

图 7.1 通风空调施工工艺流程

7.1.1.3 施工控制要点

（1）角钢法兰风管及配件施工控制要点

1）所有风管均采用角钢法兰，角钢法兰及冷轧钢板刷漆时，须先刷两遍红丹防锈漆，再刷两道酚醛防火面漆。

2）风管全部采用工厂化制作生产，严禁在工地现场加工。

（2）风管安装及配件施工控制要点

1）风管法兰内侧的铆钉处应涂密封胶，涂胶前清除铆钉处表面油污。

2）风管下料严格按照项目部要求执行，节约材料，控制镀锌铁皮损耗率在10%以内。

3）风管系统安装前，应进一步核实风管机送回（排）风口等部件的标高是否与设计图纸相符，同时密切跟踪现场变化，一旦现场出现管线冲突等情况应及时与专业工程师联系。

4）风管制作完成后必须经项目部管理人员检验合格后方可进行安装工作（即标记有项目部检验合格证的风管方具备安装条件）。

5）劳务队领用项目部到场材料时应进行自检工作，如发现问题，当场与项目部管理人员协商解决，如劳务队将材料领用之后发现质量缺陷等问题，项目部当追究劳务队责任。

（3）风阀安装施工控制要点

1）风阀投产清单下单前，施工单位应仔细核对执行器安装位置是否有足够的检修空间，如需调整执行器方向，应在投产清单内备注清楚。

2）车站余压阀须串联防火阀，安装前应核对安装方向和安装高度，安装高度及位置应确保人员紧急疏散安全。

3）所有风阀宜设独立的支吊架。

4）直管段方向，确保叶片不受挡，不卡住，平衡杆活动时不应受阻挡。

（4）电动组合风阀施工控制要点

1）风阀应设有开度指示装置，并能准确反应阀片开度。

2）设备到场后，仔细阅读设备随箱文件，包括组合风阀装配图、安装示意图、安装指导书，并确定电动执行器的安装方式和安装位置。

3）电动、气动调节阀的驱动装置，动作应可靠，且在最大工作压力下工作正常。

4）立式安装方式：在地面将底框整体组装好，相邻四角要对齐，连接好内置的各传动杆，锁紧少量螺栓，待全部组合完毕，检测底框整体对角线（误差小于 2mm 为宜），对角线经检测合格后锁紧所有固定螺栓，底框组装完成后整体吊装，立在图纸标识的安装位置，用角铁连接件固定在四周混凝土结构柱（或槽钢柱）上，将立柱拉杆按要求安装在阀体的主摇臂上。

5）水平安装方式：将单元底框逐行平摆在洞口上，相邻四角要对齐，连接好内置的各传动杆，锁紧少量螺栓，待全部组合完毕后要检测底框整体对角线（误差小于 2mm 为宜），对角线经检测符合要求后锁紧所有固定螺栓。调平后，固定底框周边的安装角铁，与底框用螺栓安装定位，将主拉杆按要求安装在阀体的主摇臂上。

6）阀体安装调试完毕后，用自攻钉安装阀面盖板和阀侧方堵板，在储运、安装过程中设备因碰擦、包装不善等原因造成框架防锈层脱落、锈蚀的地方，需设备供货商重新刷防锈漆和面漆进行防腐处理。

（5）风管离心玻璃棉保温安装施工控制要点

1）保温钉与风管、部件及设备表面的连接，可采用粘接或焊接，结合应牢固，不得脱落；焊接后应保持风管的平整，并不应影响镀锌钢板的防腐性能。

2）绝热层与风管、部件及设备应紧密贴合，无裂缝、空隙等缺陷，且纵、横向的接缝应错开。空调风管所有穿墙或穿楼板处保温层应连续不间断。风道、站台端门外、不吊顶电气设备房内保温外侧需采用玻璃丝布及不锈钢带加固处理。

（6）消声器、消声弯头安装施工控制要点

1）消声器分为安装在风道中的片式消声器和安装在管道中的整体消声器，整体消声器的安装必须保证方向正确，安装时不能以风管件为支撑，必须单独设置支吊架，片式消声器应按装配图纸要求施工。

2）现场安装的组合式消声器，消声组件的排列、方向和位置应符合设计要求，单个消声器组件的固定应牢固。

3）组合式消声器安装应设置钢筋混凝土基础；风道内安装的消声器处如设有排水沟，其混凝土基础应在排水沟处断开，保证排水沟连续，排水畅通。

（7）风机安装及配件施工控制要点

1）减振器在风机基础完成后即可进行安装，安装时要求基础面平整，根据图纸布置减振器，注意各组减振器承受荷载的压缩量应均匀，不得有偏心，减振器或焊接与预埋基础板上或采用螺栓与基础连接。

2）落地式风机安装前，应对基础进行全面检查，基础的标高、水平度及尺寸都必须符合要求，检查合格后装设减振器，将风机搬运到安装地点就位，风机通过调整减振器和垫块确保各偏差在范围内，即可拧紧连接螺栓，螺母设计防松装置，使风机安装牢固。

3）吊式风机安装前，应仔细核对其吊架长度及布置是否与风机吊装点一致，核对无误后，方可进行风机安装，风机搬运至安装地点后，利用手拉葫芦将风机抬高到安装位置，用吊架固定。风机就位调整完成后，要拧紧连接螺栓或焊牢于预埋板上，采用螺栓连接的风机要设防松装置，用双螺母拧紧，防止运行时的振动将螺母振松。风机的安装将按照设计图纸及产品说明书进行，同时遵照有关标准和规范执行。

（8）风口安装施工控制要点

1）在安装风口时，注意风口与所在房间内线条一致。尤其当风口安装时，风口要服从房间线条，吸顶安装的散流器与顶棚平齐，风口安装要确保牢固可靠。

2）为增强整体装饰效果，风口及散流器的安装采用内固定法，从风口侧面用自攻螺钉将其固定在骨架上，对于安装在站台板下及轨顶风道上的风口加设角钢支框。

（9）水系统管道及支架安装施工控制要点

与振动设备连接的水管系统支架，应设有减振措施。

（10）空调水管保温安装施工控制要点

1）空调冷热水管道穿楼板或穿墙处的绝热层应连续不间断。

2）水管道阀门、过滤器及法兰部位和通风管道阀部件、连接处的绝热结构应能单独拆卸且不应影响其操作功能。

（11）水处理仪安装施工控制要点

1）过滤型的软化水装置应按设备上的水流方向标识安装，不应装反；非过滤型的软化水装置根据实际情况选择进出口。

2）运转前需要保持系统有充分的盐和树脂以及正常通电，如运行中化验发现出水水质不合格，可以手动强制再生还原一次，以保证设备出水达到技术要求。

（12）集分水器安装施工控制要点

法兰、螺纹等处的密封材料应与管内的介质性能相适应。

（13）冷却塔施工控制要点

1）冷却塔各部件的安装将根据生产厂家提供的技术资料进行安装。安装完成后，对整体进行检验，确保无误后对设备进行整体试运转。

2）冷却塔与基础预埋件应连接牢固，连接件应采用热镀锌螺栓，其紧固力应一致、均匀。

(14) 制冷机组安装施工控制要点

1) 设备安装的位置、标高和管口方向必须符合设计要求。用地脚螺栓固定的制冷设备或制冷附属设备，其垫铁的放置位置应正确、接触紧密，螺栓有防松动措施。

2) 试运转：运转过程中应检查机组的响声，振动、润滑压力、温度、各摩擦部位的温度、电动机温升和各种仪表指示等，检查结果均应符合设备技术文件的规定，并记录各项数据。

(15) 水泵施工控制要点

试运转：检查水泵的油杯并加油，盘动联轴器，水泵盘车应灵活、无异常现象。先点动水泵，检查有无异常。电动机的转向应符合泵的转向要求。

(16) 空气处理机组安装施工控制要点

1) 施工过程中应按设计要求设置减振支座或支、吊架，承重量应符合设计及产品技术文件的要求。

2) 施工过程中应依据设计图纸核对，查阅测试记录。

(17) 多联机（VRV）系统施工控制要点

1) 室内机、室外机的安装位置、高度应符合设计及产品技术的要求，固定应可靠，室外机的通风条件应良好。

2) 安装在户外的室外机组应可靠接地，并应采取防雷保护措施。

3) 室外机组应安装在设计专用平台上，并应采取减振与防止紧固螺栓松动的措施。

7.1.1.4 质量控制要点

(1) 角钢法兰风管及配件制作质量控制要点

1) 风管翻边量均匀、宽度应一致，不应小于 7mm，且不应大于 9mm；铆钉间距宜为 100～120mm，且数量不宜少于 4 个。符合规范要求范围内尺寸的风管必须进行相应的加固措施；弯头边长≥500mm，且内弧半径与弯头端口边长比≤0.25 时，应设置导流叶片；最小叶片间距应≥200mm。

2) 边长≤800mm 的风管采用压筋加固；800mm＜边长 b≤1250mm 的风管采用镀锌螺杆内支撑加固或角钢加固；边长＞1250mm 的风管采用角钢加固。镀锌螺杆直径不小于 ϕ10mm，加固角钢规格不小于 L30×3mm，角钢两端须与风管角钢法兰框铆接固定。

3) 矩形风管两条对角线之差不应大于 3mm；圆形风管管口任意正交两直径之差不应大于 2mm。

4) 矩形法兰用料规格及螺栓按表 7.1 选定：

矩形风管法兰（mm） **表 7.1**

<table>
<tr><th>矩形风管大边长（b）</th><th>法兰用料规格（角钢）</th><th>螺栓规格</th></tr>
<tr><td>b≤730</td><td>25×3</td><td>M7</td></tr>
<tr><td>730＜b≤1250</td><td>30×3</td><td rowspan="2">M8</td></tr>
<tr><td>1250＜b≤2500</td><td>40×4</td></tr>
<tr><td>2500＜b≤4000</td><td>50×5</td><td>M10</td></tr>
</table>

(2) 风管安装质量控制要点

1) 风管安装前须进行测量放线，确定管道中心线位置。

2）风管水平安装时，支吊架的最大间距为 3m。垂直安装时，支吊架的最大间距为 4m，且不少于 2 个。支吊架距风管末端不应大于 1000mm，距水平弯头的弯头间距不应大于 500mm，设在支管上的支吊架距干管不应大于 1200mm。边长大于 1250mm 的弯头、三通等应设置独立的支吊架。

3）吊杆与吊架根部连接应牢固，吊杆拧入连接螺母的螺纹长度应大于吊杆直径；吊杆与横担应采用双螺母固定，吊杆凸出横担固定螺母的长度宜为 20～50mm。

4）长度超过 20m 的水平悬吊风管，应至少设置 1 个防晃支架。

5）风管穿楼板或墙体时，应设壁厚不小于 1.7mm 的钢制预埋管或防护套管，穿墙体套管的长度应与墙体厚度相同。

6）防排烟风管连接密封材料应采用耐高温不燃橡胶板，法兰垫料厚度宜为 3～5mm。

7）风管安装完成后应注意风管严密性，按规定进行严密性试验，避免产生漏光漏风现象。

（3）风阀安装质量控制要点

1）安装在墙内的送风口、自垂百叶、等阀框应横平竖直，并与墙面贴服平整。

2）防火阀、排烟阀（口）的安装方向、位置应正确，隔墙或楼板两侧的防火阀距墙或楼板表面安装距离不应大于 200mm。

3）嵌墙防火阀带百叶装饰面宜距离走道装修完成面 450mm，应与走道装修墙面平齐，房间内应尽量避开人员办公或设备操作维护空间，阀门安装时，应注意其与设备或墙体的间距，必须保证阀门叶片吹起时有足够的空间。

4）防火分区隔墙两侧的防火阀，据墙表面不应大于 200mm。

（4）电动组合风阀安装质量控制要点

1）工作压力大于 1kPa 的调节风阀，生产厂家应提供在 1.5 倍工作压力下能自由开关的强度测试合格证书或实验报告。

2）密闭阀应能严密关闭，漏风量应符合设计要求。

3）检查方法包括观察、尺量、手动操作，查阅产品质量文件。

4）立式组合风阀阀体底部设置混凝土风阀框，高度详见设计文件，需安装卧式组合风阀的孔洞四周设置混凝土挡水坎，挡水坎尺寸为装修完成面上 300mm×100mm（宽×高）。立式和卧式组合式风阀执行器中心距离装修完成面安装高度原则均为 300mm。

（5）风管离心玻璃棉保温安装质量控制要点

1）镀锌钢板风管绝热前应进行表面去油、清洁处理。

2）矩形风管或设备保温钉的分布应均匀，其数量底面不应少于 17 个/m^2，侧面不应少于 10 个/m^2，顶面不应少于 8 个/m^2。首行保温钉至风管或保温材料边沿的距离应小于 120mm，保温钉的压片应松紧适度，均匀压紧。

3）风管法兰部位的绝热层的厚度均等于风管保温厚度，宽度为 100mm。

4）所有离心玻璃棉板外贴黑色特强防潮防腐贴面，保温材料的胶带、保温钉应与贴面材料颜色一致或相近。

（6）消声器、消声弯头安装质量控制要点

1）充填的消声材料，应按规定的密度均匀敷设，并应有防下沉的措施，消声材料的覆面层不得破损，搭接应顺气流，穿孔板的孔径和穿孔率应符合设计要求。

2）消声器、消声弯头均应设独立支、吊架，其重量不得由风管承受，消声片单体安装时固定端必须牢固，片距均匀。

3）消声器支吊架间距应比消声器安装时的宽度方向宽出40～50mm，消声器标高的调整可采用调节吊杆端部螺母，或在托臂上加垫的方法进行。

4）消声弯管的平面边长大于800mm时，应加设吸声导流片。

5）组合式消声器上部距离结构大于500mm，或有管道穿越时须按设计要求进行封堵。

（7）风机安装质量控制要点

1）吊装式风机原则上采用门型槽钢吊架卧式安装，吊架应符合设计及产品技术要求。吊装风机支架底座钢板开孔应与锚栓型号相匹配。

2）落地式风机基础表面应无蜂窝、裂纹、麻面、露筋，基础表面应水平。

3）TVF风机减振器与基础预埋钢板间应有可靠的连接固定措施。TVF、U/O、推力风机前后天圆地方及空调机组回风静压箱须设置检修孔，检修孔尺寸统一为700mm×700mm，检修门与天圆地方之间采用螺栓固定。

4）风机支架焊接良好，焊缝饱满均匀，水平及垂直度精确无误，风机的进出风管、阀件应设置独立支、吊架，风机安装后，不应承受其他机件的重量。

5）落地式风机与基础之间应按设计要求设置减振措施，吊装风机安装时，其吊架及减振器应符合设计和规范要求；风机减振器承受荷载的压缩量均匀，不得偏心。

6）与大气直接接触的风机进出风口必须设置防护罩。

7）风机与风管连接时，应采用柔性短管连接，柔性短管应和风机同心，长度一般为150～300mm。

8）射流风机（含前后消声筒）采用吊挂式或侧式安装，将风机通过连接螺栓固定于支架上，用机械锚栓将支架固定在结构混凝土上，型号不小于M17，锚固深度不小于100mm。

9）射流风机机身纵、横向水平度的允许偏差不得大于2/1000。

（8）风口安装质量控制要点

1）风口外表面装饰面应平整、叶片分布应均匀、颜色一致、无明显的划伤和压痕。调节装置转动应灵活、可靠，定位后应无明显松动。

2）风口尺寸偏差应符合设计和规范要求。

3）风管与风口连接宜采用法兰连接，也可采用槽型或工型插接连接。

4）风口安装前应清扫干净，风口安装位置正确，风口与风管连接应严密、牢固，与装饰面紧贴，风口边框与建筑顶棚或墙面间的接缝处应加设防火密封垫料。

5）风口不应直接安装在主风管上，风口与主风管之间的连接应通过短管连接。顶棚风口可直接固定在装饰龙骨上，当有特殊要求或风口较重时，应设独立支吊架。

6）水平安装风口水平度为3/1000，垂直安装风口垂直度为2/1000，总偏差不大于20mm。

（9）水系统管道及支架安装质量控制要点

1）室内管道安装位置标高应符合设计要求，管道位置允许偏差15mm，管道标高允许偏差±15mm，且整体排布美观。

2）公称直径大于300mm的管道应经过受力计算后选择槽钢支架。支架焊缝饱满、均匀，不应出现漏焊、夹渣、气孔、咬肉等现象。

3）水管系统支吊架安装应平整牢靠，与管道接触紧密。水平管道采用单杆吊架时，应在管道起始点、阀门、弯头、三通部位及长度在15m每直管段上设置防晃支吊架。

4）螺纹连接的管道，断丝或缺丝不大于螺纹全扣的10%，连接牢靠。接口处根部外漏螺纹为2～3扣，无外漏填料，外漏丝扣部位做防腐处理。

5）冷凝水管道的坡度应满足设计要求，当设计无要求时，干管坡度不宜小于0.8%，支管坡度不宜小于1%。

（10）空调水管保温安装质量控制要点

1）通风管道、空调系统水管道绝热施工前应进行表面清洁处理，且水管道防腐层损坏的应补涂完整。

2）粘胶涂抹均匀，离心玻璃棉管壳的粘接应牢靠，铺设应平整。

3）采用玻璃丝布缠绕包裹时，玻璃丝布缠绕应严密，搭接宽度应均匀，宜为1/2布宽，包裹两层，表面应平整，无松脱、翻边、褶皱。

（11）水处理仪安装质量控制要点

1）设备验收型号、规格、性能及技术参数，设备的外表应无损伤，密封应良好，随机文件和配件应齐全。

2）软水设备就位前的基础混凝土强度、坐标、标高、尺寸和螺栓孔位置必须符合设计规定。

3）软水处理设备需设置简单水平地基，距墙约250～450mm，可根据实际情况靠边角布置。

4）进、出水管为标准法兰或螺纹连接，需固定支撑，不能依托阀体做支撑，以防产生应力，排污管不要长于7m，不要装截止阀，出口不要高于阀体，终端开口为免产生虹吸，弯头越少越好。

（12）集分水器安装质量控制要点

1）设备的混凝土基础应进行质量交接验收，且应验收合格。

2）设备安装的位置、标高及管口方向应符合设计要求。采用地脚螺栓固定的设备，垫铁放置位置应正确，接触应紧密，每组垫铁不应超过3块；螺栓应紧固，并采取防松动措施。

3）支架或底座的尺寸、位置应符合设计要求。设备与支架或底座接触应紧密，安装应平整牢固。平面位置允许偏差为15mm，标高允许偏差为±5mm，垂直度允许偏差为1/1000。

4）集分水器的水压试验应符合设计要求，内外壁防腐涂层的材质、涂抹质量、厚度应符合设计或产品技术文件的要求。

（13）冷却塔安装质量控制要点

1）设备验收型号、规格、性能及技术参数；设备机组的外表应无损伤、密封应良好，随机文件和配件应齐全。

2）设备的混凝土基础必须进行质量交接验收，合格后方可安装。

3）冷却塔的安装位置应符合设计要求，进风侧距建筑物应大于1000mm，冷却塔的出水管口及喷嘴方向、位置正确，积水盘应严密无渗透；分水器布水均匀。

4）冷却塔安装应水平，单台冷却塔安装的水平度和垂直度允许偏差为2/1000。同一冷却水系统的多台冷却塔安装时，各台冷却塔的水面高度应一致，高度不应大于30mm。

（14）制冷机组安装质量控制要点

本章节适用于空调工程中工作压力不高于2.5MPa，工作温度在－20～150℃的整体式制冷机组：

1）设备验收型号、规格、性能及技术参数，设备机组的外表应无损伤、密封应良好，随机文件和配件应齐全。

2）设备的混凝土基础必须进行质量交接验收，基础四周应有排水设施。

3）整体安装的制冷机组，其机身纵、横向水平度的允许偏差为1/1000。

4）管道应先冲（吹）洗合格后再与机组连接，连接时应设置软接头，管道设置独立支、吊架，压力表距阀门位置不宜小于200mm。

（15）水泵安装质量控制要点

1）设备验收型号、规格、性能及技术参数，设备的外表应无损伤、密封应良好，随机文件和配件应齐全。

2）基础表面平整、混凝土强度达到设备安装要求。水泵基础的平面尺寸，无隔振安装时应较水泵机组底座四周各宽出100～150mm；有隔振安装时应较水泵隔振基座四周各宽出150mm。基础顶部标高，无隔振安装时应高出泵房地面完成面100mm以上，有隔振安装时高出泵房地面完成面50mm以上，且不得形成积水。

3）采用隔振措施的水泵，其隔振器安装位置应正确；各个隔振器的压缩量，应均匀一致，偏差不应大于2mm。

4）水泵的平面位置和标高允许偏差为±10mm，安装的地脚螺栓应垂直、拧紧，且与设备底座接触紧密。

5）水泵与电机采用联轴器连接时，联轴器两轴芯的允许偏差，轴向倾斜不应大于0.2/1000，径向位移不应大于0.05mm。

（16）空气处理机组安装质量控制要点

1）产品的性能、技术参数和接口方向应符合设计要求。

2）现场组装的组合式空调机组应按《组合式空调机组》GB/T 14294—2008的有关规定进行漏风量的检测。通用机组在700Pa静压下，漏风率不应大于2%。

3）检查数量：通用机组按《通风与空调工程施工质量验收规范》GB 50243—2016要求检查。

（17）多联机（VRV）系统安装质量控制要点

1）制冷剂管道系统应按设计要求或产品要求进行强度、气密性及真空试验，且应试验合格。

2）制冷剂管道弯管的弯曲半径不应小于3.5倍管道直径，最大外径与最小外径之差不应大于8%的管道直径，且不应使用焊接弯管及皱褶弯管。

3）铜管采用承插钎焊焊接连接时，承口应迎着介质流动方向；当采用对接焊接时管道内壁应齐平，错边量不应大于10%壁厚，且不大于1mm。

4）室内外机组间冷媒管道的布置应采用合理的短捷线路，并应排列整齐。

7.1.2 给水排水与消防系统工程

7.1.2.1 工艺概述

给水工程是为企业供应生活、生产用水的工程以及消防用水等。排水工程是排除人类生活污水和生产中的各种废水，由排水管系（或沟道）、废水处理厂和最终处理设施组成；消防系统工程由消火栓系统，自动喷水灭火系统，水喷雾系统，水幕灭火系统，消防水炮系统，雨淋系统等组成。

7.1.2.2 工艺流程

给水排水与消防系统工程施工工艺流程如图 7.2～图 7.4 所示。

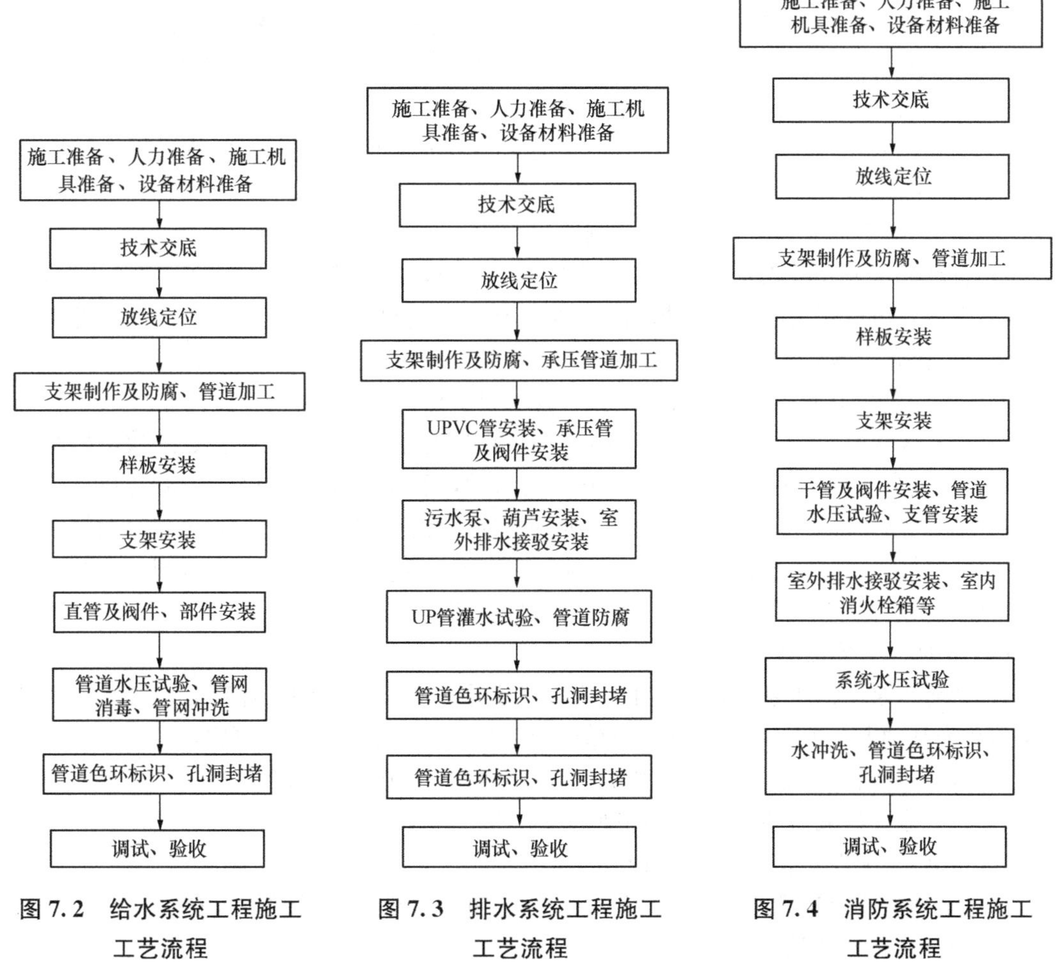

图 7.2 给水系统工程施工工艺流程

图 7.3 排水系统工程施工工艺流程

图 7.4 消防系统工程施工工艺流程

7.1.2.3 施工控制要点

（1）给水管道安装施工控制要点

1）管道支、吊架安装应平整牢固。支架型钢下料、加工应采用机械方式切割钻孔，禁止采用气（电）割。

2）采用塑料、不锈钢、铜等材质的管道时，其与金属支、吊架间应加衬非金属垫。

3）阀门与管道连接时不能使阀体承担管道的重力，应在阀门两侧的管道上设置支吊架，以不影响阀门开闭和拆装为宜。

（2）消火栓系统安装施工控制要点

1）安装前应对消火栓逐个进行水压试验。检查栓口位置及标高、消防控制按钮位置、箱门开启方向及角度。

2）消火栓栓口朝外（箱体较薄时使用可旋转的消火栓头）且在门开启侧。栓口及手轮不得被其他物品遮掩，即“开门见栓”，箱门开启角度不应小于170°，标识醒目。

3）水带与快速接头连接，应用专门夹头，并根据箱内构造将水龙带挂在箱内的挂钩或水龙带盘上。

（3）室外地上消火栓、消防水泵接合器安装施工控制要点

1）消防水泵接合器的安装，应按接口、本体、连接管、止回阀、安全阀、放空管、控制阀的顺序进行，止回阀的安装方向应使消防用水能从消防水泵接合器进入系统，整体式消防水泵接合器的安装，应按其使用安装说明书进行。

2）消防水泵接合器永久性固定标志应能识别其所对应的消防给水系统或喷水灭火系统。

（4）自动喷水灭火系统安装施工控制要点

1）自动喷水灭火系统安装时应按“先支架后管道，先主管后支管”的顺序进行安装。

2）落地式风机安装前，应对基础进行全面检查，基础的标高、水平度及尺寸都必须符合要求，检查合格后装设减振器，将风机搬运到安装地点就位，风机通过调整减振器和垫块确保各偏差在范围内，即可拧紧连接螺栓螺母设计防松装置，使风机安装牢固。

3）吊式风机安装前，应仔细核对其吊架长度及布置是否与风机吊装点一致，核对无误后，方可进行风机安装，风机搬运至安装地点后，利用手拉葫芦将风机抬高到安装位置，用吊架固定。风机就位调整完成后，要拧紧连接螺栓或焊牢于预埋板上，采用螺栓连接的风机要设防松装置，用双螺母拧紧，防止运行时的振动将螺母振松。风机的安装将按照设计图纸及产品说明书进行，同时遵照有关标准和规范执行。

（5）消防水泵安装施工控制要点

1）消防水泵、稳压泵的找平找正，应以其水平中开面、轴的外伸部分、底座的水平加工面等为基础上，再使泵座与基础面纵横中主线基本对正，并加以调整。

2）水泵吸入管变径连接时，采用偏心异径管件并采用管顶平接。

3）立式水泵的减振装置不应采用弹簧减振器。

（6）阀门及配件安装质量控制要点

法兰垫片材质应与管道内介质相匹配，符合使用要求。组对时放置在法兰的中心位置，不得安放双垫或偏垫。

（7）气体灭火系统安装施工控制要点

1）钢瓶运输时应采取保护措施，防止碰撞、擦伤。

2）管网采用无缝钢管法兰连接时，应在焊接后进行内外镀锌处理。已镀锌的无缝钢管不宜采用焊接连接，与选择阀等个别部位需采用法兰焊接连接时，应对被焊接损坏的镀锌层做防腐处理。

3）气灭管道安装时应保证横平竖直，支架上不允许用气割或电焊开孔。

4）丝扣连接时，丝扣填料应采用聚乙烯四氟胶带。切割的管口应用锉刀打净毛刺。

5）管道穿过墙壁、楼板处应安装套管，套管长度应和墙厚相同，管道与套管间的空隙应采用柔性不燃烧材料填塞密实。

（8）室内排水系统安装施工控制要点

1）卫生间排水管道和污水池应设置透气管或独立排风系统，废气应排放至通风良好且安全的地方。

2）建筑室内明设排水塑料管道应按要求设置阻火圈或防火套管。

（9）虹吸雨水系统安装施工控制要点

1）HDPE管应采用专业管道切割机切割，切口垂直于管中心，切割后对切口进行清理，使之易于热熔对焊连接。

2）HDPE管在室内楼板贯穿部位、楼板下部应设置A型阻火圈。

3）热熔连接温度控制应准确，加热面温度均匀分布，热熔连接前应使用洁净棉布擦净加热面上的污物，并铣削连接面，使其与轴线垂直。

4）加热完毕，待连接件应迅速脱离加热工具，检查待连接件的加热面融化的均匀性和是否损伤。

5）系统接入多个虹吸式雨水斗时，雨水斗排水连接管应接在悬吊管上，不得直接接在雨水立管的顶部。

6）接入同一悬吊管的虹吸式雨水斗应在同一屋面标高。

（10）排水设备安装施工控制要点

管道防腐、不渗不漏、安装牢固。

（11）室外给水系统安装施工控制要点

1）管道防腐、不渗不漏、安装牢固。

2）PE管道安装时采用蛇形安装，采取措施增加摩擦力减轻伸缩。

3）弯头、三通处加强固定基础。

4）将管材焊接端插入接口至管件的限位肩台或主管材上的标记深度，管件必须在无应力条件下与管材连接。

5）焊接过程没有冒烟或其他异常，管材与管件保持平直。

（12）室外排水系统安装施工控制要点

管道承口应对着水流方向，插口应顺着水流方向，管道穿过井壁处应严密，不漏水。

（13）小便器的安装施工控制要点

1）小便器为挂式，自动冲洗。安装时，按设计要求距离和高度，先在墙面上画好十字中心线，将小便斗固定，并保证横平竖直，既美观又便于连接管子。固定小便斗时，螺钉与耳孔间应垫铅皮。小便斗的冲洗水管应暗装，与便斗进、出水管中心线重合。

2）自带水封小便器，其排水管不再安装S形或P形存水弯，以免影响排水效果。

（14）大便器的安装施工控制要点

安装蹲便器时，首先应根据图示尺寸，确定安装位置，用水泥砂浆砌筑蹲式大便器砖座，其余部位可用砂浆抹平，可直接将延时自闭式冲洗阀安装在冲洗管上。蹲便器安装应用水平尺找平找正，冲洗管应呈铅垂安装，不得歪斜。

（15）洗脸盆的安装施工控制要点

洗手盆为台式安装，配好水龙头。安装时，按设计要求距离和高度，先在墙上画出安装中心线，根据盆托板架的宽度画出固定孔眼的十字线，在十字线的位置用膨胀螺栓固定。固定时，要同时用水准尺找平，然后将洗脸盆固定在托板上。

(16) 给水排水系统标示、标牌质量控制要点

1) 管道的面漆颜色应根据设计要求确定，标识清晰。

2) 立管及分支管、水平干管、泵房、水箱间等设备房间内的主管道以及主要的控制阀门、设备等均应进行标识。

3) 所有箭头的方向与管线内“水”流或“风”流的方向一致，箭头在文字的前方。

7.1.2.4 质量控制要点

(1) 给水管道安装质量控制要点

1) 给水水平管道应有 2/1000～5/1000 的坡度坡向泄水装置。

2) 穿楼板套管应使下部与楼板平齐，上部有防水要求的房间套管应高出地面 50mm，其他部位应为 20mm。

3) 为防止杂散电流腐蚀，给水管道进站应加设 3m 长的绝缘水管，车站与区间连接管道之间、区间过轨管道两侧应设置绝缘接头。

(2) 消火栓系统安装质量控制要点

1) 栓口距地面 1.1m，无渗漏或渗漏的痕迹。

2) 阀门中心距箱侧为 140mm，距箱后内表面为 100mm，允许偏差±5mm。

3) 消火栓箱体安装的垂直度允许偏差为 3mm。

4) 消火栓系统中 DN>50mm 的阀体两边的 150mm 处水平管道下应各设一个支吊架；在 DN>100mm 的阀体除在两边的 250mm 处水平管道下设支吊架外，还应在阀体下设置专用支架。

(3) 室外地上消火栓、消防水泵接合器安装质量控制要点

1) 室外地上式消火栓安装支墩应牢固，栓体应垂直。

2) 室外地上式消火栓应有一个 100mm 和两个 75mm 的栓口，其中 100mm 栓口应朝向道路方向。

3) 室外地上式消火栓应沿道路设置。其间距不超过 120m，沿道路设有毗临建筑物，且道路宽度超过 70m 时，宜在道路两边设置。消火栓距路边不应超过 2m，距房屋外墙边不宜小于 5m，并不宜大于 40m。

4) 室外地上式消火栓保护半径不超过 150m。

5) 室外消火栓与室外水泵接合器的间距不宜小于 15m，也不宜大于 40m。

(4) 自动喷水灭火系统安装质量控制要点

1) 支架制作应规范，下料不得采用电焊、气割。确保支架安全牢固、美观可靠。

2) 管道安装应横平竖直，不得有蛇形现象，穿墙管必须加设套管，管道安装前，应进行内外检查清理，确保管内干净无杂物，分段接口做管堵保护。

3) 管道支架、吊架与喷头之间的距离不宜小于 300mm，与末端喷头之间的距离不宜大于 750mm。

4) 喷头安装必须在管网试压，冲洗合格后，配合室内装饰结束时方可安装，喷头安装时，不得对喷头进行拆装、改动，并严禁给喷头附加任何装饰性喷涂。

（5）消防水泵安装质量控制要点

1）设备基础尺寸、位置、标高和地脚螺栓位置、尺寸应符合设计和有关规范要求，混凝土强度等级符合有关规定。整个基础应已与土建单位办理交接验收手续。

2）水泵与建筑本体墙面的净距离应满足检修的需要，无管道的侧面宜≥800mm，管道外壁与墙面的距离宜≥700mm。

给水设备安装允许偏差见表7.2。

给水设备安装允许偏差表 **表7.2**

序号	项目	允许偏差	
1	静止设备	标高（mm）	±5
		垂直度（mm）	5
2	水泵	立式泵体垂直度（mm）	0.1
		卧式泵体水平度（mm）	0.1

（6）阀门及配件安装质量控制要点

1）阀门安装前，应做强度和严密性试验，试验在每批（同牌号、同型号、同规格）产品中抽查10%，且不少于一个。对于安在主干管上起切断作用的闭路阀门，应逐个做强度和严密性检验。

2）阀门安装的方向应方便操作，接口及盘根均不应有渗漏，成排安装时，阀门的高度、方向应尽量保持一致。

3）阀门手轮的中心距操作面的高度为750～1500mm，最佳高度为1200mm，不需经常操作的阀门安装高度可达1500～1800mm。

4）较大的阀门应在阀门的一侧或两侧设置支架，设置的原则为拆下阀门时不应影响管道的支撑，一般支架距法兰300mm左右。

5）连接螺栓规格正确，紧固均匀，松紧适度。螺栓长度一致，螺杆外露长度应为螺杆直径的一半。

（7）气体灭火系统安装质量控制要点

1）注意阀门安装方向，气体单向阀逐个进行水压强度试验和气压严密性试验。

2）安装时压力表观察面及产品标牌应朝外。钢瓶应排列整齐，间距符合设计要求。

3）管道末端喷嘴处应采用支架固定，支架与喷嘴的管道长度不应大于500mm。

4）公称直径大于或等于50mm的主干管，垂直和水平方向至少应各安装一个防晃支架。

（8）室内排水系统安装质量控制要点

1）排水塑料管必须按设计要求及位置装设伸缩节。如设计无要求时，伸缩节间距不得大于4m。

2）清扫口采用内丝清扫口，清扫口表面与完成地面水平（清扫口表面内凹的部分用橡胶垫找平）相平。卫生间内清扫口和地漏的位置应设在较隐蔽不容易被踩踏的位置。地漏水封不得小于50mm。

3）管道坡度及伸缩节安装应满足设计或规范要求。

4）清扫口、检查口、伸缩节和通气管的设置及安装应满足设计及规范要求。

5）检查口中心高度距操作地面一般为1m，允许偏差±20mm，朝向应便于检修。

6）排水管道灌水试验及通球试验应满足设计或规范要求，通球球径不小于排水管管径的2/3，通球率必须达到100%。

(9) 虹吸雨水系统安装质量控制要点

1）HDPE排水立管每层楼均需设置管卡，*DN*80～*DN*100每隔2m设置一个立管管卡，*DN*150每隔2.5m设置一个立管管卡。

2）虹吸式雨水斗应设置在屋面或天沟的最低点，每个汇水区域的雨水斗数量不少于两个。两个雨水斗之间的间距不超过20m。

(10) 排水设备安装质量控制要点

1）排水设备安装允许偏差见表7.3。

排水设备安装允许偏差表　　表7.3

<table>
<tr><th>序号</th><th>项目</th><th colspan="3">允许偏差</th></tr>
<tr><td rowspan="3">1</td><td rowspan="3">静置设备</td><td colspan="2">坐标（mm）</td><td>15</td></tr>
<tr><td colspan="2">标高（mm）</td><td>±5</td></tr>
<tr><td colspan="2">垂直度（mm）</td><td>5</td></tr>
<tr><td rowspan="4">2</td><td rowspan="4">水泵</td><td colspan="2">立式泵体垂直度（mm）</td><td>0.1</td></tr>
<tr><td colspan="2">卧式泵体水平度（mm）</td><td>0.1</td></tr>
<tr><td rowspan="2">联轴器同心度</td><td>轴向倾斜（每米）</td><td>0.8</td></tr>
<tr><td>径向位移</td><td>0.1</td></tr>
</table>

2）工作压力1.5倍下观测10min，压力降不应大于0.02MPa，降至工作压力时不渗不漏。

(11) 室外给水系统安装质量控制要点

1）基础需夯实，宜做100mm厚混凝土垫层。

2）焊接前必须将焊接区的氧化层完全清除，管材与管件的焊接表面必须绝对干净、干燥、无油污。

(12) 室外排水系统安装质量控制要点

1）室外排水管道允许偏差见表7.4。

室外排水管道允许偏差表　　表7.4

<table>
<tr><th>序号</th><th colspan="2">项目</th><th>允许偏差（mm）</th></tr>
<tr><td rowspan="2">1</td><td rowspan="2">坐标</td><td>埋地</td><td>100</td></tr>
<tr><td>敷设在沟槽内</td><td>50</td></tr>
<tr><td rowspan="2">2</td><td rowspan="2">标高</td><td>埋地</td><td>±2</td></tr>
<tr><td>敷设在沟槽内</td><td>±20</td></tr>
<tr><td rowspan="2">3</td><td rowspan="2">水平管道纵横向弯曲</td><td>每5m长</td><td>10</td></tr>
<tr><td>全长（两井间）</td><td>30</td></tr>
</table>

2）管材的内外壁应光洁，无蜂窝，坍落、露筋、空鼓及明显痕纹和凹陷；弹性橡胶

的胶圈应光滑平整，无气孔、裂缝、破损等缺陷。

3）闭水试验观察时间不应少于 30min，渗水量应满足相关要求。闭水试验完毕后应及时将水排出。

（13）小便器的安装质量控制要点

1）设计无要求时，挂式小便器安装高度为 700mm（自地面至下边缘）。

2）小便器排水管最小坡度为 20/1000，管径宜选 40～50mm。

（14）大便器的安装质量控制要点

1）大便器排水管最小坡度为 12/1000，管径宜选 100mm。

2）设计无要求时，居住及公共建筑的坐便器低位水箱安装高度为 470mm，蹲便器低位水箱安装高度为 900mm（自完成地面至低位水箱底）。

3）墙体到蹲便器排水孔中心距 30～35cm，连体坐便器其水箱背部离墙不大于 20mm。

（15）洗脸盆的安装质量控制要点

1）洗脸盆安装高度距完成地面为 800mm。

2）洗脸盆排水管最小坡度为 20/1000，管径宜选 50mm，冷热水龙头距离为 150mm。

3）台下盆支架安装应符合规范要求，应有完整的洗脸盆满水及通水试验资料。

4）洗脸盆角阀距地高度一般在 300～350mm，出水口必须朝上。

5）排水管中心距墙为 150mm。

（16）给水排水系统标示、标牌质量控制要点

1）管道标识文字、箭头与管道标识相适应，一般情况字体为宋体，字体大小按照管道直径的 0.3～0.5 倍考虑；箭头长度按照管道直径考虑，直径≤80mm，长度为直径的 2～2.5 倍，直径＞80mm，长度为 200～400mm。

2）成排管道标识排列整齐美观，位置统一。

3）常见管道外表面的标志色漆见表 7.5。

管道外表面标志色漆表 **表 7.5**

给水管	墨绿色
消防管	红色/红色环
煤气管	黄色
废水管	黑色
氧气管	天蓝色
天然气管道	黄色黑环
液化石油气管	黄色红环
蒸汽管	红环
压缩空气管	蓝色

7.1.3 动力与照明

7.1.3.1 工艺概述

近年来，地铁能够得到快速的发展就是因为其具有运量大、速度快、安全、准点、保

护环境、节约能源和用地等特点，而车站机电设备系统中的重要组成部分就是动力与照明系统，其与供电系统与车站及相应区间范围大部分机电设备相关联，为其配电，并且实现保护和控制。本章根据我国地下铁路动力照明系统建设的现状，对我国地铁车站动力设计和照明设计进行说明，进而对地铁车站动力照明的分类、动力照明等相关施工及质量控制进行了详细的阐述。

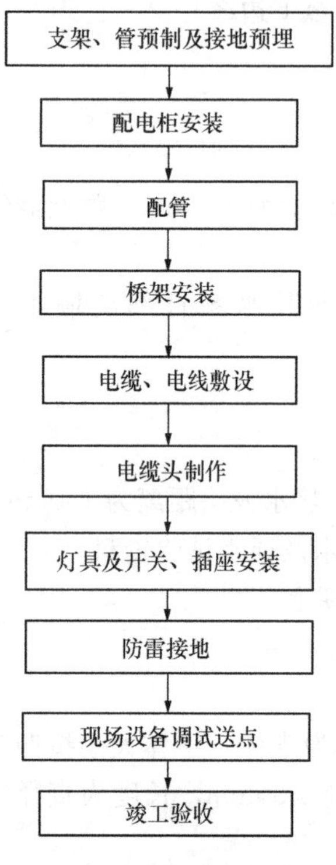

图 7.5　动力与照明施工工艺流程

7.1.3.2　施工工艺流程

动力与照明施工工艺流程如图 7.5 所示。

7.1.3.3　施工控制要点

(1) 成套配电柜安装施工控制要点

1) 低压成套配电箱柜应有可靠的防电击保护，柜内保护接地导体（PE）排应有裸露的连接外部保护接地导体的端子，并应可靠连接。

2) 配电柜内的剩余电流动作保护器（RCD）应在施加额定剩余动作电流的情况下测试动作时间，且测试值应符合设计要求。

3) 配电柜内配线整齐，无绞接现象。导线连接紧密，不伤芯线，不断股。分别设置零线（N）和保护接地线（PE）汇流排。

4) 低压成套配电柜交接试验应符合规范要求。

(2) 成套配电箱安装施工控制要点

1) 配电箱内分别设置零线（N）和保护接地线（PE）汇流排。

2) 配电箱内电涌保护器（SPD）安装应符合下列规定：

① SPD 的型号规格及安装布置应符合设计要求。

② SPD 的接线形式应符合设计要求，接地导线的位置不宜靠近出线位置。

(3) 封闭母线槽安装施工控制要点

1) 母线支架和封闭、插接式母线的外壳接地（PE）或接零（PEN）连接完成，相序正确。

2) 送电空载运行 24h 无异常。

3) 螺栓的紧固应牢靠。

(4) 电缆桥架安装施工控制要点

1) 桥架与桥架连接板螺栓固定紧固无遗漏，螺母位于桥架外侧；当铝合金桥架与钢支架固定时，有相互绝缘的防电化腐蚀措施。

2) 敷设在竖井内和穿越不同防火区的桥架，有防火隔堵措施。

3) 配线槽盒与水管同侧上下敷设时，宜安装在水管的上方；与热水管、蒸汽管平行上下敷设时，应敷设在热水管、蒸气管的下方，当有困难时，可敷设在热水管、蒸汽管的上方；相互间的最小距离应满足规范要求。

(5) 导管敷设施工控制要点

1) 埋设于混凝土内的导管内壁应做防腐处理，外壁可不做防腐处理。其余场所敷设的钢导管内外壁根据设计要求做防腐处理。

2）金属导管与金属梯架、托盘连接时，镀锌材质的连接端宜用专用接地卡固定保护联结导体，非镀锌材质的连接处应熔焊焊接保护联结导体。

3）进入配电柜、台、箱内的导管管口，箱底要封板，管口与柜、台、箱的基础面平且有护口。

4）导管敷设应符合下列规定：

① 导管穿越外墙时应设置防水套管，且应做好防水处理。

② 钢导管或刚性塑料导管跨越建筑物变形缝处应设置补偿装置。

③ 除埋设于混凝土内的钢导管内壁应做防腐处理，外壁可不做防腐处理外，其余场所敷设的钢导管内、外壁均应做防腐处理。

（6）电缆敷设及电缆头制作施工控制要点

1）金属电缆支架须与保护导体可靠连接，电缆与梯式桥架固定时使用金属电缆卡。

2）交流单芯电缆或分相后的每相电缆不得单根独穿于钢导管内，固定用的夹具和支架不应形成闭合磁路。

3）电缆的支架应进行防腐处理，电缆首、末端和分支处设标志牌。

4）电缆头应可靠固定，不应使电气元器件或设备端子承受额外应力。

（7）灯具安装施工控制要点

1）室外灯具的引入线必须做好防水弯处理。

2）荧光灯安装应根据灯具的安装高度确定丝杆、金属软管及导线的长度以保证电线不受力，灯具底座内预留的安装孔应与丝杆可靠连接，以保证灯具安装牢固。

3）吸顶式座灯的安装应区分相线与零线，对于螺口灯座中心簧片应接相线，不得混淆，避免吸顶灯外壳带电伤人。

4）壁装式荧光灯的安装应将灯内导线与电源线用压接帽可靠连接以保证连接可靠。

5）LED面板灯的安装区分相线与零线，对于螺口灯座中心簧片应接相线，不得混淆，避免灯具外壳带电。

6）应急、疏散指示灯的安装应区分相线与零线，对于螺口灯座中心簧片应接相线，不得混淆避免灯具外壳带电。

（8）开关、插座安装施工控制要点

1）保护接地导体（PE）在插座之间不得串联连接，相线与中性导体（N）不应利用插座本体的接线端子转接供电。

2）公共区地埋的检修插座应为防水型，面板与地面之间应有防水措施。

3）对附在面板上的安装孔装饰帽应事先取下备用，在面板安装调整完毕后再盖上，以免多次拆卸划损面板。

4）多联开关需分支连接的应采用安全型压接帽压接分支。

5）注意区分相线、零线及保护地线，不得混乱。

6）开关、插座的相线应经开关关断，接线时应注意相线、零线、地线对应的端子。

7）开关、插座安装完毕后，在各条支路的绝缘电阻摇测合格后方可通电试运行并检查灯具的控制是否灵活、准确；开关与灯具控制顺序相对应，如发现问题必须先断电，再查找原因并修复。

(9) 接地装置安装施工控制要点

1) 在进行接地装置安装的过程中，需要重点注意接地材料之间的焊接。

2) 考虑到接地网敷设的作业环境，车站范围内地表水位要降到开挖沟槽底以下。

(10) 接地干线敷设施工控制要点

接地电缆通过铜鼻子与铜排用镀锌螺栓紧固，连接处需加锡垫片，连接需可靠牢固无松动。

(11) 建筑物等电位连接施工控制要点

1) 有静电地板的房间，接地端子排安装在静电地板下，落地安装；无静电地板的房间，采用接地端子箱挂墙明装，接地端子箱用膨胀螺栓固定在墙体上。

2) 当等电位联结导体在地下暗敷时，其导体间的连接不得采用螺栓压接。

3) 等电位联结的外露可导电部分或外界可导电部分的连接应可靠。采用螺栓连接时，其螺栓、垫圈、螺母等应为热镀锌制品。

4) 等电位联结的卫生间内金属部件或零件的外界可导电部分，应设置专用接线螺栓与等电位联结导体连接，并应设置标识。

(12) 电气调试施工控制要点

1) 调试前应先检查电气设备安装到位和线缆敷设正确无误，绝缘测试合格，各种盘、柜进出线断路器已做通断试验，整个系统已无故障和隐患。

2) 强电盘、柜内的断路器的辅助触点与消防系统、综合监控系统、应急电源系统等系统调试时，应满足设计要求，反应应灵敏，声光信号正确无误。

3) 按各照明箱内的各出线回路所带灯具数量，逐一回路进行开通点亮，直观检验，证明系统支持符合设计验收规范要求。

4) 调光及光控系统也应按设计要求逐一对回路进行调试。

(13) 标示、标牌电气系统施工控制要点

1) 配电箱门外侧应贴有配电箱编号、供电设备的名称或服务的区域。

2) 配电箱门内侧应有二次线路图，配电箱内有多路出线的开关及出线上均应注明用途。

3) 电缆应挂标志牌，注明电缆编号、规格、型号、电压等级及起始位置。

4) 沿电缆桥架敷设的电缆在其两端、拐弯处、交叉处挂标志牌，每条直线段至少增设一处标志牌。

5) 末端机房内空调、送风设备应贴标志牌，注明所服务的区域，尤其跨层送风时。

6) 如果设备铭牌被遮掩或场地限制不方便查看，应另行制作标志牌，将设备铭牌上的相关参数标明。

7.1.3.4 质量控制要点

(1) 成套配电柜安装质量控制要点

1) 配电柜的金属框架及基础型钢应与保护导体可靠连接；装有电器的可开启门与框架的接地端子应选用截面积不小于 $4mm^2$ 的绝缘双色铜芯软导线。

2) 低压柜、环控柜、EPS 成套装置采用落地安装，基础应略高出地面（装修完成面），每面柜子前后至少两点与基础可靠连接（焊接或螺栓固定）；冷源群控柜（参见冷源配电分册图纸）落地安装，基础采用［100 槽钢，上表面离装修完成面 100mm。

3）线路的线间和线对地间绝缘电阻值，馈电线路不应小于0.5MΩ，二次回路不应小于1MΩ；二次回路的耐压试验电压应为1kV，绝缘电阻值大于10MΩ时，应采用2500V兆欧表代替，试验持续时间应为1min，箱体电缆出入口使用防火泥进行封堵。

（2）成套配电箱安装质量控制要点

1）配电箱的金属框架及基础型钢应与保护导体可靠连接；装有电器的可开启门与框架的接地端子应选用截面积不小于$4mm^2$的绝缘双色铜芯软导线。

2）配电箱标志牌、标志框齐全、正确清晰；箱内标识器件、接线端子编号标识清晰。

3）箱体应安装牢固，且不应设置在水管正下方，安装垂直度允许偏差不应大于1.5/1000，相互间接缝不应大于2mm。

4）配电箱内配线整齐，无绞接现象；导线连接应紧密、不伤线芯、不断股；垫圈下螺丝两侧压的导线截面积应相同，同一电器器件端子上的导线连接不应多于2根，防松垫圈等零件应齐全。

5）配电箱开关动作灵活可靠，安装高度距地面完成面1.3m。

6）配电箱内电涌保护器（SPD）的连接导线应平直、足够短，且不宜大于0.5m。

（3）封闭母线槽安装质量控制要点

1）母线槽直线段安装应平直，水平度与垂直度偏差不宜大于1.5/1000，全长最大偏差不宜大于20mm；照明用母线槽水平偏差全长不应大于5mm，垂直偏差不应大于10mm；支架固定牢固。

2）母线槽跨越建筑物变形缝处时，应设置补偿装置；母线槽直线段敷设长度超过80m，每50～70m宜设置伸缩节。

3）每段母线组对接续前，绝缘电阻测试合格，绝缘电阻值大于20MΩ，才能组对安装。

4）每段母线槽的金属外壳间应连接可靠，且母线槽全长与保护导体可靠连接不应少于2处。

5）低压母线相间和相对地间的绝缘电阻值应大于0.5MΩ；电气装置的交流工频耐压电压为1kV，当绝缘电阻值大于10MΩ时，可采用2500V兆欧表遥测替代，持续时间1min，无击穿闪络现象。

（4）电缆桥架安装质量控制要点

1）当设计无要求时，电缆桥架水平安装的支架间距为1.5～3m；垂直安装的支架间距不大于2m。

2）非镀锌电缆桥架间连接板的两端跨接铜芯接地线，接地线最小允许截面积不小于$4mm^2$；镀锌电缆桥架间连接板的两端不跨接接地线，但连接板两端不少于2个有防松螺帽或防松垫圈的连接固定螺栓。

3）电缆桥架跨越建筑物变形缝处设置补偿装置。直线段钢制电缆桥架长度超过30m、铝合金或玻璃钢制电缆桥架长度超过15m设伸缩节。

4）电缆桥架及支架全长应不少于2处与接地（PE）或接零（PEN）干线相连接。

5）电缆桥架转弯处的弯曲半径，不小于桥架内电缆最小允许弯曲半径。

（5）导管敷设质量控制要点

1）金属导管严禁对口熔焊连接；镀锌和壁厚小于等于2mm的钢导管不得套管熔焊

连接。

2）明配的导管应排列整齐，固定点间距均匀，安装牢固；在终端、弯头中点或柜、台、箱、盘等边缘的距离150～500mm范围内设有管卡。

（6）电缆敷设及电缆头制作质量控制要点

1）电缆竖井内敷设，当设计无要求时，电缆最上层至竖井顶部或楼板距离不小于120～200mm；电缆支架最下端至地面的距离不小于50～100mm。

2）电缆敷设不得存在绞拧、铠装压扁、护层断裂和表面严重划伤等缺陷。

3）截面积7mm^{2}及以下铜芯导线间的连接应采用导线连接器或缠绕搪锡连接。

4）线间和线对地间的绝缘电阻测试电压及绝缘电阻值应满足规范要求。

5）电缆头相色标志齐全，外观良好，绑扎平整。

（7）灯具安装质量控制要点

1）灯具安装应牢固、洁净、美观。同一室内成排灯具应成一线，其中心偏差不大于5mm。

2）嵌入式格栅荧光灯的安装其纵向中心轴线应在同一直线上，偏斜不应大于5mm，以保持对称性。

3）安装完毕后，经绝缘测试检查合格后，方允许通电试运行。

（8）开关、插座安装质量控制要点

1）接线盒预埋不得有安装位置错位（即螺丝安装孔错位90°）、螺丝安装孔耳缺失、相邻接线盒高差超标等现象。

2）开关边缘距离门框边缘距离0.15～0.2m。

3）将接线盒内导线留出长度以刚好能插入接线孔的长度为宜。

（9）接地装置安装质量控制要点

接地装置的焊接应采用搭接焊，搭接长度应符合下列规定：

1）扁钢与扁钢搭接不应小于扁钢宽度的2倍，且应至少三面施焊。

2）圆钢与圆钢搭接不应小于圆钢直径的7倍，且应双面施焊。

3）圆钢与扁钢搭接不应小于圆钢直径的7倍，且应双面施焊。

4）扁钢与钢管，扁钢与角钢焊接，应紧贴角钢外侧两面，或紧贴3/4钢管表面，上下两侧施焊。

（10）接地干线敷设质量控制要点

1）配电室接地干线应设置不少于2个接线柱或接地螺栓，不少于2处与接地装置引出干线连接。

2）明敷接地干线敷设应平直，水平度和垂直度允许偏差2/1000，但全长不超过10mm。

3）接地扁钢煨弯应采用冷弯，转弯处半径不得小于扁钢厚度的2倍。

4）接地线过伸缩缝处，应留有余量；并分别距伸缩缝两端100mm加以固定。

（11）建筑物等电位连接质量控制要点

1）等电位联结端子板的截面不得小于所接等电位连接线截面。

2）建筑物等电位联结干线应从与接地装置有不少于2处直接连接的接地干线或总等电位箱引出，连接线应形成环形网路，环形网路就近与等电位联结干线或局部等电位箱连接。支线间不应串联连接。

3）接地线过伸缩缝处，应留有余量；并分别距伸缩缝两端 100mm 加以固定。

4）接地线缆及接地端子排安装完毕并经检查无误后，进行接地电阻测试，接地电阻值需小于 1Ω。

（12）电气调试质量控制要点

1）施工单位在调试前必须按各系统先后编制详细的调试方案，此方案应经施工单位机电总工程师签字，现场监理工程师审核、总监理工程师审批后方可实施。

2）各种电机单机试运转应 2h 以上，每半小时对电压、电流、温升等各项指标进行测量。调试项目表见表 7.6。

3）各种灯具调试点亮必须在 8h（室外 24h）以上。

调试项目表　　　　**表 7.6**

序号	试验内容	试验标准
1	线路绝缘电阻	$R \geqslant 0.5M\Omega$，二次回路 $R \geqslant 1M\Omega$
2	封闭母线绝缘电阻	相间和相对地间 $R \geqslant 0.5M\Omega$
3	电机空载试运行	空载连续运行 2h，温升等正常
4	电机空载启动次数及间隔时间	连续两次启动间隔时间≥5min，再启动待电机冷却至常温
5	照明系统通电连续试运行	公共建筑 $t \geqslant 24h$，民用住宅 $t \geqslant 8h$，照明灯具全开启，每 2h 记录运行状态 1 次，试运行时间内无故障

（13）标示、标牌电气系统质量控制要点

桥架喷涂色带，要清晰醒目，美观精致，色带直线段间距 15～20m，管井内色带每层一道。防雷接地测试点应设置标示，要配合墙面外观。

7.1.4　砌体工程

7.1.4.1　工艺概述

砌体主要由块材和砂浆组成，其中砂浆作为胶结材料将块材结合成整体，以满足正常使用要求及承受结构的各种荷载。

7.1.4.2　施工工艺流程

砌体工程施工工艺流程如图 7.6 所示。

7.1.4.3　施工控制要点

（1）砌筑施工控制要点

1）构造柱留置正确，大马牙槎先退后进，上下顺直，残留砂浆清理干净。

2）砌筑前，先根据砖墙位置弹出墙身轴线及边线，并进行复核。

3）砌筑过程中，严控由于砂浆和易性不好，保水性差导致砌筑时铺摊和挤浆都困难，影响砂浆与砖的粘结力的现象。

4）风井位置应随砌随抹压光，否则后期没法粉刷。

5）每道墙体砌筑完成后必须将作业人员名称及施工时间上墙，且实时进行测量，并

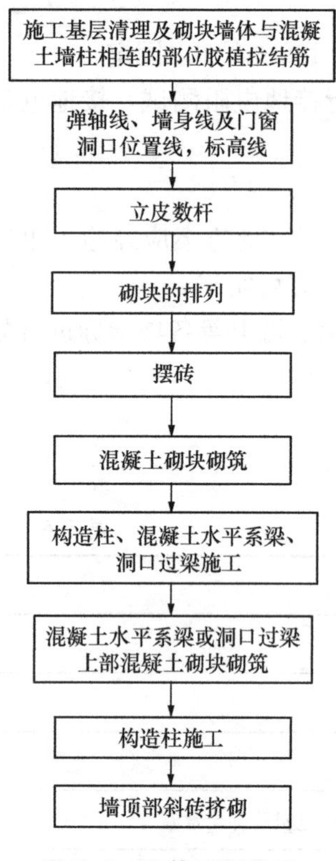

图 7.6 砌体工程施工工艺流程

数据上墙。

(2) 构造柱、圈梁设置施工控制要点

1) 构造柱宜设置在受力或稳定性不足的小墙垛、跨度较大的梁下墙体的厚度受限制处时，于梁下设置。

2) 墙体的高厚比较大如自承重墙或风荷载较大时，可在墙的适当部位设置构造柱。

3) 圈梁宜连续地设在同水平面上，沿纵横墙方向应形成封闭状。当圈梁被门窗洞口截断时，应在洞口上部增设相同截面的附加圈梁。

4) 圈梁在纵横墙交接处应有可靠的连接，在房屋转角及丁字交叉处的常用连接构造应符合要求。刚弹性和弹性方案房屋，圈梁应保证与屋架、大梁等构件的可靠连接。

(3) 混凝土导墙、过梁及压顶设置施工控制要点

1) 导墙的水平钢筋必须连接起来，使导墙成为一个整体，防止因强度不足或施工不善而发生事故。

2) 砌至窗台板位置即浇筑窗台板，达到一定强度后继续砌筑，严禁工序倒置。

3) 砌体墙在墙半高处设置与柱连接且全长贯通的钢筋混凝土水平系梁一道，洞口应设置过梁。

4) 根据设计窗台高度减去压顶梁高度为窗台的砌筑高度；窗台以上砌体应待窗台压顶施工完毕后再继续砌筑，砌体不允许在窗台梁位置留槽口。

5) 如果窗台压顶伸入两边砌体长度满足规范要求，亦可采用预制窗台压顶梁，若有其中一边不满足则必须采用现浇压顶梁。

(4) 抹灰工程施工控制要点

1) 采用成品干混抹灰砂浆，严格按照砂浆说明书进行操作。

2) 转角处墙面应设置钢丝网，以加强牢固度。

3) 大面积施工前应先做样板，经鉴定合格，并确定施工方法后，再组织施工。

(5) 孔洞预留施工控制要点

1) 常规机电及各系统专业应加强同设备区装修专业现场沟通对接，保证施工准确无误。

2) 认真熟悉施工图纸与相关规定标准，预留孔洞要与施工图纸一一对应，不可遗漏，位置要准确，以防后期施工出现失误剔凿。

3) 在施工过程中，当预留孔洞与结构钢筋位置有冲突时，切不可私自断筋，须与土建及设计专业技术人员进行协商，办理相关手续后方可断筋，并对可能受影响的部分进行补强处理。

7.1.4.4 质量控制要点

(1) 砌筑施工质量控制要点

1) 砖砌体接槎处灰浆应密实，缝、砖平直，每处接槎部位水平灰缝厚度不小于

5mm，透亮的缺陷不超过 5 个。

2）清水墙组砌正确，竖缝通顺，刮缝深度适宜、一致，棱角整齐，墙面清洁美观。

3）砖砌体的灰缝应横平竖直、厚薄均匀、灰缝饱满。水平灰缝厚度宜为 10mm，不应小于 8mm，也不应大于 12mm。

4）砖砌体的位置及垂直度允许偏差应符合规范规定，采用 2m 靠尺和楔形塞尺检查。

（2）构造柱、圈梁设置质量控制要点

1）砌体填充墙净高≥4m 时设置混凝土圈梁；净高≥7m 时，应每 2m 设置一道圈梁。为保证圈梁连续性，可根据现场门洞高度适当调整圈梁高度，以保证圈梁贯通。

2）当墙长大于 5m（或墙长超过层高 2 倍）时，应该在墙长中部（遇到洞口在洞边）设置构造柱；较大洞口两侧、无约束墙端部应设置构造柱，构造柱设置应满足设计及规范要求。

3）构造柱模板加固，对拉螺杆最下面一道距地面 200mm，最上面一道距顶板 300mm，中间 500mm 一道，对称整齐布置螺杆点位。构造柱支模前，应用双面胶沿马牙槎整齐粘贴以避免现浇构造柱混凝土漏浆。

4）拉结钢筋应沿墙高每隔 500mm 设 2ϕ7，拉结筋沿墙通长布置，伸入墙内不宜小于 700mm，钢筋的竖向位移不应超过 100mm，且竖向移位每一构造柱不得超过 2 处。

5）设置在灰缝内的钢筋，应居中置于灰缝内，水平灰缝厚度应大于钢筋直径 4mm。

6）关于钢筋设置要求应满足：构造柱配筋为主筋 4ϕ12、箍筋 ϕ7@200（100），植筋深度不小于 170mm，10d，保护层厚度不小于 20mm。

（3）混凝土导墙、过梁及压顶设置质量控制要点

1）模板采用定型模板、定型卡具，安装牢固，支模前对导墙部位进行凿毛处理，同时完成线管预埋。

2）反坎混凝土浇筑前，须浇水湿润，浇筑过程中做好混凝土振捣工作。

3）混凝土应振捣密实，保证成型质量。

（4）抹灰工程质量控制要点

1）墙面浇水：抹灰前 24h，应用胶皮管自上而下浇水湿润。

2）墙面做灰饼、冲筋，以控制墙体整体抹灰平整度和垂直度。

3）抹灰应分底层和面层两次施工，阴阳角方正、表面平整。

4）修抹预留孔洞、电气箱、槽、盒：当底灰抹平后，应立即设专人把预留孔洞、电气箱、槽、盒周边 5cm 的砂浆刮掉，把洞、箱、槽、盒周边抹光滑、平整。

（5）孔洞预留质量控制要点

1）设备区墙体砌筑前，应组织进行系统单位墙体预留孔洞图纸会审。

2）图纸会审时，必须确定设备、器具的型号、规格，以便确定其预留孔洞的位置和尺寸。

7.2 通信工程施工质量控制

7.2.1 区间弱电电缆托架安装

7.2.1.1 工艺概述

区间弱电电缆托架安装前区间短轨应已铺通，线路中心点位置已确定，基标线完成移交且区间具备临时照明和临时电源条件。

7.2.1.2 施工工艺流程

施工准备→定位画线→钻孔、清孔安装胀管→安装电缆支架→安装接地扁钢。

7.2.1.3 施工质量控制要点

（1）施工准备

1）认真熟悉图纸，根据施工方案确定的施工方法和技术交底的具体措施做好准备工作。

2）按照施工图纸核对材料的型号、规格、质量应符合设计要求及相关产品标准的规定。

3）对于电缆支架在区间和车站内安装时的施工用电，应提前与轨行区管理单位主动取得联系，并做好临时用电的安全防护措施。

（2）定位画线

1）根据地铁通信线路设计图纸要求，盾构区间弱电电缆托架水平间隔 1.5m，非盾构区间弱电电缆托架水平间隔 1m；不同的隧道纵断面，设计图纸中要求的电缆托架安装高度不一致。

2）根据设计图纸规定的安装位置及高度要求，以线路中心线标高（或标出的轨道中心线标高）为基准标高，通过水准仪、钢卷尺、水平尺等测量工具，分别测量出纵向高度，每 10m 打点做标记，再用墨斗将打好的点弹成直线，弹线过程中需将线拉紧，以免产生垂弧，造成测量误差。

3）将支架角钢最下沿与所弹直线对齐，标记螺栓孔位，间隔 8m 重复该步骤一次。

4）将标记好的螺栓孔位用墨斗弹成三条直线，在已弹出的直线上每隔 1m（或 1.5m）标出间距线，两条线交叉的交点位置即为螺栓安装位置。

（3）钻孔、清孔、安装胀管

1）在已标明的定位点位置处进行打孔，孔径为 17mm，孔深 54mm，打孔要垂直。

2）钻孔：用厂家提供的专用钻和钻头，手持冲击电钻水平对住已画好电缆支架锚栓眼，先轻轻转动钻头，待钻头进入画好电缆支架锚栓眼内，再进行全速钻眼。打眼深度为专用钻头卡环深度，具体深度以现场实际测量为准。

3）扩孔：等钻头达到专用钻头卡环深度顺时针摇动电钻。

4）清孔：用厂家提供的清孔桶，伸进打好的孔按压数次清孔桶，进行清孔。

5）安装胀管：把锚栓垂直插入打好孔内，用专用扩孔工具套住锚栓螺栓，用榔头敲击专用扩孔工具，直至锚栓螺栓漏出红色或黑色标志线即可。用水平尺测量上下锚栓在同一水平线上。

（4）安装电缆支架

1）将电缆支架安放上去，然后依次安放平垫、弹垫与螺母。将螺母稍稍旋紧，然后将电缆支架靠上水平尺调正，使支架与隧道壁密贴，与轨道垂直，再将螺母旋紧。

2）在同一直线段上的支架应间距均匀，同层托板应在同一水平面上。

（5）安装接地扁钢

1）在电缆支架最上层，用镀锌扁钢将所有支架连通，扁钢连接要求正确、牢固、工艺美观。电缆支架以扁钢连通后，到车站后接至综合接地网。用记号笔清晰地标明定位点位置。

2）根据地铁通信线路设计图纸要求，接地扁钢在建筑伸缩缝、沉降缝处应做伸缩处理；接地扁钢搭接长度不小于扁钢宽度的 2 倍，扁钢与支架、扁钢与扁钢之间连接固定牢固，连接螺栓不少于 2 个。

7.2.2 吊挂漏泄同轴电缆

7.2.2.1 工艺概述

漏泄同轴电缆是具有信号传输作用，又具有天线功能，通过对导体开口的控制，可将受控的电磁波能量沿线路均匀地辐射出去及接收进来，实现对电磁场盲区的覆盖，以达到移动通信畅通的目的。

7.2.2.2 施工工艺流程

施工准备→隧道壁定位画线→打孔、清孔→安装漏缆卡具→吊挂漏缆。

7.2.2.3 施工质量控制

（1）实地测量隧道区段长度；调查隧道施工进展；调查区间直放站安装位置情况。径路复测完毕，及时形成施工复测记录，确定敷设漏缆配盘长度。

（2）对照设计文件和订货合同，检查漏缆的数量、型号、规格、质量符合设计和订货合同的要求及相关技术标准规定；合格证、质量检验报告等质量证明文件齐全；无压扁、护套损伤、表面严重划伤等缺陷。

（3）用墨斗弹线应平缓，无较大起伏。如出现较大起伏，需对该处重新测量。

（4）按照设计图纸根据轨面标高划出漏缆的安装高度；钻孔的直径及孔深满足卡具安装要求，孔眼要求平直，不得晃成喇叭状。

（5）隧道内卡具安装要牢固，卡具的方向性符合要求，夹具和防火夹具间距符合设计要求。

（6）隧道内漏缆固定在卡具中。注意漏缆固定的方向，定位筋应向着墙体（即安放于卡具凹槽内）用手将缆夹闭合。

（7）卡挂漏缆时漏泄槽口角度保持一致并符合设计规定的角度。

7.2.3 区间光电缆敷设

7.2.3.1 工艺概述

区间光电缆敷设前区间短轨应已铺通，线路中心点位置已确定。

7.2.3.2 施工工艺流程

施工准备→光电缆吊装→光电缆引入→光电缆预留及标示→填写记录。

7.2.3.3 施工质量控制

(1) 光电缆吊装

光电缆吊装时需注意光电缆的敷设顺序，光电缆为A端朝外，光电缆出线端朝上。光电缆支架必须在平板车上固定牢靠。

(2) 光电缆敷设

1) 地面、高架区间光电缆需敷设在区间电缆槽道上，地下区间光电缆敷设在区间侧墙支架上。

2) 进入光电缆敷设现场后，根据分工要求进行人员安排，明确指令和责任。

3) 光缆敷设时弯曲半径不得小于其外径的15倍，电缆敷设时不得小于其外径15倍。光电缆敷设不得在地上拖拉损伤外护套，光缆不得打绞、扭弯等现象。

4) 根据不同的敷设区间正确选择光电缆盘，将缆盘固定在轨道车的电缆支架上后，对支架进行水平调整。

5) 对于轨道车敷设区间光电缆，通常情况下都是从车站端头开始向区间敷设，在缆盘架设在轨道车上后，首先需要将在车站内引入机房及机房内预留和成端的余量预留够，采用人工方式将需要预留的缆线在车站端头附近选择不影响线路及其他专业施工的区域采用“8”字倒盘方法进行盘留。然后再开始利用轨道车向前进方向敷设。

6) 轨道车在指挥员的命令下以不大于5km的速度前行。如使用人工放线小车则4个人负责推车并同时转动线盘。

7) 敷设过程中，4人负责线盘随轨道曲线和坡度变化，随时调整线盘的倾斜度和水平度，防止因线盘左右平移造成与支架的摩擦或卡盘，影响线缆敷设或使电缆支架因突然受力而倾倒；光电缆敷设时不得在地上拖拉，防止损伤外皮；光电缆敷设时不得出现打背扣和打死弯等现象。

8) 车上另外安排3人负责从线盘上拉动线缆，使其沿平板车后沿路布放，防止线缆所受张力过大。

9) 车下人员随轨道车将车上布放至检修通道中心的线缆放至检修通道内。光电缆在过轨以及上下检修通道等外露地方均采用金属线槽/桥架进行防护。

10) 光电缆敷设至车站后，将通过人工的方式将其通过桥架和引入孔引至通信机房。在不具备将光电缆引入至通信机房的条件时，需要对预留光缆临时采用“8”字倒盘方法进行盘留。

11) 在敷设至缆盘上线缆剩余20～30m左右时，需注意停车将缆盘上线缆端头处的固定件拆除，防止在敷设完成时损伤线缆或者造成人员伤亡等安全事故。

12) 线缆放完后，将空电缆盘推放至轨道车上的空闲位置或附近车站夹层，待施工完成后再回收。

(3) 光电缆引入

1) 光电缆由区间敷设到车站轨行区后，从区间支架通过区间引入孔引至通号电缆间，并在通号电缆间的余留架上做预留。

2) 再次确认引入长度（或接头处预留长度）。

3) 电缆端头固定在隧道内支架侧的固定物上，防止电缆脱落进入轨道上。

4) 将电缆上支架后出现的少量累积富余长度向前逐步送展至末端。

5）将光缆通过地槽或预埋管道引入设备室的 ODF 配线架。

6）光电缆引入过程中，在电缆通道和线槽拐弯处必须固定设置施工人员，防止损伤缆线，并且在引入通过后，保证线缆通过拐角外侧大弧度固定绑扎。

（4）光电缆预留及标示

1）区间光电缆若有接头时，需在接头处两端各预留 5m（重叠长度）；在直线段地面及高架区间每公里光缆预留长度为 5m 左右；光电缆在引入间（若有）内预留 5m；在通信管道人井内预留 3～5m；在通信机房防静电地板下余留架上预留 15～20m。

2）光电缆在拐弯处需做适当预留。

3）光电缆与电缆支架均要绑扎；每 100m、转弯或电缆爬架处均需挂专用光电缆标牌。

7.2.4 光缆接续

7.2.4.1 工艺概述

光缆接续是指把光缆中间的纤芯，通过熔接机连接起来。

7.2.4.2 施工工艺流程

施工准备→尾缆安装→光缆开剥→光缆固定→束管开剥→光缆熔接→盘纤→测试→填写记录。

7.2.4.3 施工质量控制

（1）熔接的两根光纤的规格、型号应符合设计要求。

（2）光缆在中间接头预留应保证不小于 2～3m，成端接续预留应保证不小于 15m。

（3）光缆标牌内容应清晰、正确。

（4）光纤接续时应按光纤色谱、排列顺序，一一对应接续；光纤接续应用热缩加强管保护，加强管收缩应均匀、无气泡；光纤收容时的弯曲半径不应小于 40mm。

（5）余长光纤收容完毕后，检查收容盘内光纤，保证光纤不受挤压、没有静态疲劳，熔接盘内无杂物。

（6）查看光缆测试记录，确保每芯光纤损耗在规范规定内。

（7）接头盒体安装时各片橡胶挡圈必须全部入槽道内，密封严密安装牢固。

7.2.5 管道光缆敷设

7.2.5.1 工艺概述

电缆管道是用于穿放通信电缆的一种地下措施。

7.2.5.2 施工工艺流程

施工准备→清扫并试通→布放塑料子管→光缆牵引→预留余量→接头处理→封堵标识→填写记录。

7.2.5.3 施工质量控制

（1）施工准备

1）敷设光缆前，应逐段将管道清刷干净并试通。清扫时应用专制的清刷工具，清刷后应用试通棒做试通检查。

2）管道内穿塑料子管的内径应为光缆外径的 1.5 倍。

3）当在一个水泥管孔中布放两根以上的子管时，子管等效总外径应小于管孔内径的85%。

（2）布放塑料子管

1）当穿放两根以上塑料子管时，如管材为不同颜色时，端头可以不做标记；如果管材颜色相同或无颜色，则应其端头分别做好标记。

2）塑料子管的布放长度不宜超过300m，并要求塑料子管不得在管道中间有接头。另外，在塑料子管布放作业时，环境温度应在－50～＋50℃之间，以保证其质量不受影响。

3）完成布放的塑料子管应当及时与水泥管固定在一起，防止子管滑动。另外，还要将子管口临时堵塞，以防止异物进入管内。塑料子管应根据设计规定要求，在人孔或手孔中留有足够长度。

（3）光缆牵引

1）光缆一次牵引长度一般应小于1000m。超过该距离时，应采取分段牵引或在中间位置增加辅助牵引方式，以减少光缆张力并提高施工效率。

2）为了在牵引过程中保护光缆外不受损伤，在光缆穿入管孔、管道拐弯处或与其他障碍物有交叉时，应采用导引装置或喇叭口保护管等保护措施。另外，还可根据需要在光缆外部涂抹中性润滑剂等材料，以减少光缆牵引时的摩擦阻力。

（4）预留余量

1）光缆敷设后，应逐个在人孔或手孔中将光缆放置在规定的托板上，并留有适当余量，以防止光缆过于绷紧。

2）在人孔或手孔中的光缆需要接续时，其预留长度应不小于2m。

（5）接头处理

1）光缆在管道中间的管孔不得有接头。

2）当光缆在人孔中没有接头时，要求光缆弯曲放置在光缆托板上固定绑扎，不得在人孔中间直接通过，否则既影响施工和维护，又容易导致光缆损坏。

3）当光缆有接头时，应采用蛇形软管或软塑料管等材料进行保护，并放在托板上予以固定绑扎。

（6）封堵标识

1）光缆穿放的管孔出口端应封堵严密，以防止水或杂物进入管内。

2）光缆及其接续均应有识别标志，并注明编号、光缆型号和规格等。

（7）填写记录

线缆到货测试合格后，填写《单盘测试记录》《设备材料进场报审表》报监理单位验收；敷设、接续、测试完成后填写管道内线缆敷设记录及工程检验批报验表。

7.2.6 PIS系统区间AP防护箱及天线安装

7.2.6.1 工艺概述

PIS系统区间AP防护箱及天线安装前区间短轨已铺通，线路中心点位置已确定，具备临时照明和作为临时电源的条件。

7.2.6.2 施工工艺流程

施工准备→材料搬运→施工测量→定位打孔→固定支架→安装PA箱和天线→调整

箱体。

7.2.6.3 施工质量控制要点

（1）设备的型号、规格、质量、安装位置、间距、安装方式及防护等级应符合设计要求及相关产品标准的规定；接地系统的接地类型、引入方式等均应符合设计要求。

（2）底座外立面与道床垂直。设备底部平齐，整齐美观。

（3）敷设时所有从设备、终端箱引出的跳线、跳纤等线缆均应采取保护管防护，并在引出孔处用防水胶带（或热缩管）绑扎防水，并做防火封堵。设备安装完成后将裸露缆线头和设备接口（缆线插口）用防水胶带缠绕防水。

（4）区间设备安装严禁超出设备限界。

7.2.7 区间轨旁电话安装

7.2.7.1 工艺概述

区间轨旁电话是轨道交通中的专用电话系统的一部分。

7.2.7.2 施工工艺流程

施工准备→定位画线→钻孔、清孔安装胀管→安装区间轨旁电话。

7.2.7.3 施工质量控制要点

同“7.2.6.3 施工质量控制要点”。

7.2.8 架空金属线槽安装

7.2.8.1 工艺概述

金属线槽是用来放置线路的用品，可以起到保护线路，美观整齐，固定线路，防止火灾触电事故的作用。

7.2.8.2 施工工艺流程

施工准备→支吊架安装→线槽组装→线槽接地→封堵。

7.2.8.3 施工质量控制

（1）线槽到达现场后其型号、规格、质量应符合设计要求及相关产品标准的规定。

（2）线槽终端应进行封堵。

（3）槽与槽之间、槽与设备盘（箱）之间、槽与盖之间、盖与盖之间连接处，应对合严密。

（4）金属线槽应接地，因采用热浸锌金属线槽外表喷漆，故连接板的两端需接接地线，连接板两端设置不少于 2 个有防松螺母或防松垫圈的连接固定螺栓。

（5）供电电缆与信号线宜分开敷设，需在同槽敷设时应采用金属隔板分开敷设（增加出线盒）。

（6）金属线槽宜经过热镀锌处理，在线缆转弯处，槽道开口大小应与线缆线相适应，切口处应光滑，不应有卷边，内、外壁及盖板表面应光洁、无毛刺，尺寸准确。槽底与盖板均应平整，侧壁应与槽底垂直。

（7）线槽的直线长度超过 50m，宜采取热膨胀补偿措施。

（8）两列线槽拼接偏差不应大于 2mm。

（9）直接由线槽内引出电缆时，应采用合适的护圈保护电缆。

（10）线槽的安装应横平竖直，排列整齐。其上部与楼板之间应留有便于操作的空间。垂直排列的线槽拐弯时，其弯曲弧度应一致。线槽拐直角弯时，其弯头的弯曲半径不应小于槽内最粗电缆外径的10倍。

（11）支架安装应牢固，横平竖直，整齐美观；安装位置偏差不大于50mm；同一直线段上支吊架间距均匀。

7.2.9 镀锌钢管安装

7.2.9.1 工艺概述

墙面钢管的预埋，需车站的主体结构基本完成，墙面砌筑完成，但墙面未抹灰；地面钢管预埋需在地面垫层铺设前完成；吊顶内钢管安装，应在主干桥架完成后开始施工。

7.2.9.2 施工工艺流程

施工准备→选管→切丝→套丝→煨弯→管管、管盒连接→跨接地线→穿放拉线。

7.2.9.3 施工质量控制

（1）保护管到达现场应进行检查，其型号、规格、质量应符合设计要求及相关产品标准的规定。

（2）金属保护管应接地，金属保护管连接后应保证整个系统的电气连通性。

（3）预埋保护管宜采用整根材料，如必须连接时，在连接处应做防水处理。预埋保护管管口应做防护处理。

（4）保护管两端管口应密封。

（5）金属保护管宜经过镀锌处理，不应有变形及裂缝，管口应光滑、无锐边，内、外壁应光洁、无毛刺、尺寸准确。

（6）保护管增设接线盒或拉线盒的位置符合设计或相关标准，接线盒或拉线盒开口朝向应方便施工。预埋箱、盒位置应正确，并固定牢固。

（7）预埋保护管应符合下列规定：

1）伸入箱、盒内的长度不小于5mm，并固定牢固，多根管伸入时应排列整齐。

2）预埋的保护管引出表面时，管口宜伸出表面200mm；当从地下引入落地式盘（箱）时，宜高出盘（箱）底内面50mm。

3）预埋保护管，管外不应涂漆。

4）预埋金属管埋入墙或混凝土内时，离表面的净距离不应小于15mm。

（8）保护管应排列整齐、固定牢固。用管卡固定时，管卡间距应符合设计要求。

（9）选择的保护管应符合设计要求，质量合格。

（10）金属保护管的接地应满足：镀锌的钢导管不得通过熔焊的方式跨接接地线，必须用专业接地卡跨接，且两卡间连接用铜芯软线截面积不小于4mm^2；当非镀锌钢导管采用螺纹连接时，连接处的两端通过熔焊跨接接地线；当镀锌钢导管采用螺纹连接时，连接处的两端用专用接地卡固定跨接地线。

（11）预埋钢管的埋设深度应符合规范要求。

（12）金属钢管安装应牢固。

7.2.10 机柜底座安装

7.2.10.1 工艺概述

机柜底座是装在主机柜下方，其主要作用是上承机柜下接地面，避免机柜与地面直接接触，起到阻隔机柜受水受潮、保护机柜的作用。

7.2.10.2 施工工艺流程

施工准备→测量、定位→底座安装→地线连接→防锈刷漆。

7.2.10.3 施工质量控制

(1) 机柜底座的材质规格、型号应符合设计要求。

(2) 底座焊接处焊缝应平整，打磨平滑，无裂缝、夹渣、气孔等缺陷，镀锌层完好、无氧化情况。

(3) 底座安装排列整齐，固定牢固。

(4) 底座安装误差及不平行度允许偏差应满足规范要求。

7.2.11 机柜安装

7.2.11.1 工艺概述

机柜安装时设备室通风、照明、施工用电、地线及室内温度、湿度满足设备安装条件及设计要求；设备室的门、窗安装完成，消防器材配置齐全有效；机柜底座已安装完成，防静电地板还未铺设；设备室的接地系统符合设计要求。

7.2.11.2 施工工艺流程

施工准备→开箱验收→测量、定位→机柜安装→地线连接。

7.2.11.3 施工质量控制

(1) 机柜安装位置、方向严格按照施工图纸进行施工。

(2) 机柜（架）固定应牢固、并列机柜（架）应紧密靠拢。

(3) 用水平仪或水平尺检测整列机柜前端面在平行直线上偏差应小于 5mm，每个机柜水平偏差小于 2mm，用塞尺检查机柜间缝隙应小于 1mm；机柜垂直偏差应小于 1‰。

(4) 固定机柜的连接螺栓应为热镀锌螺栓或不锈钢螺栓。

(5) 整列机柜前端面在平行直线上偏差小于 5mm，每个机柜水平偏差小于 2mm，各机柜间缝隙小于 1mm。

(6) 机柜安装牢固，排列整齐，铭牌、标识清楚正确，符合设计要求。

(7) 机柜表面无明显损伤、印痕；漆饰完好。

(8) 机架及其部件接地线、电源线应安装牢固，机架应分别就近与接地排连接，不得将几个机架接地线复联后在一处接地。

(9) 防雷地线与设备保护地线安装及线径应符合施工图设计要求。

(10) 所有机柜安装完成后应采用防水防尘布进行保护。

7.2.12 地面金属线槽安装

7.2.12.1 工艺概述

通信设备室地面平整已完成，通信设备底座已安装，防静电地板还未铺设；水平基准线（建筑 1m 线）已弹好，配合土建施工；预留孔洞位置及尺寸符合设计图纸要求。

7.2.12.2 施工工艺流程

施工准备→测量定位→线槽选择→支架安装→线槽组装→线槽接地→封堵。

7.2.12.3 施工质量控制

同“7.2.8.3 施工质量控制”中（1）～（6）、（8）～（11）的要求。

7.2.13 机柜间电缆敷设

7.2.13.1 工艺概述

机柜布线是一项非常讲究的工作，不能按照个人的喜好去布线，它有自己的规则，如果装错，就不能正常的完成工作，严重的还会影响整个工程的质量。

7.2.13.2 施工工艺流程

施工准备→电线敷设→线缆整理→线缆绑扎→悬挂电缆标识牌。

7.2.13.3 施工质量控制

（1）线槽内线缆敷设应该布局均匀合理，按照“先电源线，后信号线，最后再接入室外终端连接线缆”的敷设原则。

（2）电缆敷设和接续时，电缆的弯曲半径不应小于电缆外径的 15 倍。

（3）电缆进入引入室后，上下行应标识清晰、准确。

（4）敷设线缆的规格、型号应符合设计要求。

（5）线缆的整理工艺应符合验收要求。

（6）悬挂的标识、标牌满足运营维护的要求。

7.2.14 音频配线架模块配线

7.2.14.1 工艺概述

音频配线架（VDF）模块是用于终端用户线或中继线，并能对它们进行调配连接的设备。

7.2.14.2 工艺流程

施工准备→音频配线架模块定位→音频配线架模块安装→线缆开剥整理排列→线缆卡接成端→线缆端测试→填写测试。

7.2.14.3 施工质量控制要点

（1）根据施工设计图、现场情况，确定模块安装位置。模块的位置应布置合理、与其他机房设备不冲突。

（2）在机柜立柱对应位置安装不锈钢背卡，安装音频配线架模块；注意保留音频配线架与其他设备间距，预留后期维护空间。

（3）机柜内外整理、理顺音频线缆，固定在机柜固定板绑扎，做好预留；选择合适开剥位置进行开剥外护套、钢铠和铝塑护套（户外干线电缆），铝塑护套采用屏蔽地线夹压接、钢铠采用黄绿地线（10～17mm²）焊接共同引出接地线到接地箱接地、开剥处用绝缘胶带收口后用热缩管恢复；对 VDF 线缆分组，用不同规格缠绕管缠绕分组，垂直引上并绑扎固定。

（4）在不锈钢背架引入孔按线序 10 对一组成组缠绕，分别把线缆穿入不锈钢背架引入孔，移动线缆使线缆余留弯均匀一致，使用尼龙扎带固定线缆。

（5）模块线序位置拉线引入对应分线槽位，使用科隆模块专用卡刀逐一垂直打线，把线缆卡引入科隆模块槽内。

（6）观察线缆卡接良好并理顺线缆，把科隆模块压入不锈钢背架固定板上。

7.2.15 数据配线架 2M 成端制作

7.2.15.1 工艺概述

2M 线适用于传输设备局各类数据字程控交换机、光电传输设备内部连接和配线架之间的信号传输，用于传输数据、音频、视频等通信设备。

7.2.15.2 施工工艺流程

施工准备→数据配线架定位→数据配线架安装→线缆开剥整理排列→线缆焊接成端→线缆成端测试→填写记录。

7.2.15.3 施工质量控制

（1）数据配线架规格、型号应符合设计要求。

（2）数据配线架配线电缆与电源线分开绑扎、松紧适度、排列顺直，弯曲半径不得小于线缆外径的 5 倍。

（3）数据配线架配线与连接器成端焊接后芯线绝缘层无烫伤、开裂及后缩现象，绝缘层离开端子边缘露铜 1mm 以内。

（4）数据配线架连接器和配线屏蔽网引出专用接地线分别复接接入机柜接地铜排上。

（5）数据配线架连接器和线缆标识正确，方便辨认。

（6）配线电缆和电线的芯线应无错线、断线或混线，中间不得用接头。同轴配线电缆间的绝缘电阻应不小于 1000MΩ。

7.2.16 网络配线架数据模块配线成端

7.2.16.1 工艺概述

网络配线架主要是用于对前端信息点进行管理的模块化的设备。

7.2.16.2 施工工艺流程

施工准备→网络配线架定位→网络配线架安装→线缆开剥整理排列→线缆焊接成端→线缆成端测试→填写记录。

7.2.16.3 施工质量控制

（1）网络配线电缆到货检查；电源线、信号线，到达现场应进行检查，其型号、规格、质量应符合设计要求及相关产品标准的规定。

（2）电源线、信号线不应破损、受潮、扭曲、折皱，线径正确，不应断线、错线，线间、组间绝缘应符合产品技术条件或设计要求。

（3）网络配线电缆布放规范，线槽内的电缆、电线应排列整齐，不应扭绞、交叉及溢出线槽。

7.2.17 视频线缆成端 BNC 接头制作

7.2.17.1 工艺概述

BNC 视频接头尤其是全铜加厚焊接型 BNC 接头，抗腐蚀能力强，适用于道路监控、化工环境、样板工程等各类监控工程。

7.2.17.2 工艺流程

施工准备→视频BNC固定板定位→线缆开剥整理排列→BNC连接器焊接成端→线缆成端测试→填写记录。

7.2.17.3 施工质量控制

(1) 在机柜立柱对应位置安装背卡螺母，固定视频BNC固定板，安装BNC连接器插座。

(2) 注意保留视频BNC固定板与其他设备间距，预留后期维护空间。

(3) 在机柜内外整理、理顺视频线缆，用尼龙扎带或专用接地卡固定绑扎线缆，做好预留。

(4) 对应视频线缆分组，剪去多余部分。

(5) 选择合适开剥位置进行开剥外护套、绝缘层，分别露出内、外导体，把视频线内导体铜芯插入BNC内导体中，使用压接钳压接BNC内导体，使视频线缆与BNC连接器连接牢固，使用电烙铁焊接连接部分加强连接效果，打磨清除焊锡残渣；把BNC内导体插入BNC连接器外导体铜头中，手指肚能触摸内导体铜芯端头为合适深度。

(6) 整理视频同轴线缆外导体铜丝网，使用压接钳压接BNC连接器外导体铜管，使视频线缆外导体与BNC连接器外导体连接牢固，使用美工刀去除多余铜丝杂物。

(7) BNC开剥后端用绝缘胶带收口后用热缩管恢复，做绝缘处理。

(8) 使用万用表对号、绝缘测试，确保设备侧和器件侧线缆两端连接器接触可靠，不混线、不断线，绝缘良好。

7.2.18 广播终端安装

7.2.18.1 工艺概述

广播系统能实现实时任务、定时任务、点播任务、触发任务（消防报警触发、远程无线遥控器触发、电话触发）等。

7.2.18.2 施工工艺流程

施工准备→现场检查→广播终端安装→壁挂式扬声器安装→区间广播终端安装→填写记录。

7.2.18.3 施工质量控制

(1) 格栅吊顶广播终端安装：将带有内爆胀管M8丝杆预埋在水泥顶上；M8丝杆下端与防火罩连接并用上下螺母紧固；由广播终端连接主线引出一路广播终端支线，接入防火罩内，与广播终端线相连并做好绝缘防护，注意防止线缆与广播终端外壳连接；按施工图用四个自攻钉将防火罩与广播终端进行连接并紧固；广播区内所有广播终端均应相同相位。

(2) 板式吸顶广播终端安装：在板式装修顶棚上根据广播终端大小进行开孔，开孔应小于广播终端直径2cm为宜；将吸顶广播终端、弹簧卡打开从顶棚圆孔推入，弹簧卡自动卡紧。注意吊顶材质较软不能卡紧时，可以考虑加装金属喷塑托盘，以保证广播终端安装牢固；其余同“格栅吊顶广播终端安装”。

7.2.19 壁挂式摄像机安装

7.2.19.1 工艺概述

摄像机是把光学图像信号转变为电信号，以便于存储或者传输。当我们拍摄一个物体时，此物体上反射的光被摄像机镜头收集，使其聚焦在摄像器件的受光面（例如摄像管的靶面）上，再通过摄像器件把光转变为电能，即得到了“视频信号”。光电信号很微弱，需通过预放电路进行放大，再经过各种电路进行处理和调整，最后得到的标准信号可以送到录像机等记录媒介上记录下来，或通过传播系统传播或送到监视器上显示出来。

7.2.19.2 施工工艺流程

施工准备→现场踏勘复测→材料准备→材料检查→交底→安装支架→分支线缆接续及成端→摄像机组装和粗调→摄像机安装→精调→填写记录。

7.2.19.3 施工质量控制

（1）所有进场材料都必须符合设计标准和相关产品技术规范。

（2）所有构配件的安装均需牢固可靠。

（3）所有线缆接头均需插接牢固。

（4）所有质量检验均需按《城市轨道交通通信工程质量验收规范》GB 50382—2016所规定的标准进行。

（5）所有金属加工件必须可靠焊接，喷塑防腐，不得有焊渣、气泡、虚焊、毛刺。

（6）所有金属构配件均需进行防腐喷涂，喷涂层需保存完好，不得有漆层脱落现象。

（7）线缆有屏蔽层，则屏蔽层必须可靠接地。

（8）摄像机安装高度控制在距装修完成面2300～2500mm之间，有吊顶房间在吊顶下200mm。

（9）金属软管防护不大于1500mm。

（10）支架安装需保持与墙面垂直，固定牢固。

（11）线缆成端后需粘贴明显标识，标签需采用防潮产品，采用打印或碳素笔填写，严禁使用圆珠笔填写。

7.2.20 车站无线天线安装

7.2.20.1 工艺概述

无线电发射机输出的射频信号功率，通过馈线（电缆）输送到天线，由天线以电磁波形式辐射出去。电磁波到达接收地点后，由天线接下来（仅仅接收很小一部分功率），并通过馈线送到无线电接收机。

7.2.20.2 施工工艺流程

施工准备→无线天线定位→吊杆安装→无线天线安装→接线→填写记录。

7.2.20.3 施工质量控制

（1）天线、馈线型号、规格应符合设计要求及相关产品标准的规定。

（2）站厅天线的安装高度、方向和固定方式应符合设计要求。

（3）馈线不得有接头，天线馈线连接处及馈线与室外防雷器的连接处应做防水处理。

（4）天线馈线的技术性能应满足如下规定：天线馈线驻波比在工作频段内不应大于1.5；按馈线长度和部件计算的总衰减应符合技术指标要求。

（5）站厅天线的安装位置应符合设计要求，并满足无线信号对站厅的覆盖要求。

（6）馈线引入机房前，在墙洞入口处应做滴水弯。

7.3 综合监控施工质量控制

7.3.1 IBP盘安装施工质量控制

7.3.1.1 工艺概述

IBP盘是在紧急情况下和特殊故障时造成无法通过监控系统进行监控操作时，IBP盘作为车站监控系统的后备操作手段，在紧急情况下由车站值班员操作指令按钮，实现对ACS、AFC、BAS、FAS、SIG、PSD、FG、给水排水以及自动扶梯等系统的紧急控制。

7.3.1.2 施工工艺流程

施工准备→IBP盘就位找正→盘柜固定→盘柜接地→测试按钮→记录。

7.3.1.3 施工质量控制要点

(1) IBP盘就位找正：按设计图纸将IBP盘放于基础型钢上找准垂直度，成排IBP盘各台就位后，先找正两端的IBP盘，以IBP盘距地板高度2/3高位置拉线，逐台用垫片找平找正，柜体（盘）如不标准以柜面为准。IBP盘找正时采用0.5mm铁片进行调整，每处垫片不能超过3片。

(2) IBP盘固定：就位、找平、找正后，柜体与基础型钢固定，柜体与柜体、柜体与侧挡板均用配套螺栓连接。

(3) IBP盘接地：每台IBP盘单独与接地干线连接。每台柜体从下部的基础型钢侧面上焊上M10螺栓，用截面不小于$4mm^2$铜线与柜上的接地端子连接牢固；设置自测试按钮，测试按钮及指示灯是否工作正常而不影响操作。

7.3.2 点型探测器安装

7.3.2.1 工艺概述

点型探测器是指响应的火灾产生的物理或化学现象的火灾探测器件，其类型主要有感烟型、感光型、感温型、复合型等，在建筑对象中使用的火灾探测器，绝大多数是点型火灾探测器。

7.3.2.2 施工工序流程

施工准备→固定支架→配线连接→红外探测器安装→防尘罩安装。

7.3.2.3 施工质量控制要点

(1) 接线前由专业的接线人员进行校线并做出相应的记录。

(2) 线缆接续完毕后，由技术人员进行抽查线缆接续的正确性。

(3) 探测器在即将调试时方可安装，在装前应妥善保管，并应采取防尘、防潮、防腐蚀措施。

(4) 探测器的类别、型号、位置、数量、功能等应符合设计和规范要求。

(5) 探测器安装牢固，确认灯朝向正确，且配件齐全，无变形和破损等现象。

(6) 探测器的“十”线应为红色，“一”线应为蓝色，其余应根据不同用途采用其他颜色区别。但同一工程中相同用途的导线颜色应一致。

(7) 点型火灾探测器的安装位置，应符合相关规范要求。

(8) 探测器周围 0.5m 内，不应有遮挡物。

(9) 探测器至空调送风口边的水平距离，不应小于 1.5m；与送风顶棚孔口的水平距离，不应小于 0.5m。

(10) 在宽度小于 3m 内，走道顶棚上设置探测器时宜居中布置。感温探测器的安装距离，不应超过 10m；感烟探测器的安装间距，不应超过 15m。探测器距端墙的距离，不应大于探测器安装间距的一半。

(11) 探测器宜水平安装，当必须倾斜安装时，倾斜角不应大于 45°。

(12) 探测器的底座应固定牢靠，其单线连接必须可靠压接或焊接。当采用焊接时，不得使用带腐蚀性的助焊剂。

(13) 探测器底座的外接导线，应留有不小于 150mm 的余量，入端处应有明显标志。

(14) 探测器底座的穿孔宜封堵，安装完毕后的探测器底座应采用保护措施。

(15) 探测器的确认灯应面向便于人员观察的主要入口方向。

7.3.3 手动报警按钮及声光警报器安装

7.3.3.1 工艺概述

手动报警按钮是火灾报警系统中的一个设备类型，当人员发现火灾时，在火灾探测器没有探测到火灾的时候，人员手动按下手动报警按钮，报告火灾信号。

声光报警器又叫声光警号，是为了满足客户对报警响度和安装位置的特殊要求而设置。同时发出声、光两种警报信号。

7.3.3.2 工艺流程

施工准备→电磁锁点位→线管剔槽→线管预埋安装→线管清理→线缆敷设→电磁锁及衔铁安装→填写记录。

7.3.3.3 施工质量控制要点

(1) 电磁锁及衔铁安装位置正确，部件齐全，固定可靠。

(2) 电磁锁接线整齐，回路编号齐全、正确。

(3) 与设备连接时，端部绞紧，且有不开口的终端端子或搪锡，不松散、断股。

(4) 设备不可采用可燃材料制作。

(5) 电磁锁水平和垂直偏差不应大于 2mm。

(6) 电磁锁和衔铁位置偏差小于 2mm。

7.3.4 消火栓按钮安装

7.3.4.1 工艺概述

消火栓按钮主要功能是向消防主机报告报警位置和联动启动消火栓泵的功能。

7.3.4.2 工艺流程

施工准备→固定底座→配线连接→消火栓按钮安装。

7.3.4.3 施工质量控制要点

(1) 接线前由专业的接线人员进行校线并做出相应的记录。

(2) 线缆接续完毕后，由技术人员进行抽查线缆接续的正确性。

(3) 消火栓按钮应安装在靠近开门侧且在消火栓箱的上端。

（4）消火栓按钮的操作面板应符合要求。

（5）在前面板垂直中心线的正中间。

（6）可以设计成允许与前面板水平中心线有垂直偏差。

（7）消火栓按钮的操作面板应与前面板在同一水平面或嵌入前面板里，但不能凸出前面板外。消火栓按钮按制造商规定的安装方式安装后，前面板应与安装面平行，且凸出安装面至少 15mm。

（8）进消火栓箱的线缆应加软管保护，且软管长度不应大于 1.2m。

（9）消火栓按钮如箱外安装，它的安装高度应与手动报警按钮安装高度一致。

7.3.5 火灾报警控制器安装

7.3.5.1 工艺概述

火灾报警控制器是火灾自动报警系统的心脏，可向探测器供电。主要作用：一是用来接收火灾信号并启动火灾报警装置。该设备也可用来指示着火部位和记录有关信息；二是能通过火警发送装置启动火灾报警信号或通过自动消防灭火控制装置启动自动灭火设备和消防联动控制设备；三是保证监视系统的正确运行和对特定故障给出声、光报警。

7.3.5.2 施工工艺流程

施工准备→开箱检查→控制器箱体安装→模块安装配线。

7.3.5.3 施工质量控制要点

（1）火灾报警控制器安装应严格按照设计图纸进行。

（2）火灾报警控制器为落地安装，应采用 M14、M12 镀锌螺栓固定于型钢或混凝土基础，基础应高出地面 0.1～0.2m。

（3）火灾报警控制器应在室内垂直安装，屏立面倾斜度不大于 5°。

（4）引入火灾报警控制器的电缆或导线，配线应整齐，避免交叉，并应固定牢靠；电缆芯线和所配导线的端部，均应标明编号，并与图纸一致，字迹清晰不易退色；端子板的每个接线端，接线不得超过 2 根；电缆芯和导线，应留有不小于 20cm 的余量；导线应绑扎成束；导线引入穿线后，在进线管处应封堵。

（5）火灾报警控制器的主电源引入线应直接与消防电源连接，严禁使用电源插头。主电源应有明显标志。

（6）火灾自动报警系统采用弱电系统联合接地方式，接地电阻 1Ω，报警设备的金属外壳和金属支架采取保护接地。接地线与电气保护接地干线相连接。

（7）控制器在墙上安装时，其底边距地（楼）面高度宜为 1.3～1.5m，其靠近门轴的侧面距墙不应小于 0.5m，正面操作距离不应小于 1.2m；落地安装时，其底边宜高出地（楼）面 0.1～0.2m。

（8）控制器的主电源应有明显的永久性标志，并应直接与消防电源连接，严禁使用电源插头。控制器与其外接备用电源之间应直接连接。

7.3.6 缆式线型感温火灾探测器安装

7.3.6.1 工艺概述

缆式线型感温火灾探测器即感温电缆，感温电缆一般由微机处理器、终端盒和感温电缆组成，根据不同的报警温度感温电缆可以分为78℃、85℃、105℃、138℃、180℃（可以根据不同的颜色来区分）等。

7.3.6.2 施工工艺流程

施工准备→支架定位→电缆电线沟敷设→线缆连接及线缆接头处理→填写记录。

7.3.6.3 施工质量控制要点

（1）首先核对电缆，明确敷设路径和位置，由技术人员在设备上粘贴设备名称的标签，以防敷设错误，相关负责人员一定要对照设备和图纸，以免线缆不够长或线缆太长而浪费线缆。

（2）线缆头要从线缆轴上端引出，不能使线缆在支架及地面上摩擦拖拉。

（3）保护对象为1kV及以下的配电线路，缆式线型感温探测器应采用接触式布置。

（4）为现场测试，每回路缆式线型感温末端预留3m。

（5）如感温电缆应用于电缆竖井等重要的强电电缆保护场所，建议感温电缆采用双层敷设的方式，对动力电缆进行重点保护。

（6）避免将感温电缆上压敷重物。

（7）缆式线型感温火灾探测器在电缆桥架、变压器等设备上安装时，宜采用接触式布置；在各种皮带输送装置上敷设时，宜敷设在装置的过热点附近。

（8）每根探测器敷设长度应不低于10m不大于200m，并按正弦波接触式敷设，宽度大于700mm的桥架内应敷设2根，低压电缆沟内感温电缆应分层敷设。探测信号应纳入火灾自动报警系统。

（9）感温电缆最小弯曲半径为10cm，不得硬性折弯或扭曲。感温电缆的最小固定直线距离为1m，弯曲部分应增加固定点。

（10）感温电缆布线时必须是无抽头、无分支的连续布线。

7.3.7 线型红外光束感烟火灾探测器安装

7.3.7.1 工艺概述

线型红外光束感烟探测器，利用红外线组成探测源，利用烟雾的扩散性可以探测红外线周围固定范围之内的火灾，线型红外光束感烟探测器通常是由分开安装的、经调准的红外发光器和收光器配对组成的。

7.3.7.2 施工工艺流程

施工准备→固定支架→配线连接→红外探测器安装→填写记录。

7.3.7.3 施工质量控制要点

（1）发射器和接收器之间的光路上应无遮挡物或干扰源。

（2）发射器和接收器应安装牢固，并不应产生位移。

（3）当探测区域的高度不大于20m时，光束轴线至顶棚的垂直距离宜为0.3～1.0m；当探测区域的高度大于20m时，光束轴线距探测区域的地（楼）面高度不宜超过20m。

（4）发射器和接收器之间的探测区域长度不宜超过100m。

（5）相邻两组探测器的水平距离不应大于14m。探测器至侧墙水平距离不应大于7m，且不应小于0.5m。

7.3.8 电气火灾监控探测器安装

7.3.8.1 工艺概述

电气火灾监控探测器是指探测被保护线路中的剩余电流、温度等电气火灾危险参数变化的探测器，适用在线路复杂、电气火灾发生概率较大的工厂、大型库房、办公室、商业建筑、宾馆、住宅及娱乐场所等场所。

7.3.8.2 施工工艺流程

施工准备→固定底座→配线连接→监控器安装→填写记录。

7.3.8.3 施工质量控制要点

（1）在配电柜处设置探测器时，并且要保证N线出线后不能重复接地。

（2）剩余电流式电气火灾监控探测器是用于380V/220V馈线回路剩余电流的探测，是将某一馈线回路各相（A相、B相、C相）和中性线N同时穿过同一剩余电流探测器来进行工作的。剩余电流式电气火灾监控探测器安装时，三相相线及中性线必须一起穿过探测器，PE线禁止穿过探测器。

（3）安装剩余电流式电气火灾监控探测器后，应满足原有电气设备的绝缘标准。

（4）电气火灾监控探测器外接导线的端部，应有明显的永久性标志。

（5）电气火灾监控探测器箱体内不同电压等级、不同电流类别的端子应分开布置，并应有明显的永久性标志。

（6）电气火灾监控探测器应安装牢固，不应倾斜；安装在轻质墙上时，应采取加固措施。

7.3.9 传感器安装

7.3.9.1 工艺概述

传感器的特点包括微型化、数字化、智能化、多功能化、系统化、网络化。它是实现自动检测和自动控制的首要环节。

7.3.9.2 施工工艺流程

施工准备→传感器安装定位→拆除保温材料，风管开孔→传感器安装→填写记录。

7.3.9.3 施工质量控制要点

（1）传感器的类型和采样方式必须符合设计文件和规范的要求，产品资料齐全。

（2）温湿度传感器位置应远离出入口冷热源和风管开口处，风管的温湿度传感器应安装于所检测位置的敏感点。

（3）进线软管应垂直向下安装，以防冷凝水顺着线管滴入设备内。

（4）合理均匀布置传感器在室内或站厅站台的安装位置，两个传感器的距离要求大于10m。

（5）传感器的安装位置应端正。并列安装的传感器，距地高度应一致，高度差不应大于1mm，同一区域内高度差不应大于5mm。

（6）在站厅和站台内的传感器，应安装在两块顶棚板之间的空隙，高度与顶棚板平齐，保证整体的美观。

（7）传感器安装后必须牢固固定，导线接线完好且传感器接地可靠。

(8) 要求安装在回风口附近，不能距离出入口和送风口太近，不能选择空气流通不畅的位置（即死角)。为减少灰尘附着或湿气侵蚀，并提高读数的准确性，经过传感器的风速不应超过 5m/s。

(9) 装于公共区吊顶处传感器的导线需由钢管引下，并用角钢支架固定。传感器安装金属软管和连接头，软管长度不得超过 1m。

7.3.10 模块箱安装

7.3.10.1 工艺概述

模块是 BAS 联动控制系统的重要组成部分，是 BAS 系统中不可或缺的一部分。

7.3.10.2 施工工艺流程

施工准备→安装位置定位→钻孔机锚栓安装→模块箱安装→插装模块→填写记录。

7.3.10.3 施工质量控制要点

(1) 模块箱的安装位置应考虑与模块箱连接的线槽敷设路径。

(2) 模块箱安装完成后应保证箱门打开角度不小于 90°。

(3) 模块箱内配线应成束绑扎，不同电压等级的线缆应分别绑扎。

(4) 模块箱门与箱体间应有不小于 2.5mm^2 跨接地线连接。

(5) 箱体位置正确，部件齐全，固定可靠；箱体开孔合适，一管一孔，保护管入箱内长度应小于 5mm；箱体内外清洁，箱门开闭灵活，箱内接线整齐，回路编号齐全、正确。

(6) 配电箱内线路线间和线对地间绝缘电阻值：馈电线路必须大于 0.5MΩ，二次回路必须大于 1MΩ。

(7) 模块箱安装垂直度偏差为 1.5‰，水平度在同一区域箱底高度偏差不大于 5mm。

(8) 箱内配线整齐，无绞接现象，同一端子上导线连接不多于 2 根。

7.3.11 读卡器、出门按钮及紧急开门按钮安装

7.3.11.1 工艺概述

装置多用于弱电系统中，特别用于安防系统居多。一般为常开状态，特殊场合也有常闭状态的按钮，原理是在按下的一瞬间给出一个两芯干结点信号，同时在弹簧的作用下返回常态位置。

7.3.11.2 施工工艺流程

施工准备→读卡器定位→接线盒及线管剔槽→接线盒及管线预埋安装→预埋线盒、线管清理→线缆敷设→地面装修完成→读卡器及开门按钮安装固定→填写记录。

7.3.11.3 施工质量控制要点

(1) 对于单开门，所有读卡器、出门按钮及紧急开门按钮原则上安装在非门轴方向的墙面上；对于双开门，所有读卡器、出门按钮及紧急开门按钮原则上安装在小门门轴方向的墙面上。

(2) 管线严格按强弱电分开敷设。读卡器线、电锁线、出门按钮线均需单独敷设。

(3) 注意线管和底盒敷设完成后，需要将管口用胶布封口，做好保护工作，防止其他单位在施工时误堵管口。

(4) 读卡器到控制器的线缆，建议用 8 芯屏蔽多股双绞网线数据线 Data1、Data0 互

为双绞（电源正负各用一组，备用一组），最长不可以超过 50m。屏蔽线接控制器的 GND。

（5）读卡器一般安装在房间外墙壁上，一般距地垂直高度 1.3m，与门框边缘水平距离宜为 150mm。如有具体要求可以根据实际需要变动位置。

（6）读卡器、开门按钮安装位置需与其他单位协调不可单独自定。

（7）开门按钮和紧急玻破开关一般安装在房间内墙壁上，一般距地垂直高度 1.4m，与门框边缘水平距离宜为 300mm。注意统一读卡器的安装高度、注意门框包边的宽度。如有具体要求可以根据实际需要变动位置。

（8）读卡器、开门按钮和紧急开门按钮安装应牢固端正，读卡器、开门按钮和紧急开门按钮的垂直度偏差不应大于 1mm，水平偏差不应大于 1mm。安装完成后注意成品保护。

（9）读卡器、开门按钮和紧急开门按钮安装盒表面应与装修完成墙面保持一致，安装盒的表面不能凸出装修完成墙面。

（10）线缆与设备连接时，端部绞紧，且有不开口的终端端子或搪锡，不松散、断股。

（11）识读装置、开门按钮和紧急开门按钮必须是通过国家质量认证的产品，且有认证证书、年度检验报告及出厂合格证，其型号规格应符合设计要求。

（12）识读装置应安装牢固不应倾斜。读卡器安装高度应与走廊照明开关底边平齐（通常底边距地面 1.3m）。通常情况下，单门的读卡器安装于门扇开启的一侧，双门的读卡器安装于活动门扇（另一门扇通常上销锁定）一侧。

（13）出门按钮和紧急开门按钮通常相邻安装，安装高度应与室内照明开关底边平齐（通常底边距地面 1.3m）。通常情况下，单门的出门按钮和紧急开门按钮安装于门扇开启的一侧，双门的出门按钮和紧急开门按钮安装于活动门扇（另一门扇通常上销锁定）一侧。按钮应操作灵活，复位可靠。

（14）识读装置的外接导线，应留有不小于 120mm 的余量，且在其端部应有明显标志。

7.3.12 就地控制箱安装

7.3.12.1 工艺概述

就地控制是利用具备独立的计算机处理与控制功能的就地控制装置的控制器，实现对设备启/停操作控制。

7.3.12.2 施工工艺流程

施工准备→控制箱安装定位→控制箱及线管剔槽→线管预埋安装→线缆敷设→控制箱安装钻孔锚栓安装→控制箱安装→填写记录。

7.3.12.3 施工质量控制要点

（1）控制箱体内外清洁，箱盖、门开闭灵活，箱内接线整齐，回路编号齐全、正确。

（2）控制箱体内配线应成束绑扎，不同电压等级的线缆应分别绑扎。

（3）箱内配线整齐，无绞接现象，同一端子上导线连接不多于两根。

（4）控制箱安装牢固端正，控制箱的垂直度偏差不应大于 2mm。

（5）控制箱安装应避开房间内其他系统的管线，控制箱安装完成后应保证箱门打开角度不小于 90°。

（6）进入就地控制器箱的线缆保护管入箱时，箱外侧应套锁母，内侧应装护口。

（7）固定就地控制器箱的螺栓拧紧以后螺栓应超出螺母 2～3 个丝扣。

（8）控制器箱体门与箱体之间应有不小于 2.5mm^2 跨接地线连接。

（9）控制箱必须是通过国家质量认证的产品，且有认证证书、年度检验报告及出厂合格证，其规格、型号、容量、数量应符合设计要求认证证书及检验报告。

（10）门禁网络控制器/就地控制器接地应牢固可靠，并有明显标志。

（11）导线编号：电缆芯线和所配导线的端部，均应表明编号，并与图纸一致，字迹清晰不易退色。

（12）导线绑扎：柜内导线应绑扎成束。电缆芯和导线应留有不小于 200mm 的余量。

（13）进线管封堵：导线引入线管后，在进线管处应封堵。

7.3.13 电插锁安装

7.3.13.1 工艺概述

电插锁是一种电子控制锁具，通过电流的通断驱动“锁舌”的伸出或缩回以达到锁门或开门的功能。当然，关门开门功能的实现需要与“磁片”配合才能实现。

7.3.13.2 施工工艺流程

施工准备→电插锁定位→线管剔槽→线管预埋安装→线管清理→门框及门扇开孔→线缆敷设→电插锁安装→填写记录。

7.3.13.3 施工质量控制要点

（1）安装电插锁前，应核对锁具的规格、型号是否与其安装的位置标高、门的各类和开关方向相匹配。

（2）防火逃生门或楼梯口门绝对不允许配电插锁。

（3）电磁锁、电控锁、门磁等设备安装时应在门框、门扇对应位置开孔。

（4）按设计及产品说明书的接线要求，将盒内甩出的导线与读卡器等设备的接线端子进行压接。

（5）安装门夹需在螺栓与门中间放置金属垫片，以防止压强过大破坏玻璃。安装锁孔磁片可使用螺母等材料做支撑后用自攻螺栓固定。

（6）电插锁和锁扣安装牢固端正，电插锁和锁扣的垂直度偏差不应大于 2mm。

（7）电插锁和锁扣固定位置的偏差不应大于 2mm。

（8）锁舌与锁扣位置要对准，安装要妥当、牢固。

（9）电插锁接线整齐，回路编号齐全、正确。

7.3.14 电磁锁和衔铁安装

7.3.14.1 工艺概述

电磁锁（或称磁力锁）的设计和电磁铁一样，是利用电生磁的原理，当电流通过硅钢片时，电磁锁会产生强大的吸力紧紧地吸住吸附铁板达到锁门的效果。只要小小的电流电磁锁就会产生莫大的磁力，控制电磁锁电源的门禁系统识别人员正确后即断电，电磁锁失去吸力即可开门。

被固定的电磁铁吸引，而运动后和电磁铁构成闭合磁路，这个运动的铁磁体被称为“衔铁”。

7.3.14.2　施工工艺流程

施工准备→电磁锁定位→线管剔槽→线管预埋安装→线管清理→线缆敷设→电磁锁及衔铁安装→填写记录。

7.3.14.3　施工质量控制要点

（1）电磁锁及衔铁安装位置正确，部件齐全，固定可靠。

（2）电磁锁接线整齐，回路编号齐全、正确。

（3）与设备连接时，端部绞紧，且有不开口的终端端子或搪锡，不松散、断股。

（4）设备不可采用可燃材料制作。

（5）电磁锁水平和垂直偏差不应大于 2mm。

（6）电磁锁和衔铁位置偏差小于 2mm。

7.4　供配电工程施工质量控制

现行的轨道交通供电系统一般采用集中供电、110kV/35kV 两级供电方式，供电系统包括牵引变电所系统、降压变电所系统、电力监控系统和杂散电流防护系统 4 个子系统。

牵引变电所系统是将来自主变电所或相邻 35kV 变电所的 35kV 交流电源，通过整流变压器降压和整流器整流构成等效 24 脉波直流，经过直流快速开关设备向接触网供电，不间断地供给电动列车优质电能。在接受 35kV 交流电源的同时，通过中压环网向相邻 35kV 变电所供电。

降压变电所是将来自于主变电所或相邻 35kV 变电所的 35kV 交流电源，通过 35kV/400kV 变压器降压，变成车站、区间动力照明等设备使用的低压 380kV/220kV 电源，再通过低压配电系统不间断地供给动力照明等设备使用。在接受 35kV 交流电源同时，通过中压环网向相邻 35kV 变电所供电。

电力监控系统主要对主变电所、牵引降压混合所和降压变电所实施实时监控，完成变电所事故分析处理和维护维修调度管理。控制中心调度主站系统通过通信系统提供的以太网通信通道与变电所主控单元进行信息交换；变电所综合自动化系统通过所内光纤以太通信网与所内 IED 装置通信，通过以太网通信通道与调度主站进行通信，变电所综合自动化系统由控制信号盘、所内通信网及 IED 装置组成。

杂散电流防护系统是收集走行轨不能完全绝缘于道床结构而产生的杂散电流，以减少杂散电流对隧道结构或高架桥结构中结构钢筋及金属管线遭到的腐蚀。杂散电流自动检测系统的基本功能有测量功能、通信功能、计算功能、显示功能、自控功能、信息报警功能等。

7.4.1　设备基础预埋件安装施工

7.4.1.1　工艺概述

根据设计图纸及现场情况进行预埋件安装。

7.4.1.2 施工工艺流程（图7.7）

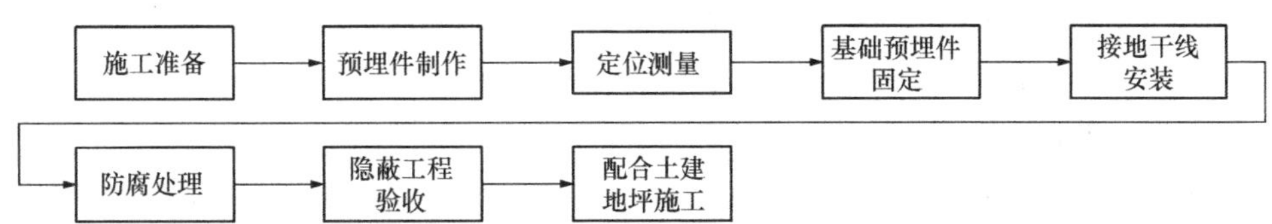

图7.7 设备基础预埋件安装施工工艺流程

7.4.1.3 施工控制要点

（1）施工准备

1）按照装配图清点核对零配件数量。

2）根据设计图纸及现场情况确定预埋件安装方式。

3）清理场地，设置照明、通风及临边防护等设施。

4）与土建单位就标高基准线进行复测，变电所房间进行交接，内部无影响设备基础预埋件安装的杂物垃圾。

（2）预埋件制作

1）根据设计图纸中预埋件的组成部件下料。

2）根据设计图纸，预埋件组件焊接，尺寸复核。

3）预埋件组件防腐处理。

（3）定位测量

1）依据各变电所平面布置图、预埋件布置图和现场预留孔洞情况在结构地板上放样出基础槽钢安装基准线。

2）根据安装基准线，正确摆放好槽钢，用钢卷尺测量基础槽钢是否符合设计图纸中的距离要求。

（4）基础预埋件固定

1）依据弹出的基础槽钢安装基准线，正确摆放好槽钢，用钢卷尺测量基础槽钢是否符合设计图纸中的距离要求。

2）在设备房的每组预埋件顶面选取不少于3个点，测量其标高并记录测量值，原则上将已测量出的最高点作为基点调整预埋件置于最终地坪面标高线，当变电所地坪面高于站厅层时，以变电所地面最高点为基准安装基础预埋件。

3）预埋件调正并核对无误后，用点焊固定，点焊时应保持槽钢水平、平直，点焊时应时刻观察水平尺中的气泡是否在中心、水准仪数据是否偏移，若气泡移位应立即停止点焊，进行调整后继续开始点焊。

4）全面复测各基础预埋件标高，数据无误后再将所有固定点逐点全断面焊接。

（5）接地干线安装

1）设备本体接地

35kV开关柜、400V开关柜、配电变压器、整流变压器、交直流屏设备的本体的接地支线扁钢沿结构层水平敷设至预留孔洞后折弯引下300mm，并在扁钢端头打ϕ10的圆孔。

2）基础槽钢接地

在每组设备基础槽钢的两端焊接接地支线镀锌扁钢后煨弯，引至接地干线。

(6) 防腐处理

1) 基础槽钢全部焊接后，敲掉焊缝和焊渣并打磨，清除锈蚀。

2) 基础槽钢先刷一遍防锈漆后刷两遍富锌漆。

(7) 隐蔽工程验收

预埋件制作完毕，防腐处理后，自检合格，在土建地面装修层施工前通知监理单位进行隐蔽工程验收。

(8) 配合土建地坪施工

在土建装修层施工时应派专人配合其施工以保证基础槽钢的水平度和平行度。

7.4.2 质量控制要点

(1) 预埋件制作中应保证预埋件槽钢的平直度全长误差不大于3mm (35kV开关柜基础要求全长误差不大于2mm)，且焊接必须牢固，并满足焊接工艺要求。

(2) 预埋件的安装标高应以装修专业人员提供的标高作为基准标高，当变电所所有房间地面高度不一致时，以房间地面最高点作为安装基准标高。

(3) 预埋件的安装位置在保证设备距墙尺寸满足设计要求的同时，还必须保证电缆能按要求进出开关柜。

(4) 每套预埋件应至少焊接两处接地支线与变电所接地干线连接。

(5) 预埋件焊接时应三面满焊，不得有虚焊、假焊现象。

(6) 预埋件安装允许偏差应满足表7.7的要求。

基础预埋安装允许偏差表 **表7.7**

项目	允许偏差	
	mm(m)	mm(全长)
不直度	<1	<5
水平度	<1	<5
位置误差及不平行度	—	<5

(7) 基础型钢安装后，其顶部标高在产品技术文件没有要求时，宜高出抹平地面10mm；手车式成套柜应按产品技术要求执行。

(8) 基础预埋件周围的土建装修层施工前，在基础预埋件螺栓安装位置预留螺栓安装操作空间。

7.4.3 接地干线安装施工

7.4.3.1 工艺概述

对接地干线进行安装施工。

7.4.3.2 施工工艺流程 (图7.8)

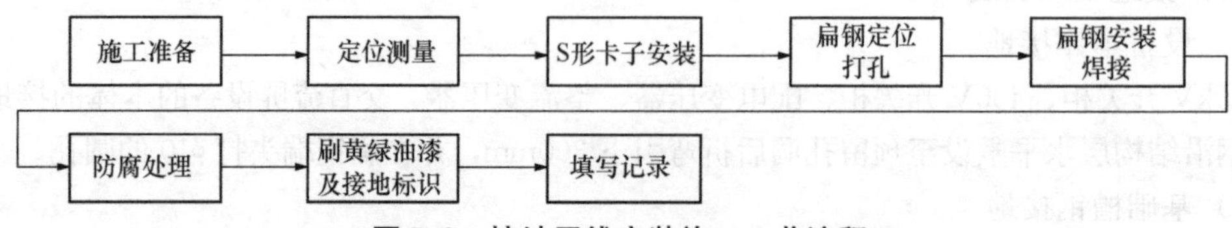

图7.8 接地干线安装施工工艺流程

7.4.3.3 施工控制要点

(1) 施工准备

1) 按照图纸清点施工材料数量。

2) 检查变电所各房间墙体能否满足接地干线安装固定要求。

3) 清理场地，设置照明、通风及临边防护等设施。

4) 准备施工所用的工机具、材料。

(2) 定位测量

根据设计施工图纸上接地干线的位置和走向，用墨斗弹出干线的敷设路径，在此路径上用记号笔标出“+”标识的S形卡子的安装位置，当接地干线安装位置与其他专业插座安装位置有冲突时，可根据现场情况对安装高度进行适当调整。

(3) S形卡子安装

在S形卡子安装位置标记打孔，注意钻出的孔洞必须与墙壁垂直，孔的深度应略大于膨胀螺栓套管的长度，之后将膨胀螺栓固定在孔内。

把已经固定在孔内的膨胀螺栓套上S形卡子，再用扳手将螺栓拧紧，S形卡子必须与地面保持垂直。

(4) 扁钢定位打孔

根据S形卡子的安装位置在扁钢上用台钻打安装孔，孔径应匹配S形卡子规格。

(5) 扁钢安装、焊接

1) 两段接地干线之间采用搭接焊的方式进行连接，其搭接长度不小于扁钢宽度的2倍，且至少有三边进行满焊。焊接必须牢固无虚焊，S形卡子与扁钢连接采用镀锌螺栓连接。

2) 接地干线穿墙时，应加PVC阻燃套管保护，PVC管需伸出墙体10mm，其套管管口两端须用防火堵料堵死；从基础槽钢引出的接地支线、过门处的接地干线在与水平接地干线连接时与直线段焊接一样，焊接煨弯后，埋入装修层。

3) 设备层及电缆夹层预留的自然接地体接地钢板上分别焊接两根支线与自然接地体柱内强电引出钢板焊接。

4) 过门处进行煨弯过渡，扁钢搭接长度不小于宽度的2倍。

5) 所有连接螺栓、膨胀螺栓安装时需对螺栓进行紧固，不得有歪曲、松动等现象。

(6) 防腐处理

1) 接地线焊接工作全部完成后，敲掉焊缝焊渣，用钢丝刷刷掉锈蚀。

2) 所有焊接部分均先刷一层防锈漆后刷两层富锌漆。

(7) 刷黄绿油漆及接地标识

待变电所装修完成后，清洗接地干线，并涂以15～100mm宽度相等的绿色和黄色相间的条纹标识。

7.4.3.4 质量控制要点

(1) 接地体（线）的焊接应采用搭接焊，其搭接长度必须符合下列规定：

1) 扁钢为其宽度的三倍（且至少三个棱边焊接）。

2) 圆钢为其直径的6倍。

3) 圆钢与扁钢连接时，其长度为圆钢直径的6倍。

4）扁钢与钢管、扁钢与角钢焊接时，为了连接可靠，除应在其接触部位两侧进行焊接外，并应焊以由钢带弯成的弧形（或直角形）卡子或直接由钢带本身弯成弧形（或直角形）与钢管（或角钢）焊接。

（2）接地体（线）的制作，应满足如下要求：

1）接地线应便于检查，其位置不得妨碍设备装卸及维修。

2）接地扁钢通过支撑件（S形卡子）固定在变电所墙壁上，支撑件的距离：水平直线段宜为0.5～1.5m；垂直段宜为1.5～3m；弯曲段宜为0.3～0.5m；接地干线与建筑物墙壁间的缝隙10～15mm。

3）接地线应水平或垂直敷设。

4）接地扁钢过门时暗敷在装修层下，过墙时穿管敷设。

5）在接地线跨越建筑物伸缩缝、沉降缝处时，应设置补偿器。补偿器可用接地线本身完成弧状代替。

6）导体的全长度或区间段及每个连接部位附件的表面，应涂以15～100mm宽度相等的绿色和黄色相间的条纹标识。

7）在接地线引向建筑物的入口处和在检修用临时接地点处，均应刷白色底漆并标以黑色标识。

8）根据设计图纸测量、复核综合接地网电阻，或从接地网施工单位确认其电阻值，一般自然接地网电阻值≤0.5Ω。检查、验收接地引出线。

7.4.4 桥支架安装施工

7.4.4.1 工艺概述

根据设计施工图纸，确定支架间纵向间隔距离，据定位尼龙线调整支架横向位置；调整无误后，用记号笔在地面电缆支架安装孔处做好标记。移除电缆支架，在标记点地面打孔，根据电缆支架安装固定方式，固定电缆支架。

7.4.4.2 施工工艺流程（图7.9）

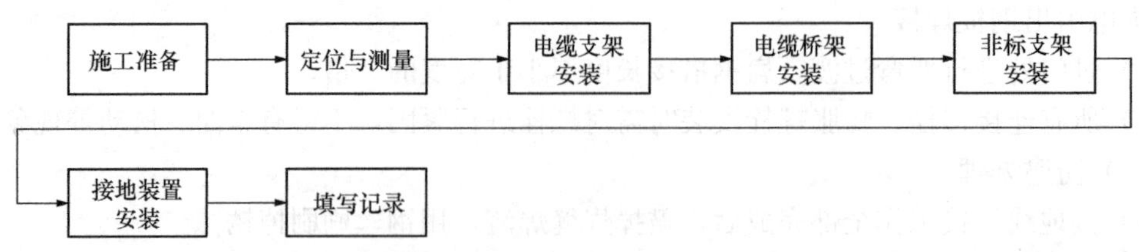

图7.9 桥支架安装施工工艺流程

7.4.4.3 施工控制要点

（1）施工准备

1）参考施工图纸，将线缆支架、桥架运至变电所电缆夹层，数量满足施工安装要求。

2）准备好施工所用的工机具、安装用的材料。

（2）定位与测量

1）根据施工图纸进行现场测量与定位，确定支架的安装位置。

2）根据测量结果，首先安装端部的支架，调整无误后，在首末两端支架间拉2条定位的尼龙细线。根据定位线位置，在中间摆放其他支架。

（3）电缆支架安装

根据设计施工图纸，确定支架间纵向间隔距离，据定位尼龙线调整支架横向位置；调整无误后，用记号笔在地面电缆支架安装孔处做好标记。移除电缆支架，在标记点地面打孔，根据电缆支架安装固定方式，固定电缆支架。

（4）电缆桥架安装

根据设计施工图纸，安装连接、固定电缆桥架。

（5）非标支架安装

1）电缆夹层过高的变电所（立柱顶面距设备层地板 800mm 以上）需安装非标支架；非标支架根据现场情况在对应的梁打孔安装，打孔时尽量做到孔洞垂直该梁，并力求做到一次打孔成功，孔深应略长于膨胀螺栓的膨胀管。

2）非标支架采用角钢制作，角钢正面（非棱边）朝向电缆侧，方便绑扎，不伤电缆。

3）非标支架安装位置应根据电缆的实际引入而定，采用膨胀螺栓固定，非标支架的安装还应考虑是否影响变电所网栅的安装。

4）非标支架加工后切口应无卷边、毛刺、支架焊接应牢固，焊缝应满含并做防腐处理。

5）非标支架的安装应横平竖直，支架位置应能保证电缆垂直进入设备，支持点处电缆应与角钢面接触，对于一次电缆密集的位置（如整流器、负极柜、上网隔离开关柜），可对支架增加固定点来提高支架的承载力。

6）非标支架通过镀锌扁钢与桥支架立柱连接实现接地，对于相邻距离较近（1m）的非标支架，也可将支架用扁钢连通后再通过桥架立柱接地。

7）非标支架、桥支架立柱、接地干线通过接地扁钢相互连通，搭接长度不得小于扁钢宽度的 2 倍，且要三面满焊，接地扁钢的走向要横平竖直，不得出现斜拉、弯曲等现象。

（6）接地装置安装

支架接地根据设计要求进行，当采用接地扁钢接地时建议设置在自上而下第二层支架上，接地扁钢与每个支架间采用螺栓可靠连接。电缆桥架根据设计要求进行接地。

7.4.4.4 质量控制要点

（1）变电所电缆夹层电缆支架安装及接地制作必须遵守设计规范。

（2）桥支架整体布置符合设计要求和电缆敷设要求。

（3）同一层横担、桥架应在同一平面。

（4）桥支架、横担、各螺栓紧固到位。

（5）凡是现场开孔、切割、焊接的零件，在开孔、切割、焊接后应刷一层防锈漆，后刷银粉漆。

（6）桥支架立柱底座垫铁不得外露于底座。

（7）立柱布置合理、排列整齐，固定螺栓外露符合设计要求。

（8）接地线齐全、美观、安装牢固。

（9）电缆支架安装间距 L 应符合设计要求，无要求时，水平安装间距一般为 800mm；竖直安装间距一般为 1m。

（10）支架在焊接及钻孔加工完毕后整体进行热浸镀锌处理，镀锌后表面应光滑。锌层厚度符合设计要求。

（11）支架接地根据设计要求进行，当采用接地扁钢接地时建议设置在自上而下第二层支架上，接地扁钢与每个支架间采用螺栓可靠连接。

（12）接地扁钢全线电气连通，符合电气装置安装工程接地装置施工及验收规范的规定。

（13）支架固定方式应根据设计要求进行。

（14）电缆桥架在每个支吊架上的固定应牢固，桥架连接板的螺栓应牢固，螺母应位于桥架的外侧。

（15）当直线段钢制电缆桥架超过 30m、铝合金或玻璃钢制电缆桥架超过 15m 时，应有伸缩缝，其连接宜采用伸缩连接板；电缆桥架跨越建筑伸缩缝处应设置伸缩缝。

（16）电缆桥架分为直通、弯通、三通和四通。电缆桥架转弯处的弯曲半径，不应小于该桥架上的电缆最小允许弯曲半径的最大者。

（17）沿电缆桥架敷设铜绞线、镀锌扁钢及利用沿桥架构成电气通路的金属构件，如安装托架用的金属构件作为接地干线时，应满足规范《电气装置安装工程　接地装置施工及验收规范》GB 50169—2016。

7.4.5　35kV/10kV 开关柜安装施工

7.4.5.1　工艺概述

根据施工图纸要求，将 35kV 开关柜安装完成。

7.4.5.2　施工工艺流程（图 7.10）

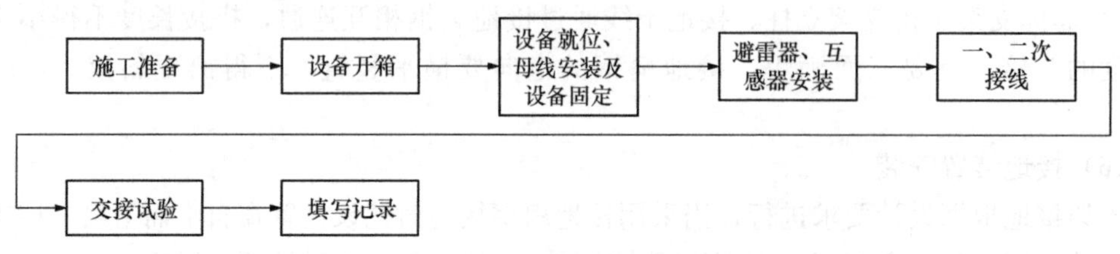

图 7.10　35kV 开关柜安装施工工艺流程

7.4.5.3　施工控制要点

（1）35kV 开关柜安装

定位：在预埋槽钢上按照开关柜固定螺栓的中心距离，在槽钢的中心用墨斗画出两条直线，并标出固定螺栓的中心位置，然后用电钻开孔，并用相对应的攻丝器攻丝，确定第一个固定螺栓的位置。依此类推，将所有的螺栓孔开孔、攻丝（设备安装的预埋件也可根据设备的安装固定尺寸，事先将柜体安装固定螺栓孔开好。此时，直接将第一面柜体调整到对应安装孔的合适位置）。

第一面开关柜的固定：将设备放在基础槽钢上将开关柜固定牢固。在安装第二面柜之前，将母线套筒连接法兰的封闭膜撤除。

在第二面开关柜安装前，用无纺布蘸无水酒精将第一面和第二面开关柜的母线和连接套筒连接处擦拭干净，待酒精蒸发干净、晾干后，将母线均匀涂上导电膏。将第二面柜子移动到安装位置，移动时，注意不要使母线套筒法兰处受力，在母线连接法兰处安装好密封垫圈后，将母线套筒连接好。在连接母线套筒时，要注意套筒连接处受力均匀，首先连接对角线的螺栓，然后依次连接其他螺栓。

打开母线套筒上部的法兰，将母线连接固定。母线连接的同时，柜体同时也进行连接，在连接过程中，母线受力均匀。母线安装完成后，将顶部法兰的螺栓拧紧。母线室顶部法兰和连接法兰的安装要牢固和紧密。

依此类推，将所有的开关柜进行安装、固定。

开关柜安装完成后，在气体填充前，将母线室抽成真空，然后对母线室充六氟化硫气体。

(2) 10kV 开关柜安装

根据开关柜的安装孔尺寸，在槽钢上用墨斗弹出两条直线，定出第一面开关柜安装孔位置，然后用钢卷尺定出所有开关柜的安装孔位置，并复核安装孔对角线应相等（设备安装的预埋件也可根据设备的安装固定尺寸，事先将柜体安装固定螺栓孔开好。此时，直接将第一面柜体调整到对应安装孔的合适位置）。

按设计图纸要求将第一面开关柜安装到位，利用线坠或水平尺调整使其与地面垂直，调整完毕后应及时将开关柜固定。其余的柜体以第一面为标准逐个调整，使其水平、垂直；盘、柜间接缝密贴，然后安装柜体间连接螺栓，并依次固定。

母线安装：在开关柜安装过程中应及时将母线按出厂编号穿入开关柜中，开关柜安装完毕后应及时将母线连接固定，连接螺栓的紧固力矩应符合规范要求；母线安装结束后，应及时按主接线图进行核相。

接地线安装：将开关柜内的 PE 线连接完成后，用万用表测量核实接地线已贯通，用 $50mm^2$ 软铜编织线（或按照设计要求规定型号的电缆）与基础预埋件上的接地扁钢连接固定，每列开关柜接地线数量不少于 2 处。

(3) 主回路安装

1) 铜排搭接处应涂以电力复合脂以增强其导电性。

2) 主母线应用 8.8 级螺栓进行连接，牢固可靠。

(4) 电压互感器、避雷器等元器件安装

1) 安装元器件的配线型式应与柜内原有配线一致。

2) 35kV 电压互感器安装：35kV 电压互感器采用横插式安装，安装时应先拆除母联柜相邻柜体的后盖板，并将厂家提供的托杆安装在母联柜两侧，将用于支撑电压互感器托杆全部安装完毕后，取下硅橡胶防护帽，检查电压互感器上的硅橡胶是否磨损，将硅橡胶清洁并涂脂，清洁插座区，取下塑料盖好并移开区内的二次配线，清洁插座内与硅橡胶件接触的部分，将互感器轻缓地插入插座。插入的连接件必须可以轻松滑动到相应的插座内，在安装完紧固盘后，去除多余润滑脂，根据电路图将二次配线与接地导线接到二次接线端子，并检查连接是否紧固。

3) 35kV 避雷器安装：取下硅橡胶防护帽，检查避雷器上的硅橡胶是否磨损，将硅橡胶清洁并涂脂，清洁插座区，取下塑料盖好并移开区内的二次配线，清洁插座内与硅橡胶件接触的部分，将避雷器轻缓地插入插座，确保避雷器垂直（不得倾斜或翻倒）。插入的连接件必须可以轻松滑动到相应的插座内；在安装完，紧固盘后，去除多余润滑脂；将避雷器接地位置与开关柜接地系统连接，并检查连接是否紧固。

（5）一、二次接线

根据设计施工图纸完成柜体的一、二次接线。

（6）交接试验

根据现场试验大纲完成设备的交接试验。

7.4.5.4 质量控制要点

（1）变电所电缆夹层电缆支架安装及接地制作必须遵守设计规范。

（2）开关柜独立或成列安装时，其水平度、垂直度以及盘、柜面不平度和盘、柜间接缝的标准应符合开关柜安装允许偏差的要求。

（3）盘、柜间及盘、柜上的设备与各构件间连接应牢固。

7.4.6 直流设备绝缘安装施工

7.4.6.1 工艺概述

根据图纸要求将直流设备绝缘安装完成。

7.4.6.2 施工工艺流程（图 7.11）

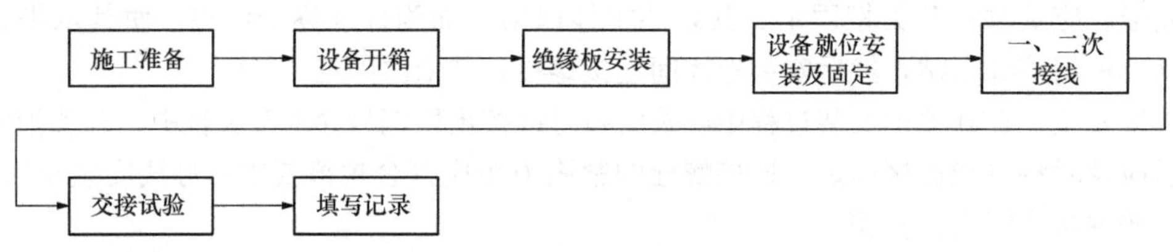

图 7.11 直流设备绝缘安装施工工艺流程

7.4.6.3 施工控制要点

（1）施工准备

根据施工图纸，准备现场操作使用的工机具、设备、材料，施工图纸等相关资料。

（2）设备开箱

1）开关柜运到施工现场后，应及时进行开箱检查，检查开关柜本体及外壳是否有碰撞痕迹，各部位螺栓应紧固，油漆完整无锈蚀现象。

2）检查开关柜铭牌是否与设计相符，产品说明书、合格证、备品备件等技术资料应齐全，并做好资料收集工作（填写开箱记录并附表）。

（3）绝缘板安装

1）根据开关柜进出线位置划出电缆孔位置，用扩孔器在绝缘板上开孔，孔径的大小应根据电缆外径决定。

2）绝缘板安装在基础槽钢和柜体之间，根据设备的底座尺寸测出绝缘板的安装位置，用棉布将绝缘板和槽钢的表面擦拭干净，然后用双面胶带将绝缘板粘接在槽钢上。

3）绝缘板接口处的间隙用中性绝缘胶填充，待绝缘胶凝固后用砂纸打平。然后用吹风机驱除绝缘板下的潮气，以防止设备经过长时间运行后，灰尘和其他杂质进入间隙，受潮后造成对地绝缘的降低。

（4）设备就位安装及固定

1）将直流开关柜设备放在绝缘板上。绝缘板要求露出设备底座内、外沿各 10mm。

2）开关柜位置确定后，定出开关柜安装孔位置，在绝缘板上打孔，用连接螺栓穿上绝缘套、绝缘垫圈将开关柜固定牢固，螺栓拧紧后扣上绝缘帽。

（5）一、二次接线

根据设计施工图纸完成柜体的一、二次接线。

（6）交接试验

根据现场试验大纲完成设备的交接试验。

7.4.6.4 质量控制要点

（1）柜体安装完毕后，柜体的整体框架对地绝缘值符合设计要求，设计无要求时建议不得小于 2MΩ。

（2）所有紧固件紧固，绝缘件完好。

（3）金属部件无锈蚀、无损伤。

（4）规定接地的部位有明显标志，固定的螺母、螺栓应安装牢固，变压器的相色标识正确、清晰。

（5）绝缘板露出框架应不小于 5mm，绝缘板布置平直、牢固。

7.4.7 电缆敷设施工

7.4.7.1 工艺概述

安装施工图纸要求，对电缆进行敷设。

7.4.7.2 施工工艺流程（图 7.12）

图 7.12 电缆敷设施工工艺流程

7.4.7.3 施工控制要点

（1）施工准备

1）检查电缆桥支架，应满足电缆敷设要求，非标支架已安装完毕，电缆桥架的防锈层完整，不存在刮伤电缆的隐患。电缆在每层桥架的敷设位置应符合设计图纸要求。

2）检查电缆型号、规格应符合设计要求，电缆外观无损伤，按规范要求选择合适的兆欧表测试整盘绝缘电阻，确保绝缘良好。

（2）电缆裁剪

1）按施工图纸将电缆分类，并核对施工图中各个回路电缆正确。

2）确认施工图无遗漏电缆后，对施工图中每回电缆长度进行现场测量，并列出电缆清单。

3）用电缆放线架平稳支起电缆盘，电缆盘旋转方向应与盘上标注方向一致，合理安排每盘电缆，减少换盘次数。

4）按电缆清单裁剪电缆，并在电缆两端贴上回路编号标签。

5）对电缆两端头应用绝缘胶带密封，以防电缆受潮。

（3）电缆敷设

1）在地面上将裁剪的电缆梳理平直，以防敷设后电缆扭曲不平直。

2）设备电缆入孔至桥架处，电缆弯曲半径尽量放大，接触墙柱或桥架的地方应尽量不受力。在桥架至设备电缆连接处距离过大的地方，要加支架横档固定电缆。

3）电力电缆的敷设路径应符合施工图要求，35kV 电力电缆采用“品”字形排列、其他电力电缆采用“一”字形排列，35kV 电缆在电缆进出桥架及拐弯处用非磁性电缆卡子进行固定。

4）在电缆集中处，依次按电缆在桥架上的路径排列，不要形成交叉。

5）电缆引入柜体内，应先在电缆桥架上将电缆排列整齐，根据电缆敷设顺序表逐根穿入柜体内，并确保电缆就位弧度一致，层次分明，电缆穿入柜体后不能遗弃或损坏电缆护套。

6）电缆端头应预留出相应的长度来满足电缆头的制作及接线要求，电缆到位后电缆头应用防水胶带进行密封处理。

（4）电缆固定

1）采用非磁性电缆卡子对中压交流单芯电缆进行固定。

2）中压以下电缆用尼龙扎带做“一”字形绑扎，绑扎头应在电缆下方，绑扎带剪切后预留长度应一致，做到工艺整齐美观。

3）电缆在直线区段每隔 2m 用绑扎带进行绑扎，将电缆弧度编排整齐、美观。

（5）电缆挂牌

1）电缆敷设到位后应对每根电缆进行挂牌，电缆牌内容应包含电缆起点、终点、电缆型号、电缆长度。

2）电缆进入柜体后应在距离设备底部不小于 200mm 处挂设电缆牌，电缆牌应在同一水平线上，电缆牌正面应朝设备开门方向，且不能歪斜。

3）每根电缆在从电缆夹层桥架至非标支架间的应挂电缆牌，电缆高度应统一、整齐。

4）做好电缆（线缆）敷设施工技术记录。

7.4.7.4　质量控制要点

（1）电缆敷设时应排列整齐，不宜交叉，加以固定，并及时装设标识牌。

（2）垂直敷设或超过 45°倾斜敷设的电缆在每个支架上；水平敷设的电缆，在电缆的首末两端及转弯、电缆接头的两端处；当对电缆间距有要求时，每隔 5～10m 处应将电缆加以固定。

（3）单芯电缆的固定应符合设计要求。

（4）交流系统的单芯电缆或分相后的分相铅套电缆的固定夹具不应构成闭合磁路。

（5）将裁剪好的电缆运送到变电所，人工敷设。电缆敷设时应避免与地面或其他硬物摩擦。按照电缆布置图，将交直流、高低压、控制与电力电缆等分布整齐的摆放在桥架的不同层面上。

（6）电缆挂牌位置为电缆隧道内转弯处、电缆分支处、电缆终端及电缆接头处、电缆管两端、人孔及工作井处、直线段每隔 50～100m 处。

（7）标识牌上应注明线路编号。当无编号时，应写明电缆型号、规格以及起止地点；并联使用的电缆应有顺序号。标识牌的字迹应清晰不宜脱落。标识牌应能防腐，挂装牢固。

（8）在牵引变电所电缆夹层电缆敷设时，电力电缆和控制电缆不应敷设在同一层桥架上。高低压电力电缆，强电、弱电控制电缆应按顺序由上而下敷设，控制电缆在支架上敷设不宜超过一层。

(9) 电缆支持点间距，水平敷设时不小于1500mm，垂直敷设时不小于2000mm。在每个支架上均应使用扎带做“品”字形固定；电缆在支架上逐根布放排列。

(10) 电缆最小弯曲半径为20D，D为电缆外径。

(11) 电缆敷设采用小车牵引机械敷设为主，人工敷设为辅的方式。

(12) 电缆在区间内设中间接头，终端头和中间接头均采用注胶绝缘预制式。

(13) 电缆两端及转弯处挂设电缆标牌，敷设完成后两端头做防潮防水密封。

7.4.8 电力电缆终端头制作施工

7.4.8.1 工艺概述

按要求将电力电缆终端头制作完成。

7.4.8.2 施工工艺流程（图7.13～图7.15）

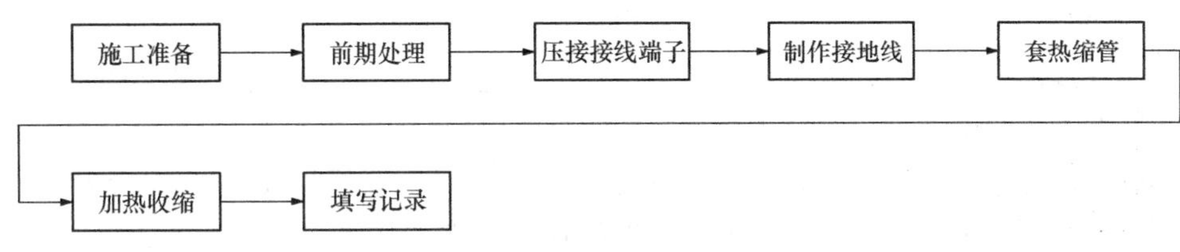

图7.13 热缩电力电缆终端头制作施工工艺流程

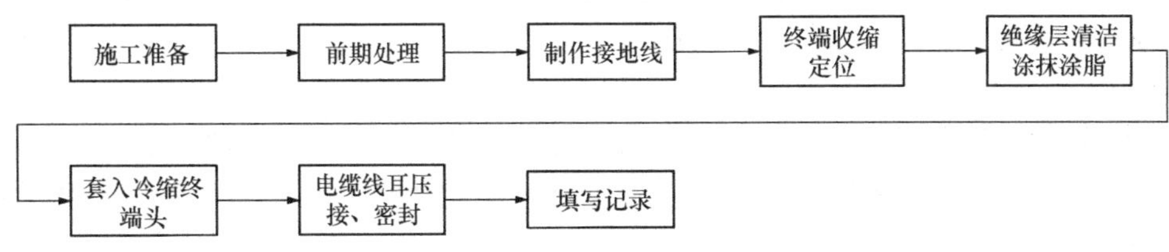

图7.14 冷缩电力电缆终端头制作施工工艺流程

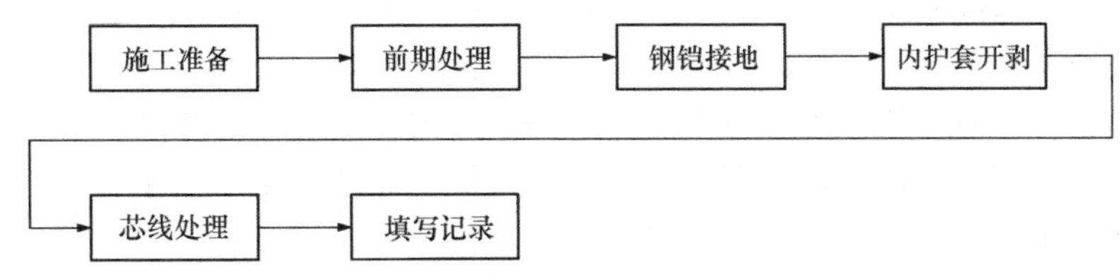

图7.15 内锥式电力电缆终端头制作施工工艺流程

7.4.8.3 施工控制要点

(1) 热缩电缆终端头制作（直流1500V及以下，截面积：70～400mm^2）

1) 剥切直流电缆的交联聚乙烯绝缘护层，芯线上绝缘去除干净以保证接线端子和导线之间的紧密连接。

2) 热缩头制作要选择与电缆截面相应的搪锡铜线鼻子，按照接线端子压线管的长度剥切直流电缆的交联聚乙烯绝缘层。

3) 接线端子的压接采用环压方式压接三道。压接后的压痕应均匀、无尖角等异状。

4）在接线端子和电缆绝缘的接缝处缠绕 20mm 宽的热熔密封胶作为电缆运行后的防潮措施。

5）如果电缆有铠装或屏蔽层，在铠装和屏蔽层上焊接接地线，在屏蔽层端口缠绕 PVC 胶带，防止屏蔽层松散，用接地线分别绑扎在铠装层或屏蔽层上，焊接牢固；用密封胶将地线绑扎处进行缠绕。

6）电力电缆铠装层接地线规格要求：截面为 $150mm^2$、$300mm^2$ 的电缆应采用 $25mm^2$ 的黄绿地线；截面为 $95mm^2$、$35mm^2$、$50mm^2$ 的电缆应采用 $16mm^2$ 的黄绿地线。

7）电缆截面为 $150mm^2$、$300mm^2$ 的电缆均采用直径为 50mm 的红色热缩管进行热缩，热缩管穿在电缆上，热缩管覆盖接线端子尾部长度 50mm；长度为 300mm 热缩套热缩前应用密封胶对电缆开剥后的空隙位置进行均匀填充，避免热缩后电缆凹凸不平，影响观感质量。

8）用液化气喷枪对热缩管进行由上而下的均匀加热至热缩密贴电缆。

（2）冷缩电缆头制作（35kV 及以下，电缆截面 35～$800mm^2$）

1）检查敷设完毕的电力电缆弧度、预留长度、绝缘状况满足电缆头制作要求。

2）根据电缆芯直径尺寸选择与之相适应的电缆头型号。

3）清理核对电缆附件的型式、规格应与电缆匹配，所用材料、部件应符合要求。

4）用兆欧表测量电缆的绝缘电阻，应满足有关的技术规定。

5）施工现场的照明设施应满足施工需要。

6）用防水密封胶包裹在恒力弹簧及钢铠上，外部使用 PVC 胶带进行包裹后，用冷缩地线管套在电缆内护套的中部位置，盖住钢铠及密封胶；向下逆时针方向拉出骨架条使其收缩固定。

7）制作铜屏蔽层接地线，铜屏蔽层接地、包封操作工序与钢铠接地工序相同。

8）在地线管上按照表所示的尺寸，在铜屏蔽冷缩地线管上用 PVC 胶带做好终端的收缩定位标记。

9）使用一次性清洁纸清洁电缆绝缘，清洁剂挥发完毕后在电缆绝缘表面涂少许硅脂。

10）套入冷缩终端，下端靠近定位标记；在上端逆时针方向旋转缓慢拉出塑料条，拉完后将终端进行整形。

11）对比安装位置，压接电缆线耳，锉掉毛刺，用填充胶填平线耳与线缆间的间隙。在填充胶和终端端部套上冷缩密封管，抽出塑料条，让密封管自然收缩。

（3）内锥式电力电缆终端制作（35kV 单芯电缆截面 35～$500mm^2$）

1）电缆有铠装层时，剥除 630mm 的外护套和 600mm 的铠装层，处理铠装断口处的毛刺和尖角。

2）打磨铠装外表氧化层，用恒力弹簧将接地铜编织带固定在铠装层上，在铠装表面及铠装上下两端 70mm 处绕包两层密封胶，将热缩管（160mm）套在此处加热收缩，在热缩管两端口处绕包两层 PVC 带。

3）剥除 275mm 内护套，注意保护铜屏蔽层。如电缆无铠装，则直接剥除 275mm 内护套，注意保护铜屏蔽层。

4）剥切电缆芯线 85±1mm，半导电层 95+(0～3)mm，留出 35mm 的半导电层，剥切过程中注意保护芯线绝缘表面，不能有刀痕；如有刀痕、凹凸、杂质等，可以用纱布沿电缆绝缘的圆周方向打磨掉。用游标卡尺测量绝缘层的直径尺寸，应比内锥终端的内孔直径大 2.6～5.1mm。芯线绝缘和半导电层过渡光滑圆整，不能带台阶或者尖角。

5）在线芯的端部包绕几层 PVC 带，防止芯线散开。电缆处理完毕后，应保持竖直，无弯曲。

6）用铜扎线把接地铜编织带固定在铜屏蔽上，并焊牢。在铜屏蔽处用半导电带包绕台阶宽 20～25mm，厚度 2.5mm，把铜屏蔽层的尖角包住，不能露出。然后向下包绕几层，盖住内护套端部，并在 70mm 的范围内包绕两层 PVC 带。

7）先将热缩套管套在电缆上，然后将铝外套套在电缆上。

8）用一次性清洁纸从上往下，清洁电缆芯线绝缘表面，不可来回抹擦。

9）芯线绝缘表面清洁剂完全挥发后，检查芯线绝缘表面无误后，在芯线绝缘表面及电缆终端的表面上，均匀涂抹硅脂。硅脂尽量少涂在半导电层上。

10）把塑料护帽套在线芯上。将终端头用力套在电缆上，直至终端头应力锥与电缆上的半导电带缠绕体接处好为止。

11）按顺序分别将承力环、压紧锥、和接触环套在电缆芯线上。承力环与压紧锥端部贴紧。

12）将打紧套套在接触环上，用锤敲击打紧套，使接触环压紧在压紧锥上，当接触环不动时，停止敲击。敲击时注意不可用力过猛。使用专用工具将接触环压紧在压紧锥上。

13）将硅橡胶终端拉回至与承力环接触的位置，在内锥终端尾部包绕适量密封胶，填充硅橡胶与电缆之间的间隙。

14）用清洁纸清洁电缆终端内表面及内锥子绝缘子外表面，待清洁剂完全挥发后，均匀地将硅脂抹在终端锥面，然后将终端插入内锥绝缘子，用螺钉固定终端后，用热缩管套在终端铝外套上，加热使其收缩在铝外套上，并将铜编织带接地。

7.4.8.4　质量控制要点

1）中间接头采用预制件装配式直通接头，三相接头应错开，间距不小于 0.5m。

2）终端头采用注胶绝缘预制式。

3）作业时环境温度宜为 5～35℃，环境湿度不超过 70%。

4）电缆头位置应设置明显的相色标识。

5）电缆接地采用两端设保护接地箱，中间接头设直接接地箱的模式。

7.4.9　控制电缆接续施工

7.4.9.1　工艺概述

按照施工图纸要求，进行控制电缆接线。

7.4.9.2　施工工艺流程（图 7.16）

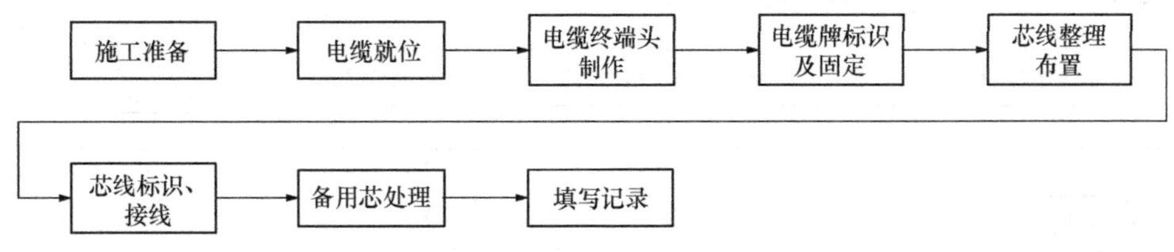

图 7.16　控制电缆接续施工工艺流程

7.4.9.3 施工控制要点

（1）单层布置的电缆头的制作高度要求一致；多层布置的电缆头高度可以一致，或者从里往外逐层降低，降低的高度要求统一。同时，尽可能使某一区域或每类设备的电缆头的制作高度统一，制作样式统一。

（2）电缆头制作时缠绕的聚氯乙烯带要求颜色统一，缠绕密实、牢固；热缩管电缆头应采用统一长度热缩管加热收缩而成，电缆的直径应在所用热缩管的热缩范围之内；电缆头制作结束后要求顶部平整、密实。

（3）电缆的屏蔽层接地方式应满足设计和规范要求，在剥除电缆外护套时，屏蔽层应留有一定的长度，以便于屏蔽接地线进行连接；屏蔽接地线与屏蔽层的连接采用焊接或绞接的方式（推荐绞接方式，焊接方式要控制温度，防止损伤内部芯线绝缘），但都应确保连接可靠。

（4）在电缆头制作和芯线整理过程中可能会破坏电缆就位时的原有固定，在电缆接线时应按照电缆的接线顺序再次进行固定，然后挂设电缆牌。

（5）电缆牌采用专用的打印机进行打印，电缆牌打印排版合理，标识齐全、打印清晰。

（6）电缆牌的固定可以采取前后交叠或并排，上下高低错位等方式进行挂设，但要求高低一致、间距一致，保证电缆牌挂设整齐，牢固。

7.4.9.4 质量控制要点

（1）二次电缆接线应整齐、清晰、美观，导线绝缘应良好，无损伤。

（2）盘、柜内的导线不应有接头，导线线芯应无损伤。

（3）引进盘、柜的电缆应排列整齐，避免交叉并固定牢固。电缆外护层切口与固定卡子上沿呈水平，卡子直接固定在盘、柜下沿的专用型钢上。

（4）盘、柜内的电缆芯线，应有规律的按垂直或水平配置，不得任意歪斜或交叉连接；备用芯线应留有适当余度。

（5）强、弱电回路不应使用同一根电缆，并应分别成束分开排列。

（6）导线与电气元件间采用螺栓连接、插接、焊接或压接等，均应牢固可靠。

（7）盘、柜内的导线不应有接头，导线线芯应无损伤。

（8）电缆芯线和所配导线的端部均应标明其回路编号，编号应正确，字迹清晰且不易脱色。

（9）配线应整齐、清晰、美观，导线绝缘应良好，无损伤。

（10）每个接线端子的每侧宜为一根，不得超过两根。对于插接式端子，不同截面的两根导线不得接在同一端子上；对于螺栓连接端子，当接两根导线时，中间应加平垫片。

7.4.10 环网电缆敷设施工

7.4.10.1 工艺概述

按照施工图纸要求，进行环网电缆敷设。

7.4.10.2 施工工艺流程（图 7.17）

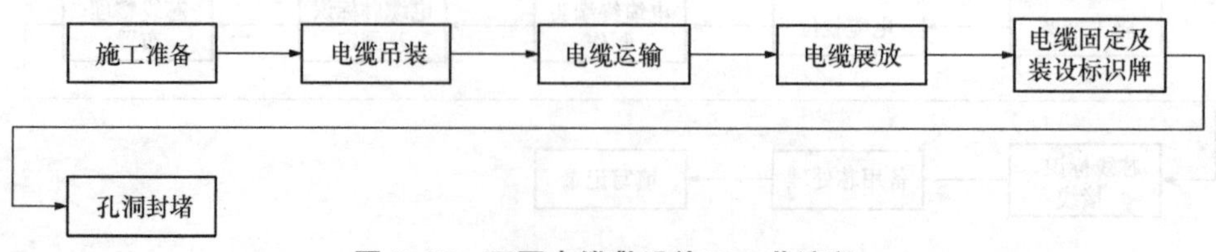

图 7.17 环网电缆敷设施工工艺流程

7.4.10.3 施工控制要点

(1) 吊装前安全人员根据现场情况做好相应的安全防护工作。

(2) 技术人员再次确定需吊装电缆的型号和盘号与所敷设的电缆型号、盘号是否相符，并检查贴在电缆头上的黄、绿、红三种不同颜色的绝缘胶布是否完好。

(3) 施工人员将电缆轴穿过电缆盘，并将吊车的2根钢丝绳套在电缆轴上。

(4) 电缆刚起吊时，施工人员需手扶电缆盘，防止电缆盘在起吊过程中晃动，待电缆盘起吊平稳后施工人员方可离开。

(5) 在起吊过程中吊车司机应使钢丝绳受力后进行试吊，确保电缆盘平稳；待施工人员安全撤离后再缓慢、平稳地将电缆盘吊装至作业车上。

(6) 电缆放置时应确保电缆头从电缆盘的上方引出，注意电缆展开的方向与作业车运行方向相反。

(7) 电缆盘吊装到位后应立即用紧线器和三角木楔进行固定，防止电缆在运输过程中滚动。

(8) 待该区间的一组电缆展放完毕后，第二组施工人员从小里程往大里程方向依次对电缆进行整理，电缆按A、B、C三相为一组作“品”字形排列，并按设计要求每隔10m左右用非磁性电缆卡子刚性固定，中间电缆头处两端均用非磁性电缆卡子刚性固定，每个电缆支架上用电缆绑扎带绑扎。

(9) 在整理、固定电缆时，施工人员的安全防护措施与展放电缆时的防护方式一致，电缆整理过程中同时挂上电缆标识牌。直线段每隔100m，电缆终端头、电缆中间头、拐弯处等地方，电缆上应装设标识牌。

7.4.10.4 质量控制要点

(1) 敷设电缆过程中严格执行《电气装置安装工程电缆线路施工及验收标准》GB 50168—2018的相关要求。

(2) 电缆接头的布置应符合下列要求：

1) 并列敷设的电缆，其接头的位置应相互错开；

2) 电缆敷设时应排列整齐，不应交叉，固定牢固，并及时装设标识牌。

(3) 标识牌的装设应符合下列要求：

1) 在电缆终端头、电缆中间头、拐弯处等地方，电缆上应装设标识牌。

2) 标识牌上应注明线路编号。当无编号时，应写明电缆型号、规格及起迄地点；并联使用的电缆应有顺序号。标识牌的字迹应清晰不易脱落。

3) 标识牌规格统一，挂装应牢固。

(4) 电缆的排列及其相互间的净距应符合设计及规范要求。

(5) 电缆敷设完毕后应立即对两端的电缆头进行检查，并采用电缆封头进行密封处理，防止水汽进入电缆。

7.4.11 一次电缆中间头制作安装施工

7.4.11.1 工艺概述

按照施工图纸要求，进行一次电缆中间头制作安装施工。

7.4.11.2 施工工艺流程（图 7.18）

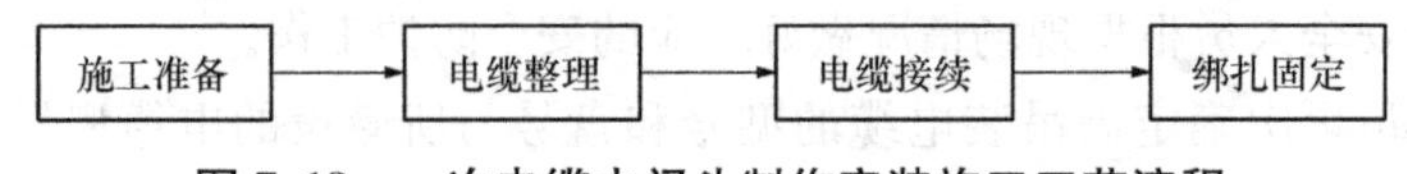

图 7.18 一次电缆中间头制作安装施工工艺流程

7.4.11.3 施工控制要点

(1) 将半导电片切割成 L 长，L 为电缆绝缘之间距离（<175mm）。

(2) 将半导电片适当拉伸并绕包在压接管上，绕包后的半导电片层应与电缆绝缘层大约平齐为止，将多余的半导电片切掉。(注意：如果压接管外径大于电缆绝缘外径，则在压接管上包绕一层半导电片即可)。

(3) 紧挨着两侧的半导电屏蔽断口处各均匀绕包一圈 MFC 应控胶泥，绕包时胶泥不要拉伸。

(4) 参照两边的标志带将接头主体置中，需要时可稍微移动接头主体，置中后的接头主体两端离标志带距离应相等。

(5) 按图示位置，把溯源标签固定在接头的任一侧电缆上。

(6) 揭去接头主体上的保护膜（注意：不能使用刀具切割)。

(7) 在整个接头主体的外表面上绕包一层半导电带。(要求：半导电带拉伸到 50%长，半搭盖绕包)。

(8) 左侧外护套上切口 30mm 处开始，至右侧外护套上切口 30mm 之间（紧挨着密封胶泥)，半搭接绕包 2 层网格带。

(9) 在接头的中间处放置一个注胶嘴，然后在接头上绕包 2 层透明密封带，要覆盖过两侧的防水胶泥。

(10) 在整个接头外再半搭接绕包 1 层加强带，并在两侧胶泥内侧约 10mm 的位置各切开一个透气口。

7.4.11.4 质量控制要点

(1) 确保工作时的环境温度高于+5℃。

(2) 制作电缆接头时其空气相对湿度宜为 70%及以下。

(3) 施工前应做好检查：电缆绝缘状况良好，无受潮；电缆头不应进水。电缆接头材料规格应与电缆一致，零部件齐全且无损伤；绝缘材料不得受潮；密封材料不得失效。

(4) 电缆应有明显的相色标志，且应与系统的相位一致。

7.5 接触网施工质量控制

7.5.1 刚性接触网

7.5.1.1 工艺概述

按照施工图纸要求，对刚性接触网进行施工。

7.5.1.2 施工工艺流程（图 7.19～图 7.25）

图 7.19 钻孔及锚栓安装施工工艺流程

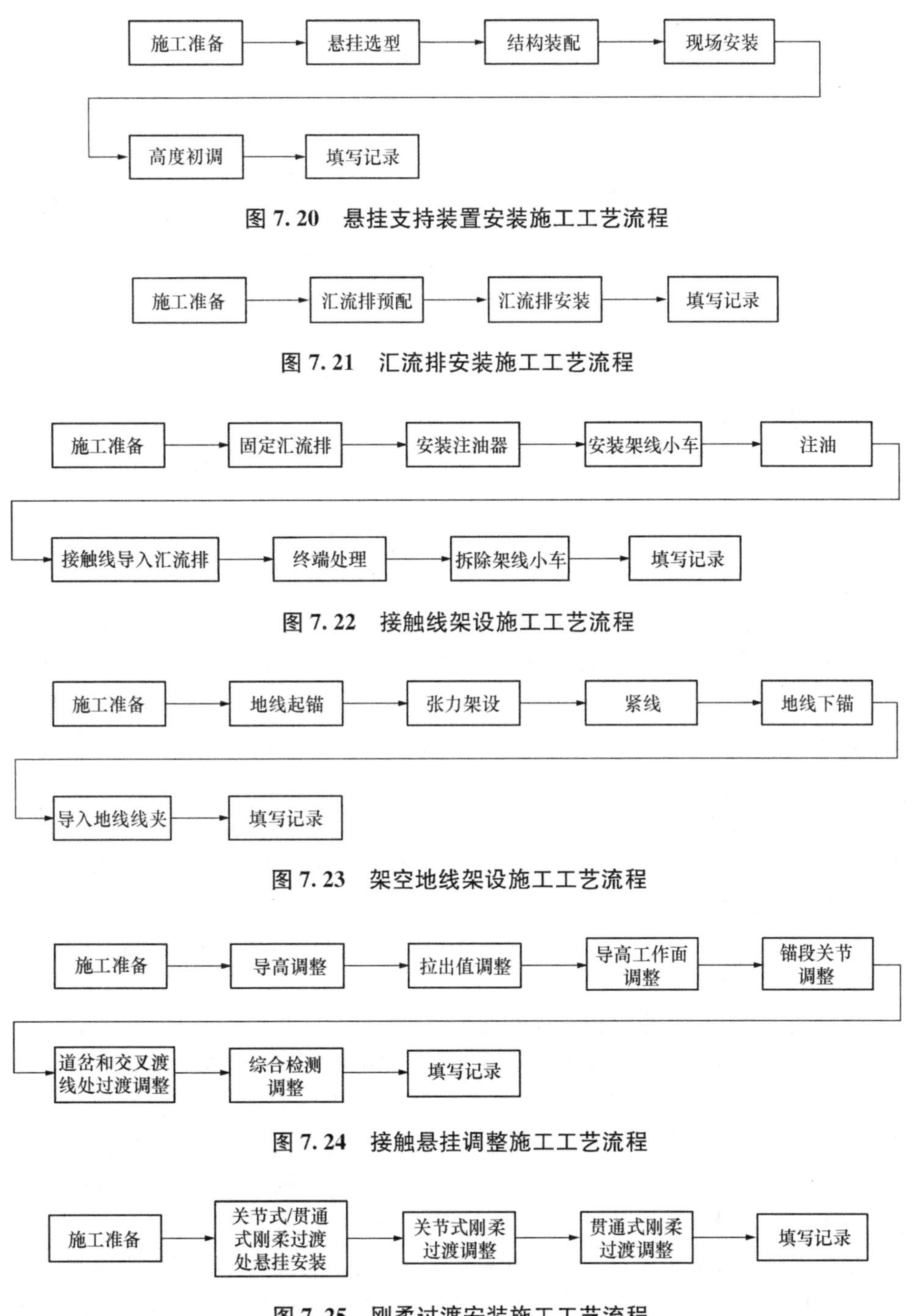

图 7.20　悬挂支持装置安装施工工艺流程

图 7.21　汇流排安装施工工艺流程

图 7.22　接触线架设施工工艺流程

图 7.23　架空地线架设施工工艺流程

图 7.24　接触悬挂调整施工工艺流程

图 7.25　刚柔过渡安装施工工艺流程

7.5.1.3　施工控制要点

（1）以在隧道顶壁的孔位做标记，套用钻孔模板，在孔位上钻出 3～5mm 的凹槽；取下模板，保持钻头垂直于水平面或隧道壁钻孔，钻孔中用吹尘器将尘屑吹向无人侧。

（2）按装配表、图纸和安装要求进行装配。装配完成后，绝缘子用草袋包扎保护好，标明安装位置，按序妥善放置。

（3）汇流排终端安装：将汇流排终端安装于锚段关节悬挂点汇流排定位线夹内，调整汇流排终端端头距悬挂定位点的距离。使用汇流排电连接线夹或汇流排接地线夹在悬挂点两端卡住汇流排终端，防止在汇流排安装过程中发生偏移。中间接头装配：用洁净毛巾将中间接头擦拭干净，接触面涂抹电力复合脂。中间接头装于前端汇流排，安装上紧固螺栓。中间接头装配时注意方向性，两块接头斜面大头端靠汇流排开口侧，小头端靠汇流排平头侧，接头有凸起线形的斜面侧应紧贴汇流排两侧，两接头平面侧应处于汇流排中间，两接头平面相对。暂时不拧紧螺栓，保持连接接头处于松动状态。

（4）在第一、二个悬挂点两端，用汇流排电连接线夹或汇流排接地线夹卡住汇流排，使汇流排在放线时不能滑动。

（5）在各悬挂点挂设放线滑轮，使悬挂地线点距离悬挂安装点应保持在 400mm 内。将地线放于放线滑轮上，保证绞线能顺线路无障碍自由滑动。

（6）调整始触点处两接触导线等高，使受电弓平滑过渡，不应出现打弓、刮弓、脱弓现象。

（7）调整中心锚结两端调整螺栓，使汇流排受力一致，并轻微拉住汇流排，检测导线高度，不得使汇流排出现负弛度。

（8）刚柔过渡本体安装：在汇流排作业平台上对接装配好汇流排终端和切槽式刚柔过渡汇流排本体，按设计外露长度（汇流排终端头距悬挂定位点的距离为 1.8m）安装汇流排终端和切槽式汇流排，然后在接触线凹槽内均匀涂抹导电油脂，用放线小车将接触线导入汇流排，用扭矩扳手紧固切槽汇流排上的 7 组紧固螺栓和汇流排终端上的紧固螺栓。

（9）汇流排接地线夹安装在架空刚性悬挂接触网机械分段、电分段、每个车站（设备站台以外）两端、线路终端、分段绝缘器两端等处，供接触网维修时接地使用。

7.5.1.4 质量控制要点

（1）隧道内钻孔：钻孔位置、孔径、深度和垂直度应符合设计要求，并对孔位进行清洁，彻底清除灰尘和积水。

（2）悬挂装置安装的整个过程应遵循技术标准的规定，并进行质量过程控制。

（3）绝缘子运达现场应进行外观质量检查和绝缘电阻测试，绝缘电阻试验应符合《电气装置安装工程　电气设备交接试验标准》GB 50150—2006 的相关规定。

（4）悬吊安装底座应水平安装，悬吊槽钢、绝缘横撑应与安装地点的轨道平面平行，T 形头螺栓的头部长边应垂直于安装槽道方向，汇流排定位线夹与绝缘子安装稳固，连接螺栓紧固力矩应符合设计和产品技术要求，安装牢固可靠，紧固件齐全。

（5）悬挂支持装置运输和安装时应轻拿轻放，以防损伤镀锌层和碰伤绝缘子。

（6）汇流排间连接的接触面清洁，汇流排连接缝两端夹持接触线的齿槽连接处平顺光滑，不平顺度不应大于 0.3mm；汇流排连接端缝平均宽度不应大于 1mm，紧固件齐全，螺栓紧固力矩应符合产品技术要求。

（7）接触线在锚段末端汇流排外余长为 100～150mm，沿汇流排终端方向顺延。汇流排终端紧固螺栓应按产品力矩要求紧固。

（8）架空地线安装的整个过程应遵循技术标准的规定，并进行质量过程控制。

（9）锚段关节处两支接触线在关节中间悬挂点处应等高，道岔在受电弓同时接触两支接触线范围内两支接触线应等高，锚段关节、道岔处两支悬挂拉出值应符合设计要求。

（10）中心锚结与汇流排固定牢固，螺栓紧固力矩符合设计和产品技术要求，调整螺栓处于可调状态。

（11）防护罩对刚柔过渡元件覆盖应完全，防护罩安装稳固，性能满足设计要求。

7.5.2　柔性接触网

7.5.2.1　工艺概述

按照施工图纸要求，完成柔性接触网安装。

7.5.2.2　施工工艺流程（图 7.26～图 7.31）

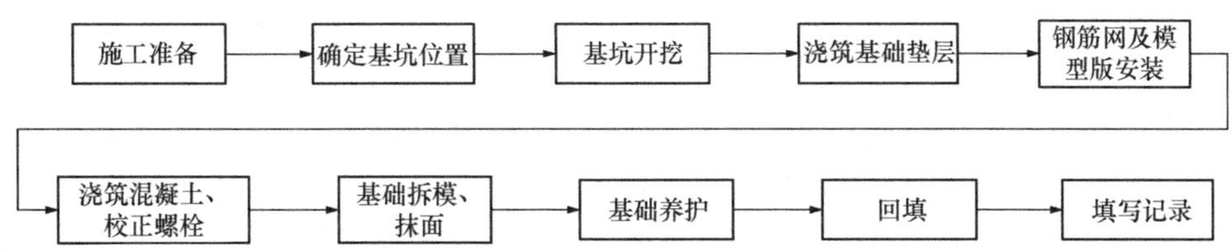

图 7.26　基坑开挖及浇筑施工工艺流程

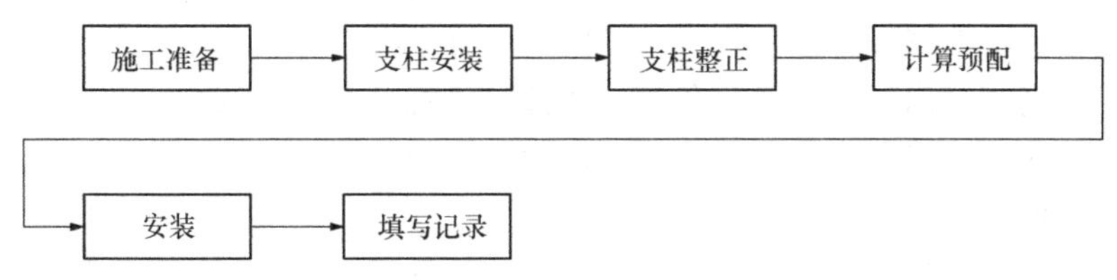

图 7.27　支柱安装及装配施工工艺流程

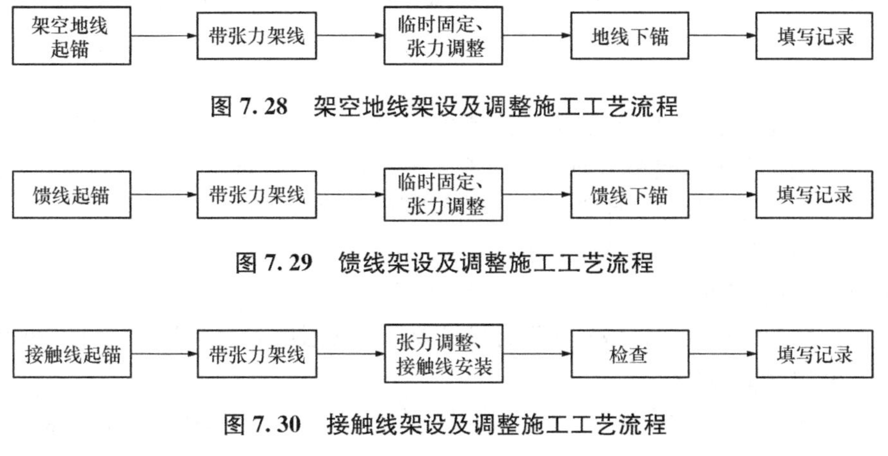

图 7.28　架空地线架设及调整施工工艺流程

图 7.29　馈线架设及调整施工工艺流程

图 7.30　接触线架设及调整施工工艺流程

图 7.31　中心锚节安装施工工艺流程

7.5.2.3　施工控制要点

(1) 根据图纸及支柱基础类型，选用与基础类型一致的钢筋网和模型板。钢筋网的保护层厚度及模型板安装的限界、方向、地面以上高度和预留坡度应符合设计要求。

(2) 支柱起吊至基础上方后，立杆人员配合将支柱底部与基础螺栓对齐。当支柱底部高于基础螺栓 200～300mm 时，调节吊臂角度，使支柱底部法兰盘在基础螺栓正上方，缓缓放下支柱，将支柱安装至基础上。

(3) 人上杆后在支柱顶部悬挂滑轮，尼龙绳一端穿过滑轮并依次将上、下承锚底座绑扎好，下部配合人员拉绳将底座起吊至设计安装高度，支柱上作业人员进行底座安装、调整并按设计力矩紧固。

(4) 起锚连接完毕，放线初张力调至 1.5kN 左右，放线车平缓起动，以 5km/h 速度匀速行驶。

(5) 将馈线终端锚固线夹与线头逐个安装牢固，再将终锚线夹、联板、双孔板、调整螺栓、下锚绝缘子等与馈线下锚底座正式连接。

(6) 架线车组行至起锚点停车，使作业平台置于接触线起锚处。从线盘上依次拉出接触线的线头分别安装终端锚固线夹和调整螺栓、联板等其他连接件。

(7) 将与接触线连接线夹回头处的压结管用液压钳压接牢靠。按计算的长度切割接触线中心锚结绳。重复上述程序预制好另一跨的中心锚结绳。

(8) 按据现场测量出的长度进行预配。压接时注意将软铜绞线插入接线端子底部，保证压接紧固、可靠，接线端子内应预先涂抹电力复合脂。

7.5.2.4　质量控制要点

(1) 基础的位置及高度应符合设计要求。单支柱基础应垂直于线路。同一组硬横梁两基础中心连线应垂直于正线（或图纸确定的轨道）。

(2) 连接螺栓穿向统一原则：零件由本体穿向附件，垂直安装的螺栓由上向下穿；水平安装并垂直支线路的螺栓由田野穿向线路；水平安装并平行线路的螺栓穿向来车方向。

(3) 张力补偿装置的调整应符合设计安装曲线，坠砣距地面高度偏差不大于±200mm，在任何情况下坠砣距地面的距离不小于 200mm。坠砣完整、码放整齐，表面光洁，连接螺栓紧固力矩符合设计要求，螺纹外露部分涂防腐油。

(4) 架空地线与接触网带电体的距离符合设计要求。

(5) 馈线与接触网带电体的距离符合设计要求。

(6) 接触线的线材规格、型号应符合设计要求。接触线如有损伤、锈蚀严重等现象，严禁使用。锚段内不得有接头。

(7) 中心锚结绳回头的预留、中心锚结绳的位置、中心锚结绳的张力应符合设计要求。

(8) 电连接布置符合设计要求，对不同材质的接触线和承力索，电连接安装预留的偏移量应满足温度变化引起的偏移。

7.6 站台门工程施工质量控制

7.6.1 顶部结构安装施工

7.6.1.1 工艺概述

站台门顶部结构施工的内容主要有安装化学螺栓、钢结构件、伸缩件、固定面板支撑架、后封板、绝缘件及辅件等。

7.6.1.2 施工工艺流程

施工准备→定位测量→打孔→安装化学螺栓→安装钢构件→安装伸缩件→安装绝缘件→安装固定面板支撑架→安装吊住后封板→安装其他辅件。

7.6.1.3 施工控制要点

(1) 化学螺栓安装

1) 化学锚栓安装前，根据站台测量数据，进行钻孔。

2) 孔与孔的中心偏差（x，y）控制在+4mm以内。

3) 钻孔垂直度<3%。

4) 化学锚桩钻孔深度必须在钢筋混凝土层钻≥110mm，一定要排尽孔内空气，2h后固化。

(2) 钢结构件安装

1) 核对钢结构件编码，吊装钢结构件并调整垂直到位，螺栓拧紧固定。

2) 按设计要求用扭力扳手授力到位，做好红色紧固标记和记录。

(3) 绝缘件安装

1) 把装配好的组件固定。

2) 按设计要求调整水平距离（x、y）到位，控制在允许误差范围内。

3) 检查绝缘件无损坏。

(4) 固定面板支架安装

1) 初步固定支架，间距符合设计要求。

2) 调整支架的水平和垂直。

3) 按设计要求用扭力扳手授力到位，做好红色紧固标记和记录。

(5) 后封板安装

1) 现场封板配钻打孔。

2) 用密封胶填补两条垂直覆盖条。

3) 封板固定后，用密封胶修补上下两边。

7.6.1.4 质量控制要点

(1) 严格按照设计文件、安装规范和《建筑工程施工质量验收统一标准》GB 50300—2013相关内容施工。

(2) 螺栓安装必须控制倾斜度。

(3) 吊柱水平位置偏移必须控制在设计允许范围内。

(4) 吊柱站厅层底板、横梁与吊柱之间的接触面必须大于95%以上。

（5）严禁使用铁锤等钝器直接敲击，防止破坏镀锌层。

（6）施工用电必须有漏电、短路等保护措施。

7.6.2 底部结构安装施工

7.6.2.1 工艺概述

站台门底部结构施工的内容主要有底部螺栓安装、安装固定支座、调节装置、踏步板、防滑板、绝缘件及辅件，预先组装好后运到现场安装等。

7.6.2.2 施工工艺流程

施工准备→零部件组装→安装固定支座→安装调节装置→安装绝缘件→安装踏步板→脚踏板安装→调整、测试→绝缘测试→调整三维尺寸→扭力扳手紧固。

7.6.2.3 施工控制要点

（1）零部件组装（在工厂）

1）用专用工具在工厂组装成单元部件。

2）调整水平度，拧紧螺栓，并做绝缘测试。

3）按设计要求用扭力扳手拧紧，做好红色紧固标记和记录。

（2）现场安装

1）与站台板用对穿螺杆连接，并进行绝缘测试。

2）调整水平和三维尺寸（x，y，z），螺栓拧紧固定。

3）按设计要求用扭力扳手拧紧，做好红色紧固标记和记录。

（3）调整、测试

1）对整体结构进行三维尺寸（x，y，z）复测。

2）先对每个门单元进行绝缘测试，达到绝缘值后，再对整体进行绝缘测试。

7.6.2.4 质量控制要点

（1）严格按照设计文件、安装规范和《建筑工程施工质量验收统一标准》GB 50300—2013 相关内容施工。

（2）固定连接件偏差应不大于允许范围。

（3）固定支架与混凝土站台接触面必须达到 100%。

（4）必须严格控制安装尺寸，确保不侵入车辆设备限界。

（5）施工用电必须有漏电、短路等保护措施。

（6）现场安装好的部件必须有保护措施。

（7）脚踏板要与土建大理石保持绝缘，保证前后门槛间隙 10±1mm，且相邻的门槛折边在同一个面上不能产生前后高度差，且滑动门门槛与相邻门槛距离为 1～2mm。

（8）做好等电位连接。

（9）用高度、水平测量仪调整，保证底座 T 型板上表面水平，允许超过标高误差 0～1mm，T 型板站台侧保证对齐。

7.6.3 门体结构安装施工

7.6.3.1 工艺概述

门体结构的施工主要内容有安装立柱、门机梁支撑架、门楣梁、活动面板支撑架、固定门底座及辅件。

7.6.3.2 施工工艺流程

施工准备→立柱组装→安装门机梁支撑架→安装立柱连接板→安装立柱→安装面板支撑架→安装固定门底座→安装门体→安装门楣梁。

7.6.3.3 施工控制要点

(1) 立柱安装

1) 在工厂组装立柱、门机梁支撑架。

2) 立柱与门机梁进行螺栓连接，并调整垂直度 (x, y)，螺栓拧紧。

3) 按设计要求用扭力扳手拧紧，做好红色紧固标记和记录。

4) 立柱保证垂直，立柱中心线和站台平面垂直（站台纵向坡度 2‰）不垂直度小于 1.5mm。

5) 立柱安装完成后进行绝缘测试，对所有立柱包板分别进行绝缘测试并记录数据，绝缘通过后进行门机梁、伸缩装置安装。

(2) 活动面板支撑架安装

1) 根据安装技术要求安装到位，调整二维尺寸 (x, z)。

2) 按设计要求用扭力扳手拧紧，做好红色紧固标记和记录。

(3) 固定门底座安装

(4) 门楣梁安装（在门体安装、调整后安装）

1) 门楣梁安装到位，拧紧固定螺栓。

2) 调整二维尺寸。

7.6.3.4 质量控制要点

(1) 铆接封板必须平整，不得出现凸出现象。

(2) 门楣梁安装必须成一直线，不得有高低，安装时需对玻璃采取临时防护措施。

(3) 施工用电必须有漏电、短路等保护措施。

7.6.4 门机、电气设备安装施工

7.6.4.1 工艺概述

门机、电气设备施工的主要内容有安装门机梁、绝缘件、线槽、后封板、门机梁顶盖板及辅件；电缆敷设、电源柜安装、主控机安装、端头控制盒安装、监控安装、就地控制盒、门机控制器。

7.6.4.2 工艺流程

门机安装：施工准备→门机梁组装→安装绝缘件→安装伸缩件→门机梁吊装→调整三维尺寸→安装后封板→安装顶板→开关门测试。

电气设备施工工艺流程：施工准备→管槽安装→电缆敷设→设备安装电源、DCU、PSL、PSC→安装门机线槽→敷设线缆→电气接线调试→开关门测试。

7.6.4.3 施工控制要点

(1) 在工厂组装门机梁及绝缘件。

(2) 采用专用设备吊装门机梁，并做绝缘测试。

(3) 调整门机梁水平和垂直位置，门机导轨中心线对于水平面的不平行度公差小于

2mm。固定门机梁的各支承结合面应处在一个平面内，平面度误差小于0.5mm。

7.6.4.4 质量控制要点

（1）线槽安装与门机梁型材相嵌连接，并调整水平位置，螺栓拧紧。

（2）后封板，门机梁顶盖板安装，调整到位。

（3）对整体结构进行三维尺寸（x，y，z）复测。

7.6.5 门体安装施工

7.6.5.1 工艺概述

门体安装主要有安装活动门、固定门、应急门、端头门及辅件。

7.6.5.2 施工工艺流程

施工准备→活动门安装→安装固定门→安装端头门→安装端头固定门→安装端头活动门→端头门与端墙打胶绝缘。

7.6.5.3 施工控制要点

（1）活动门安装

1）辅件安装。

2）活动门与门机螺栓连接，调整高度，拧紧固定螺栓。

3）按设计要求用扭力扳手拧紧，做好红色紧固标记和记录。

（2）固定门安装

固定门安装到位，并用辅件（固定销）固定。

（3）应急门安装

与门轴连接并用螺栓紧固。

（4）端头门安装

1）头活动门与门轴连接并用螺栓紧固。

2）安装端头固定门，到位后用辅件（固定销）固定。

3）端头门与端墙之间打绝缘胶。

7.6.5.4 质量控制要点

（1）严格按照设计文件、安装要求施工。

（2）固定门两侧固定销安装后必须采取临时固定措施。

（3）分别控制好活动门、固定门与立柱之间的间隙。

（4）门体安装后要做警示标志，以防碰撞和损坏。

7.6.6 外装饰板安装施工

7.6.6.1 工艺概述

外装饰施工主要内容有固定面板、活动面板、胶条及辅件等。

7.6.6.2 施工工艺流程

施工准备→安装固定面板→安装活动面板→安装蜂鸣器→安装指示灯→安装胶条。

7.6.6.3 施工控制要点

（1）固定面板安装，调整垂直度和平整度。

（2）活动面板安装，调整垂直度和平整度。

（3）安装指示灯、蜂鸣器。

7.6.6.4 质量控制要点

（1）面板表面不得损坏、划伤。

（2）搬运安装时注意保护面板涂层。

（3）面板安装采用拉线控制其平面整齐度。

（4）指示灯应安装排列整齐。

（5）胶条安装必须平整。

7.6.7 线槽、电缆铺设安装施工

7.6.7.1 工艺概述

线槽、电缆铺设主要有：站台门管理室至车站控制室的线槽、电缆的铺设；站台门管理室至通信机房的线槽、电缆的铺设；站台门管理室至站台控制盒的线槽、电缆的铺设；站台门管理室至站台门门体设备的电缆的铺设等组成。

7.6.7.2 施工工艺流程

施工准备→走线槽定位→安装支撑架→安装管线槽→安装门机线槽→接地、防腐处理→检查管线槽位置→穿放电缆→电缆连续性测试→电缆绝缘测试→电缆后期处理。

7.6.7.3 施工控制要点

（1）线槽走向定位

1）根据施工设计图纸及综合管线图确定管线槽的位置，画线标识，注意保证电力管线与其他管线的间距。

2）根据各设备位置确定管线分支位置及安装方式。主干径路应尽量减少管线转弯，尽量避免与其他管线交叉，并且留有便于施工、维护的空间。

（2）支撑架安装

1）支撑架定位、打孔。

2）支撑架安装牢固，间距符合设计要求。安装时可用拉细线方法调节支撑架的平直。

（3）管线槽切割、套丝及安装固定。

7.6.7.4 质量控制要点

（1）严格按照设计文件及《建筑电气工程施工质量验收规范》GB 50303—2015 进行施工。

（2）各种支撑架安装牢固美观，同一条直线上支、吊架偏差不大于 5mm。

（3）管子弯曲半径符合施工规范。

（4）线缆在管内无接头，盒（箱）内清理无杂物，线缆整齐，钢管护口、护套齐全，不脱落。

（5）线缆的品种、规格、质量必须符合设计要求和国家标准的规定。

7.6.8 电气设备安装施工

7.6.8.1 工艺概述

电气设备主要有电源系统（直流屏、馈线屏、电池屏），控制系统［主控机（PSC）、站台控制盒（PSL）、门机控制器（DCU）、就地控制盒（LCB）、紧急控制面板（IBP）］，

监视系统（主监控系统 MMS、综合监控盘、声光告警系统）组成。

7.6.8.2 施工工艺流程

施工准备→安装电源系统→安装监控系统→安装控制系统→安装各类操作面板→安装监视系统→接线通电。

7.6.8.3 施工控制要点

(1) 设备安装：监控系统、电源系统等设备安装，配电柜 PSC 到各系统设备间电力电缆、控制电缆敷设，不间断电源设备安装，电池柜安装。

(2) 设备外观及内部模块、配线检查。

(3) 电源线敷设时注意与其他控制电缆的间距，并对各系统电缆采用钢管或金属槽进行防护。电源系统未调试完成不得将各系统电源线接入配电柜输出端，各设备电源线在电源系统未调试完成前不得接入设备，并保证芯线间、芯线对地不短路。

(4) 安装完成后受电，受电时密切注意设备状态，采用逐级电源打开，出现问题可随时判别。

7.6.8.4 质量控制要点

(1) 各系统电缆接入设备输出端时须检查检测缆线的连接状况。

(2) 所有系统电源线敷设并接入电源设备后必须标识清楚。

(3) 电气设备的柜、屏、箱、盘的布置应符合国家标准的有关要求。

(4) 电气设备的柜、屏、箱、盘之间的电缆、电线应可靠连接。

7.6.9 绝缘层施工

7.6.9.1 工艺概述

在每座车站站台边缘距离站台门一定范围内敷设模块化绝缘层，其设置宽度暂定为：站台边缘站台门门槛靠公共区侧敷设净宽度不小于 1200mm（宽）绝缘层（具体宽度在第一次设计联络阶段进行确认）；端门门槛公共区侧敷设 1500mm 宽，端门门槛设备区侧敷设 1500mm 宽敷设绝缘层。本工程共计 18 座车站 36 侧站台敷设绝缘层约 8460m^2。最终宽度在设计联络时确定，最终以实际供货产品的喷涂范围核算面积。

7.6.9.2 施工工艺流程

找平层施工→测量放线→绝缘支撑架安装→绝缘层铺设→第一次绝缘检测→石材铺贴（装修单位施工，绝缘层单位配合）→第二次绝缘检测→绝缘缝打胶→第三次绝缘检测。

7.6.9.3 施工控制要点

(1) 车站装修需要给绝缘层的敷设预留的条件

1) 非绝缘区装修作业面划分完成，绝缘区宽度及标高预留符合设计要求。

2) 绝缘区域的施工，需在屏蔽门、绝缘区吊顶及非绝缘区地面装修层完成，绝缘区域内装修石材到场，并做好周围保护措施后方可进行。

3) 地面垫层、预埋在垫层内的管线均已完成。

4) 地面垫层完全硬化；环境温度在 0～45℃之间，空气相对湿度不大于 95%。

5) 绝缘材料防止贮存在潮湿、温度变化大、太阳直接照射等的库房。

6) 材料进场后，应侧立堆放在库房内，光面相对、前面垫松木条，并在板下加垫木方。详细核对品种、规格、数量等是否符合设计要求，有裂纹、缺棱、掉角、翘曲和表面有缺陷时，应予剔除。

（2）测量放线

按平行及垂直轨道中心线方向分别放线，按绝缘区的设计宽度及分段长度分别弹线标记，在绝缘区四周拉好水平线；按轨顶标高基准线测量，或以门槛及非绝缘区地面石材完成面为标高基准面，确定标高控制线。

（3）结构要求

对原结构面进行清理，去除表面凸起物，特别是钢筋头、螺栓、钉子，要用切割机切除，凿平。

（4）垫层找平层施工及处理（装修单位）

1）施工：采用水泥砂浆进行找平层施工，垫层完工后至少 7d 时间养护。施工区域四周围上警戒线，挂上施工标志。

2）养生及处理：养生完毕，所有表面要干净、干燥、平整、无尖锐凸起或孔隙。

（5）绝缘区单元段分段设置

1）为解决因某点漏电导致整体站台绝缘失效的问题，对站台绝缘区进行结构分段，这样即使某段绝缘不合格也不会影响其他单元段，既便于快速查找原因，也利于方便检修，且检修成本最低。

2）为兼顾站台地面整体的装修效果，建议按以两个滑动门为一个单元体间的固定门门中分段，或者按装修地面材料伸缩缝的位置分段。

3）分段后各段互相独立，绝缘互不影响，绝缘层的施工按段进行。绝缘区分为多段，该系列单元段组成整体绝缘区，段与段之间用绝缘密封胶相连。

（6）固定绝缘支撑架

1）确定支撑架位置，固定支撑架，形成若干独立绝缘单元段框型结构。

2）绝缘支撑架自身为绝缘体，不影响绝缘层性能；独特的圆弧设计，解决了绝缘层材料在阴角处被撑破的问题，保证了绝缘层的长期有效性。

3）将绝缘区分割成独立绝缘单元块，利于整体控制。

4）在绝缘区分隔缝位置收口打胶时，为绝缘密封胶提供支撑作用，避免日后密封胶的脱落，更能够规避地下水汽从绝缘密封胶处道通，进而影响绝缘效果的风险。

（7）铺设 PSPE 盒式三聚绝缘层

按照施工图，用米尺和弹线确定分边位置，把 PSPE 卷材铺放在需绝缘表面上，对齐弹线，把卷材平铺展开，保持对齐的位置，将 PSPE 卷材平整地铺贴到底材表面上，把卷材回卷并拉紧，在卷材表面铺设面层。

（8）第一次绝缘检测

三方（甲方、监理单位、乙方）初验收，在单元块绝缘层内任测两点。兆欧表负电极点接地，正电极点接绝缘层，记录测量结果，检测值≥500MΩ 为合格，将绝缘层移交给装修单位进行石材铺贴，装修单位石材铺贴过程需绝缘层施工单位进行配合。

（9）第二次绝缘检测

三方（甲方、监理单位、乙方）过程控制验收，每个单元段内任测两有效检测点。兆欧表负电极点接接地点，正电极点接绝缘层内检测点，记录测量结果，检测值≥0.5MΩ 为合格，对于检测值不合格的单元段，需进行返工处理，合格后方可进行下一步绝缘层翻边裁切施工作业。

（10）第三次绝缘检测，验收检测

三方（甲方、监理单位、乙方）结果验收，每个单元段内任测两有效检测点。兆欧表负电极点接接地点，正电极点接绝缘层内检测点，记录测量结果，检测值≥0.5MΩ 为合格，可以进行验收作业。

7.6.9.4 质量控制要点

（1）基层要平整，无尖锐凸起和颗粒。

（2）严禁剪切绝缘层材料，杜绝私自剪切层材料，确保层材料的整体完好。

（3）保证绝缘分隔缝的干净干燥，应注意四周的卫生，不可将砂浆、沙灰或水灌到绝缘缝里。

（4）卷材切割面应位于石材上下表面之间。

（5）绝缘层石材铺贴过程全程监控，绝缘卷材有被损坏的，该损坏区域的石材铺贴暂停，等绝缘层完成修补后再进行铺贴。

（6）沙子、水泥等材料应过细筛后使用，确保沙里没有砖块、石头、钢筋、碎玻璃或钉子之类的杂物。

（7）运送材料时严禁直接从卷材上行走。

（8）不可用铁锹等金属工具直接在绝缘卷材上拌灰、铲灰等。

（9）施工人员手里的抹刀，在添减灰时应注意，不可太用力，尽量减少有切、削的犀利动作。

（10）施工人员应注意单元块四边上翻卷材的高度和分格缝的卫生，不可将上翻卷材压在沙灰下或者将砂浆灌到缝里去，应避免上翻卷材被踩破或踩脏。

7.7 装饰装修工程施工质量控制

装饰装修工程的作用是保护建筑物各种构件免受自然的风、雨、潮气的侵蚀，改善隔热、隔声、防潮功能，提高建筑物的耐久性，延长建筑物的使用寿命。同时，为人们创造良好的生产、生活及工作环境。

7.7.1 离壁沟

7.7.1.1 工艺概述

在地铁装修中，离壁沟是顺着地铁墙壁的排水地沟，和普通的地沟一样进行混凝土浇筑和涂刷防水涂料，离壁沟的主要作用为排水。

7.7.1.2 施工工艺流程

基层处理→涂刷基层涂料→增强部位涂抹→涂布第一道涂膜防水层→涂布第二道涂膜防水层→涂布第三道涂膜防水层→检查验收。

7.7.1.3 施工控制要点

（1）基层处理

涂刷防水层施工前，先将基层表面的杂物、砂浆硬块等清扫干净，并用干净的湿布擦一次，经检查基层无不平、空裂，起砂等缺陷，方可进行下道工序。

（2）涂刷基层涂料

涂刷基层涂料目的是隔绝基层潮气，提高涂膜同基层的粘结力。小面积施工可用油漆刷将底层涂料细致均匀地涂刷在处理好的基层上。大面积施工应先用油漆刷沾底层涂料，将阴阳角、降水管等细部均匀地涂布一遍，再用长把滚刷在大面积基层上均匀地涂布底层涂料。要注意涂布均匀、厚薄一致，不得漏涂。涂布间隔 24h 以上（具体时间应根据施工温度测定），待底层涂料固化干燥后，方可施工下道工序。

（3）增强部位涂抹

阴阳角、降水管、施工缝及裂纹处等均需做增强防水处理措施。增强涂布与增补涂布可在涂刷底层涂料后进行，也可在涂布第一道涂膜防水层以后进行，还可在每相邻两层涂膜之间进行。具体做法如下：第一道涂膜施工前在该部位刷底胶铺贴一遍玻璃纤维布。增强涂布是涂膜防水层的最初涂层，因此涂布操作时要认真仔细，保证质量，不得有气孔、鼓泡、褶皱、翘边等现象。

（4）涂刷第一道涂膜

在前一道涂膜加固层的材料固化并干燥后，应先检查其附加层部位有无残留的气孔或气泡，如没有，即可涂刷第一层涂膜；如有气孔或气泡，则应用橡胶刮板将混合料用力压入气孔，局部再刷涂膜，然后进行第一层涂膜施工。涂布第一道聚氨酯涂膜防水材料，可用橡皮板刷均匀涂刷，力求厚薄一致，平面或坡面施工后，在防水层未固化前不宜上人踩踏。

（5）涂刮第二道涂膜

第一道涂膜固化后即可在其上均匀涂刷第二道涂膜，其施工方法与第一道相同，但涂刷方向应与第一道的涂刷方向垂直。涂布每一道涂膜与上一道相隔的时间以上道涂膜的固化程度确定，一般不小于 4h（以手感不黏为准）。

（6）涂布第三道涂膜

第二道涂膜固化后可在其上均匀涂刷第三道涂膜，其涂刷方向与第二道的涂刷方向垂直。

7.7.1.4 质量控制要点

（1）排水沟挡水槛已做完，穿过排水沟地面及楼面的所有立管、套管已做完，并已固定牢固，经过验收。

（2）排水沟地面找平层已做完，标高符合要求，表面应抹平压光、坚实、平整，无空鼓、裂缝、起砂等缺陷。

（3）按照设计施工找平层的泛水坡度，不得局部积水，与墙交接处及转角处、管根部位，均要抹成均匀一致、平整光滑的圆弧形，要用专用抹子抹。凡是靠墙的管根处均要抹出设计坡度，避免此处积水。

（4）涂刷防水层的基层表面，应将尘土、杂物清扫干净，表面残留灰浆硬块及高出部分应刮平、扫净。对管根周围不易清扫的部位，应用毛刷将灰尘等清除。

（5）基层做防水涂料之前，在突出地面和墙面的管根、地漏、排水口、阴阳角等易发生渗漏的部位，应做附加层等增补处理。

（6）离壁沟基层抹灰要压光，要求平整、无空鼓、裂缝、起砂等缺陷。穿过防水层的管道及固定卡具应提前安装，按设计要求做好管根处理。

（7）根据墙上的100cm标高线，弹出墙面防水高度线，标出立管与标准地面的交界线，涂料涂刷时要与此线持平。

（8）环境温度保持在5℃以上。

（9）涂层厚度（设计厚度）符合要求。

7.7.2 地面工程

7.7.2.1 细石混凝土地面

（1）工艺概述

细石混凝土地面施工是在楼面结构或地面垫层上直接用细石混凝土做楼面面层，随打随抹、一次成型的工艺。

（2）施工工艺流程

找标高、弹面层的水平线→基层处理→洒水润湿→抹灰饼→摊铺混凝土→刷素水泥浆→抹面层→养护。

（3）施工控制要点

1）找标高、弹面层水平线：根据墙面上已有的+50cm水平标高线，量测出地面面层的水平线，弹在四周的墙面上。

2）基层处理：先将灰尘清扫干净，然后将粘在基层上的浆皮铲掉，再用清水将基层冲洗干净。

3）洒水润湿：在抹面层的前一天对基层表面进行洒水润湿。

4）抹灰饼：根据已弹出的面层水平标高线，横竖拉线，用与细石混凝土相同配合比的拌合料抹灰饼，横竖间距1.5m，灰饼上标高就是面层标高。

5）刷素水泥浆结合层：在铺设细石混凝土面层以前，在已湿润的基层上刷一道1∶0.4～0.5（水泥∶水）的素水泥浆，不要刷的面积过大，要随刷随铺细石混凝土，避免时间长水泥浆风干导致面层空鼓。

6）细石混凝土搅拌：细石混凝土面层的强度等级符合设计要求，必须按配合比施工，坍落度不大于30mm。

7）面层细石混凝土铺设：将搅拌好的细石混凝土铺抹到地面面层上（水泥浆结合层要随刷随铺），紧接着用2m长刮杠顺着标筋刮平，用平板振捣振实，再用2m长刮杠刮平（操作时均要从房间内往外退着走）。

① 混凝土垫层在纵横方向上，做间距不大于7m预留缩缝处理。

② 第一遍抹压：用铁抹子轻轻抹压一遍直到出浆为止。

③ 第二遍抹压：当面层砂浆初凝后，地面面层上有脚印但走上去不下陷时，用铁抹子进行第二遍抹压，把凹坑、砂眼填实抹平，注意不得漏压。

8）养护：面层抹压完24h后，进行浇水养护，每天不少于2次，养护时间一般不少于7d（养护期间禁止踩踏）。

（4）质量控制要点

1）面层有泌水现象，要立即洒水1∶1（水泥∶砂）泥砂干拌合料，撒均匀、薄厚一致，木抹子搓压时要用力，使面层与混凝土紧密结合成整体。

2）基层如有水泥浆皮及油污需及时清理干净。

3）保证铁抹子抹压遍数，最后一遍抹压时应抹压均匀，将抹纹压光压平。

4）面层的材质、强度和密实度必须符合施工要求。

5）面层与基层的结合必须牢固，无空鼓。

6）面层表面洁净，无裂纹、脱皮、麻面和起砂等现象。

7）有地漏的面层，坡度合乎要求，不倒泛水、不渗漏、无积水、与地漏（管道）结合处严密平顺。

8）水泥混凝土面层表面平整度允许偏差为 5mm。

7.7.2.2 花岗石地面

（1）工艺概述

花岗石地面是采用花岗石铺贴的地面，花岗石以石英、长石和云母为主要成分。其中长石含量为 40%～70%，石英含量为 20%～40%，其颜色决定于所含成分的种类和数量，石质坚硬密实，色泽美观。

（2）施工工艺流程

基底处理→弹中心线→试拼试排→刮素水泥浆→花岗石铺设→勾缝→饰面清理→打蜡→检查验收。

（3）施工控制要点

1）基层处理：将混凝土基层上的杂物清理掉，如基层有油污时，应用 10%火碱水刷净，并用清水及时将其上的碱液冲净。

2）找标高、弹线：根据墙上的＋50cm 水平标高线，往下量测出面层标高，并弹在墙上。

3）抹找平层砂浆：在房间分中、从纵、横两个方向排尺寸，当尺寸不足整砖倍数时，将非整砖用于边角处，横向平行于门口的第一排应为整砖，将非整砖排在靠墙位置，纵向（垂直门口）应在房间内分中，非整砖对称排放在两墙边处。

4）铺砖：铺时应从里向外退着操作，人不得踏在刚铺好的砖面上，每块砖应跟线。

5）勾缝擦缝：面层铺贴应在 24h 内进行擦缝、勾缝工作。并应采用同品种、同强度、同颜色的水泥。

6）养护：铺完砖 24h 后，洒水养护，时间不应少于 7d。

（4）质量控制要点

1）基层处理

① 石材施工前将地面基层上的落地灰、浮灰等杂物细致的清理干净，并用钢丝刷或钢扁铲清理，但不要破坏结构的保护层。厚度无设计要求时一般为 25～30mm 厚（有设计要求时按其进行施工）。

② 基层处理应注意达到施工条件的要求，考虑到装饰厚度的需要，在正式施工前用少许清水湿润地面。

2）基层弹线

① 在地面弹互相垂直的十字控制线，用以检查和控制石材板块的位置，十字线可以弹在地面上并引至墙面底部。

② 在房间的墙四周弹出标高控制线和做出标高控制，检查与楼梯或有其他不同面层材料部位的标高交圈和过渡。在地面弹出十字线后，并根据石材规格在地面弹出石材分

格线。

3）预铺

① 首先应在图纸设计要求的基础上，对石材的颜色、纹理、几何尺寸、表面平整等进行严格的挑选，然后按照图纸要求预铺。对于预铺中可能出现的误差进行调整、交换，直至达到最佳效果（调整后的石材编号画在石材分格图上，按铺贴顺序堆放整齐备用）。同时注意采用浅色石材并其质地密度较小的，应在石材的背面和所有侧面涂刷隔离剂，以防止石材铺装时吸水影响石材的表面美观。

② 具体方法是在房两个垂直方向，铺两条干砂带，其宽度大于石材板块，厚度不小于 3cm。依据石材板块的编号和施工的现场大样图，并结合实际尺寸将其板块排好，以此检查板块之间的缝隙，核对各部位的相对位置。

4）石材铺设

① 结合层：在铺装砂浆前将基层清扫干净后用喷壶洒水湿润，刷素水泥浆（水灰比为 1∶0.5 左右，做到随刷随铺）。

② 铺砂浆层：在地面上按照水平控制线确定找平层厚度，并用十字线纵横控制，石材镶贴采用水泥砂浆进行施工。

③ 铺装石材：把已编号的石材按照排列顺序从远离门口一侧开始，按照试拼编号依次铺砌至门口。铺装前将板预先浸湿后晾干备用，先进行试铺，对好纵横缝，用橡皮锤敲击垫木板（不得用橡皮锤直接敲击石材板面），振实砂浆至铺设高度后，将板移至一旁，检查砂浆上表面与板块之间是否吻合，如有空虚之处应填补干硬性砂浆，然后正式铺装。在砂浆层上满浇一层水灰比为 1∶0.5 的素水泥浆结合层，安放时要四角同时往下落，用橡皮锤或木锤轻击垫木板，用水平尺控制铺装标高，然后安装顺序镶铺。

5）勾缝

依据石材的颜色添加同颜色的矿物颜料均匀调制成 1∶1 稀水泥浆，用浆壶分次灌入缝隙内或者用干水泥拌合色粉擦缝。完成后及时将石材板面的水泥浆用棉丝清理干净后加以保护。

6）打蜡

要求打蜡前必须对地面进行彻底清理做到无任何污物。打蜡一般应按所使用蜡的操作工艺进行，原则上烫硬蜡，擦软蜡，蜡洒布均匀，不露底色，色泽一致，表面干净。

7）花岗石砖铺贴面层表面平整度允许偏差 2mm，缝格平直允许偏差 2mm，接缝高低差允许偏差 0.5mm，踢脚线上口平直允许偏差 2mm，板块间隙宽度允许偏差 1mm。

7.7.2.3 地砖地面

（1）工艺概述

地砖地面是采用地砖铺贴的地面，地砖是一种地面装饰材料，也叫地板砖。用黏土烧制而成，规格多种。质坚、耐压耐磨，能防潮。有的经上釉处理，具有装饰作用。

（2）施工工艺流程

清理基层→找标高弹水平控制线→贴灰饼→块料浸水→刷水泥浆结合层→摊铺砂浆找平层（结合层）→铺贴板块→勾缝。

（3）施工控制要点

1）根据标高控制线，从房间四角向地漏处按设计要求的坡度进行找坡，并确定四角及地漏顶部标高，用1∶3水泥砂浆找平，找平打底灰厚度一般为10～15mm，铺抹时用铁抹子将灰浆摊平拍实，用刮杠刮平，木抹子搓平，做成毛面，再用2m靠尺检查找平层表面平整度和地漏坡度。找平打底灰抹完后，于次日浇水养护2d。

2）对铺贴的房间检查净空尺寸，找好方正，定出四角及地漏处标高，根据控制线先铺贴好靠边基准行的块料，由内向外挂线逐行铺贴，并注意房间四边第一行板块铺贴必须平整，找坡应从第二行块料开始依次向地漏处找坡。

3）根据地面板块的规格，排好模数，非整砖块料对称铺贴于靠墙边，且不小于1/2整砖，与墙边距离应保持一致，严禁出现"大小头"现象，保证铺贴好的块料地面标高低于走廊和其他房间不少于20mm，地面坡度符合设计要求，无倒泛水和积水现象。

4）地漏（清扫口）位置在符合设计要求的前提下，宜结合地面面层排板设计进行适当调整。并用整块（块材规格较小时用四块）块材进行套割，地漏（清扫口）双向中心线应与整块块材的双向中心线重合；用四块块材套割时，地漏（清扫口）中心应与四块块材的交点重合。套割尺寸宜比地漏面板外围每侧大2～3mm，周边均匀一致。镶贴时，套割的块材内侧与地漏面板平齐，且比外侧低（找坡）5mm（清扫口不找坡）。待镶贴凝固后，清理地漏（清扫口）周围缝隙，用密封胶封闭，防止地漏（清扫口）周围渗漏。

5）铺贴前在找平层上刷素水泥浆一遍，随刷浆随抹粘结层水泥砂浆，配合比为1∶2～1∶2.5，厚度10～15mm，铺贴时对准控制线及缝子，将块料铺贴好，用小木锤或橡皮锤敲击至表面平整，缝隙均匀一致，将挤出的水泥浆擦干净。

6）擦缝、勾缝应在24h内进行，用1∶1水泥砂浆（细砂），要求缝隙密实平整光洁。勾缝的深度宜为2～3mm。擦缝、勾缝应采用同品种、同一强度等级、同一颜色的水泥。

7）面层铺贴完毕24h后，洒水养护2d，用防水材料临时封闭地漏，放水深20～30mm进行24h蓄水试验，经监理、施工单位共同检查验收签字确认无渗漏后，地面铺贴工作方可完工。

（4）质量控制要点

1）新铺地砖的地面做临时封闭，当操作人员和检查人员踩踏新铺砌的地砖表面时，要穿软底鞋并轻踏在一块板材中。

2）待粘贴层符合强度要求后，在其表面覆盖双层塑料布和木夹板保护。

3）地面地砖铺贴完毕，三天内实行封闭管理，防止人员进入，三天后用双层塑料布和木夹板覆盖保护。

4）砖面层表面平整度允许偏差2mm，缝格平直允许偏差3mm，接缝高低允许偏差0.5mm，踢脚线上口平直允许偏差3mm，板块间隙宽度允许偏差2mm。

7.7.3 墙、柱面工程

7.7.3.1 石材干挂

（1）工艺概述

石材干挂法又名空挂法。是目前墙面装饰中一种新型的施工工艺。该方法以金属挂件将饰面石材直接吊挂于墙面或空挂于钢架之上，不需再灌浆粘贴。其原理是在主体结构上设主要受力点，通过金属挂件将石材固定在建筑物上，形成石材装饰幕墙。

（2）施工工艺流程

基层处理→饰面位置放线→石材钻孔或开槽→安装挂件膨胀螺栓→安装挂件→安装饰面石材→复核并调校饰面石材位置→用环氧树脂填实石材上的连接孔、槽→用橡胶条或泡沫条填塞拼接缝并打封缝硅胶→饰面清理。

（3）施工控制要点

1）基层混凝土墙面处理：混凝土墙面平整度误差过大的地方应进行剔凿处理，平整度应控制在 4mm 以内。

2）放线：按设计要求在墙面上弹出控制网，由中心向两边弹放。应弹出每块板的位置线和每个挂件的具体位置。

3）石材钻孔或切槽：为保证所开孔、槽的准确度和减少石材破损，应使用专门的机架，以固定板材和钻机等。按照放线的位置在墙面上打出膨胀螺栓的孔位，孔深以略大于膨胀螺栓套管的长度为宜。埋设膨胀螺栓并予以紧固，最后用测力扳手检测连接螺母的旋紧力度，使之达到设计的要求。

4）安装连接件：干挂石材一般采用不锈钢连接件。注意调节挂件一定要安装牢固。

5）石材开槽：安装石材前用云石机石材的侧面开槽，开槽深度依照挂件的尺寸进行，一般要求不小于 1cm 并且在板材后侧边中心进行开槽。为了保证开槽不崩边，开槽距边缘距离为至少 1/4 边长且不小于 50mm，并将槽内的石灰清理干净以保证灌胶粘结牢固。

6）石材安装：石材安装是从底层开始，吊好垂直线，然后依次向上安装。必须对石材的材质、颜色、纹路、加工尺寸进行检查，按照的石材编号将石材轻放在 T 形挂件上，按线就位后调整准确位置，并立即清孔，槽内注入胶，要求锚固胶保证有 4～8h 的凝固时间，以避免过早凝固而脆裂，过慢凝固而松动，板材垂直度、平整度、拉线校正后扳紧螺栓。安装时注意各种石材的交接和接口，保证石材安装交圈。

7）打胶：对于要求密缝的石材拼接不用打胶；设计要求留缝的墙面，需要在缝内填入泡沫条后用有颜色的大理石胶打入缝隙内。为了保证打胶的质量，用事先准备好的泡沫条塞入石材缝隙，预留好打胶尺寸，既不需要太深，也不应太浅，要求密实，并在石材的边缘贴上胶带纸然后打胶，一般要求打胶深度在 7～10mm，保证雨水不能进入骨架内即可。待完成后轻轻将胶带纸撕掉使打胶边成一条直线。

8）清理：勾缝或打胶完毕后，用棉纱等物对石材表面清理，干挂也须待胶凝固后，再用壁纸刀、棉纱等物对石材表面清理。需要打蜡的一般应按照使用蜡的操作方法进行，原则上应烫硬蜡，擦软蜡，要求均匀不露底色，色泽一致，表面整洁。

9）成品保护：

① 运输石材时应特别小心，避免磕碰边角，必要时用地毯与软物等包住边角。

② 堆放石材要整齐牢固，堆放位置要在房间选好，避免来回搬运及雨淋，石材堆放要 75°立着堆放，下面用木方固定，切石材要光面对光面放置。

③ 施工完后，应做好警示牌或设置防护栏杆，特别是柱、墙阳角等处避免来回运输磕碰石材。

④ 打胶时应避免在房间有灰尘时进行，必要时先清扫房间，打胶控制在打蜡前进行。

⑤ 在施工过程中垃圾应随时清理，做到工完场清，责任到人，奖罚分明。

⑥ 应设专职成品保护人员，制定成品保护制度并严格执行。

（4）质量控制要点

1）石材墙面工程所用材料的品种、规格、性能和等级，应符合设计要求及国家现行产品标准和工程技术规范的规定。石材的弯曲强度不应小于 8.0MPa，吸水率应小于 0.8%。石材幕墙的铝合金挂件厚度不应小于 4mm，不锈钢挂件厚度不应小于 3mm。

2）石材墙面的造型、立面分格、颜色、光泽、花纹和图案应符合设计要求。

3）石材孔、槽的数量、深度、位置、尺寸应符合设计要求。

4）石材墙面连接件与金属框架的连接、连接件与石材面板的连接必须符合设计要求，安装必须牢固。

5）金属框架和连接件的防腐处理应符合设计要求。

6）石材表面和板缝的处理应符合设计要求。

7）石材表面应平整、洁净，无污染、缺损和裂痕。颜色和花纹应协调一致，无明显色差，无明显修痕。

8）石材的压条应平直、洁净、接口严密、安装牢固。

9）石材接缝应横平竖直、宽窄均匀；阴阳角石板压向应正确，板边合缝应顺直；凸凹线出墙厚度应一致，上下口应平直；石材面板上洞口、槽边应套割吻合，边缘应整齐。

10）墙、柱面石材干挂表面平整允许偏差 1mm；立面垂直允许偏差 2mm；阳角方正允许偏差 2mm；接缝平直允许偏差 2mm；接缝高低允许偏差 0.3mm；接缝宽度允许偏差 0.5mm。

7.7.3.2　铝板干挂

（1）工艺概述

铝板干挂是指使用金属龙骨、埋件固定于墙体后，铝板再通过刨槽、折边、加强筋、连接角码固定于龙骨，主要用于装饰作用。

（2）工艺流程

测量放线→骨架、角码、挂件安装→安装铝板。

（3）施工控制要点

1）测量放线

按照图纸设计要求的控制线进行定位放线，利用精密仪器，如水准仪、铅垂仪等，对“三线”进行精密复尺，然后放出各工作面的施工线，定出铝板平面基准线确定立柱的前后位置，根据设计师和甲方意图进行分格排板，绘制排板图和效果图，经复核后进行下一步施工。

2）骨架、角码、挂件安装

① 龙骨设计采用三维可调系统，龙骨、铝板均可进行微调。钢架与主体结构连接的锚固件应牢固、位置准确，预埋件的标高偏差不得大于 10mm，预埋件位置与设计位置的偏差不得大于 20mm；钢架与锚固件的连接及钢架镀锌处理应符合设计要求；钢架制作及焊接质量应符合现行国家标准《钢结构工程施工质量验收标准》GB 50205—2020 及《钢结构焊接规范》GB 50661—2011 的有关规定。

② 在建筑物墙体钻螺栓、穿墙螺栓安装孔的位置应满足铝板安装时角码板调节要求，钻孔用的钻头应与螺栓直径相匹配，钻孔应垂直，钻孔深度应能保证胀锚螺栓进入混凝土结构层不小于 70mm，钻孔内的灰粉应清理干净，方可塞进胀锚螺栓，穿墙螺栓的垫板应保证与钢丝网可靠连接，钢丝网搭接应符合设计要求，螺栓紧固力矩应取 40～45N·m，

并应保证紧固可靠。

③ 挂件连接应牢固可靠，不得松动，挂件的位置调节适当，并应能保证铝板连接固定位置准确，挂件的螺栓紧固力矩应取 40～45N·m，并应保证紧固可靠，挂件连接钢架L型钢的深度不得小于 3mm，附螺栓紧固可靠且距离不宜大于 300mm，挂件与钢材接触面，宜加设橡胶或塑胶隔离。钢结构龙骨安装完毕后，进行隐检验收，其平整度、垂直度、接缝交差、坡度焊缝均须符合要求，做好隐蔽检验记录后才能转入下一道工序。

3）安装铝板

① 铝板在安装之前，必须根据设计师和业主意图在现场实测分格排板，绘制排板图和效果图，并确定每块板的尺寸及编号。铝板禁止在现场开槽或钻孔，一切孔洞均现场实测后、在铝板出厂前预留，加工成半成品现场组合。铝板的安装顺序宜由下往上进行，避免交叉作业。

② 除设计特殊要求外，同一幅墙面的铝板色彩应一致，板的拼缝宽度应符合设计要求。安装质量应符合规程表规定，铝板的槽（孔）内及挂件表面的灰粉应清理干净，扣齿板的长度应符合设计要求；当设计未作规定时、不锈钢扣齿板与瓷板支承边等长，铝合金扣齿板比铝板支承边短 20～50mm，扣齿或销钉插入铝板深度应符合设计要求，扣齿插入深度允许偏差为±1mm，钉插入深度允许为±2mm，当为不锈钢挂件时，应将环氧树脂浆液抹入槽（孔）内，满涂挂件与瓷板的接合部位，然后插入扣齿或销钉。

（4）质量控制要点

1）铝板的品种、防腐、规格、形状、平整度、几何尺寸、光洁度、颜色和图案必须符合设计要求，要有产品合格证。

2）铝板与基底应安装牢固；用料、干挂配件必须符合设计要求和国家现行有关标准的规定，碳钢配件需做防锈、防腐处理。

3）面表平整、洁净；拼花正确、纹理清晰通顺，颜色均匀一致；非整板部位安排适宜，阴阳角处的板压向正确。

4）缝均匀，板缝通顺，接缝填嵌密实，宽窄一致，无错台错位。

5）突出物周围的板采取整板套割，尺寸准确，边缘吻合整齐、平顺，墙裙、贴脸等上口平直。

6）立面垂直度：允许偏差≤2mm，用 2m 垂直检测尺检查。

7）表面平整度：允许偏差≤2mm，用 2m 靠尺和塞尺检查。

8）阴阳角方正：允许偏差≤3mm，用直角检测尺检查。

9）接缝直线度：允许偏差≤2mm，拉 5m 线。

10）接缝高低差：允许偏差≤1mm，用钢直尺和塞尺检查。

11）接缝宽度：允许偏差≤1mm，用钢直尺检查。

7.7.3.3 陶瓷板干挂

（1）工艺概述

陶瓷板干挂是将陶瓷板用特制的不锈钢等金属支架固定在墙面上。陶瓷板是一种以天然陶土为主要原料，配合一定量的长石和石英，通过挤压成形，再经 1200℃左右高温烧制而成的建筑瓷砖。

（2）施工工艺流程

基层处理→饰面位置放线→陶瓷板粘贴挂件→安装挂件膨胀螺栓→安装挂件→安装饰面陶瓷板→复核并调校饰面陶瓷板位置→饰面清理。

(3) 施工控制要点

1) 基层混凝土墙面处理：混凝土墙面平整度误差过大的地方应进行剔凿处理，平整度应控制在 4mm/2m 以内。

2) 放线：按设计要求在墙面上弹出控制网，由中心向两边弹放。应弹出每块板的位置线和每个挂件的具体位置。

3) 安装连接件：干挂陶瓷板一般采用铝合金连接件。注意调节挂件一定要安装牢固。

4) 陶瓷板安装：陶瓷板安装是从底层开始，吊好垂直线，然后依次向上安装。必须对陶瓷板的材质、颜色、纹路、加工尺寸进行检查，按照陶瓷板编号将陶瓷板轻放在 T 型挂件上，按线就位后调整准确位置，陶瓷板的垂直度、平整度、拉线校正后扳紧螺栓。安装时注意各种陶瓷板的交接和接口牢固。

5) 清理：用棉纱等物对石材表面清理。色泽一致，表面整洁。

(4) 质量控制要点

安装工艺需符合现行通用墙面砖干挂相关标准，供货厂商需保证所提供的产品在物理性能上符合地铁空间所需性能，陶瓷板厚度需大于 12mm。陶瓷板干挂采用旋进式锚栓固定，供货厂商需考虑产品背栓所产生的物理性能的影响。

1) 颜色应满足设计要求，所有颜色以设计单位、招标人、监理单位最终确认的样板为准。

2) 所有材料外观良好，无变形，没有容易造成肢体受伤的毛口、毛刺、尖角存在。零配件中不能有妨碍组装的缺陷。

3) 同一批产品应无明显可见色差，单独车站必须保证为同一批次产品。

4) 目测无明显横竖波纹。

7.7.4 吊顶工程

7.7.4.1 工艺概述

吊顶工程是现代室内装饰处理的重要部位，它是围成室内空间除墙体、地面以外的另一主要部分。它的装饰效果优劣，直接影响整个建筑空间的装饰效果。顶棚还起吸收和反射音响、安装照明、通风和防火设备的功能作用。

7.7.4.2 工艺流程

基层弹线→安装吊筋→安装主龙骨→安装次龙骨→安装铝合金方板（方通）→饰面清理。

7.7.4.3 施工控制要点

(1) 弹线：根据楼层标高水平线，按照设计标高，沿墙四周弹顶棚标高水平线，并找出房间中心点，并沿顶棚的标高水平线，以房间中心点为中心在墙上划好龙骨分档位置线。

(2) 安装主龙骨吊杆：在弹好顶棚标高水平线及龙骨位置线后，确定吊杆下端头的标高，安装预先加工好的吊筋，吊筋安装用 $\phi 8$ 膨胀螺栓固定在顶棚上。吊筋选用 $\phi 8$ 圆钢，吊筋间距控制在 1200mm 范围内。

(3) 安装主龙骨：主龙骨间距控制在 1200mm 范围内。安装时采用与主龙骨配套的吊挂件与吊筋连接。

(4) 安装次龙骨：根据铝板/铝方通的规格尺寸，安装与板配套的次龙骨，次龙骨通过吊挂件，吊挂在主龙骨上。当次龙骨长度需多根延续接长时，用次龙骨连接件，在吊挂次龙骨的同时，将相对端头相连接，并先调直后固定。

(5) 安装金属板：铝扣板安装时在装配面积的中间位置垂直次龙骨方向拉一条基准线，对齐基准线向两边安装。安装时，轻拿轻放，必须顺着翻边部位顺序将方板两边轻压，卡进龙骨后再推紧。

(6) 铝方通安装：必须戴手套操作，避免污染，应注意轻拿轻放，拉通线控制其平整、顺直。

(7) 清理：板材安装完后，需用布把板面全部擦拭干净，不得有污物及手印等。

7.7.4.4 质量控制要点

(1) 吊顶标高、尺寸、起拱和造型应符合设计要求。

(2) 饰面材料的材质、品种、规格和颜色应符合设计要求。

(3) 饰面材料的安装应稳固严密。饰面材料与龙骨的搭接宽度应大于龙骨受力面宽度的 2/3。

(4) 吊杆、龙骨的材质、规格、安装间距及连接方式应符合设计要求。金属吊杆、龙骨应进行表面防腐、黑色粉末喷涂处理。

(5) 明龙骨吊顶工程的吊杆和龙骨安装必须牢固。

(6) 饰面材料表面应洁净、色泽一致，不得有翘曲，裂缝及缺损。饰面板与明龙骨的搭接应平整、吻合，压条应平直、宽度一致。

(7) 饰面板上的灯具、烟感器、喷淋头、风口箅子等设备的位置应合理、美观，与饰面板的交接应吻合、严密。

(8) 金属龙骨的接缝应平整、吻合、颜色一致，不得有划伤、擦伤等表面缺陷。

(9) 吊顶内填充吸声材料的品种和铺设厚度应符合设计要求，并应有防散落措施。

(10) 吊顶工程边长允许偏差 2mm，折边厚度偏差允许偏差 0.5mm，表面平整度允许偏差 2mm，角度允许偏差 0.5mm。

7.7.5 出入口钢结构工程

7.7.5.1 工艺概述

出入口钢结构工程是由钢制材料组成的出入口上部结构，结构主要由型钢和钢板等制成的梁钢、钢柱、钢桁架等构件组成，并采用硅烷化、纯锰磷化、水洗烘干、镀锌等除锈防锈工艺。各构件或部件之间通常采用焊缝、螺栓或铆钉连接。因其自重较轻，且施工简便，因而应用广泛。钢结构容易锈蚀，一般钢结构要除锈、镀锌或涂料，且要定期维护。

7.7.5.2 施工工艺流程

预埋件复验→钢柱吊装→钢梁吊装→檩条、支撑系统安装→玻璃和门安装→验收。

7.7.5.3 施工控制要点

(1) 基准点设置

根据甲方确定的轴线和平面基准点，通过经纬仪和水准仪进行复核，将复核测量出的轴线和水准点，重新标注在基础柱墩上，以加强质量控制的精确度。

(2) 结构安装

1) 进场构件应按现场吊装施工区段的安装顺序，分批配套进场，先安装的先进场，每批进场构件的编号及数量应由安装单位提前通知生产厂家。

2) 构件验收分两步进行，第一步由驻厂代表检验，存在的问题应在工厂修理合格后方可发运；第二步构件运抵现场后，由现场专职质检员先组织验收。

(3) 结构安装工艺

1) 单榀侧墙桁架构件拼装

由于侧墙桁架构件超长，为满足运输需要将构件截断。吊装前先在现场将构件拼装、焊接完毕。现场对其施焊处进行打磨，涂刷底漆、中间漆。

2) 单榀侧墙桁架构件弹线

必须对其定位轴线，标高等进行检查，并对外形尺寸、螺孔位置及直径、连接板的方位等进行全面复核。确认符合设计图纸要求后，划出单榀侧墙桁架构件上下两端的安装中心线和柱下端标高线。

(4) 构件安装

1) 两边侧墙构件的安装、校正、固定（包括预留焊接收缩量）。

2) 顶面钢横梁、水平钢支撑的安装、校正、固定。

3) 斜坡面的钢横梁、水平钢支撑的安装、校正、固定。

(5) 焊接

1) 焊接方法

综合考虑焊接效率和操作难度，现场焊接主要采用手工电弧焊（SMAW，适用于全位置焊接），配合以 CO_2 气体保护焊（GMAW，主要适用于平焊及横焊）。

2) 焊接坡口形式与尺寸

焊接坡口多采用小角度 V 型坡口形式。主要考虑在保证焊透的前提下，采用小角度、窄间隙单面焊接坡口，可减少收缩量。

7.7.5.4 质量控制要点

(1) 钢材、钢铸件的品种、规格、性能等应符合现行国家产品标准和设计要求。进口钢材产品的质量应符合设计和合同规定标准的要求。

(2) 金属龙骨的接缝应平整、吻合、颜色一致，不得有划伤、擦伤等表面缺陷。

(3) 检查进场构件的外观质量、构件的挠曲变形，牛腿的方向节点板表面损坏与变形、焊缝外观质量、有摩擦面抗滑移系数要求的表面喷砂质量。

(4) 检查构件的几何尺寸、特别是两端铣平时，构件长度（应将焊接收缩值和压缩变形值计入构件的长度内）以及平面度、垂直度。安装焊缝坡口尺寸精度和方向，构件连接处的截面几何尺寸，螺栓孔径大小及位置数量，焊钉数量及位置等。

(5) 在检查构件外形尺寸，构件上的节点板，螺栓孔等位置时，应以构件的中心线为基准进行检查，不得以构件的棱边，侧面为基准线进行检查，否则可能导致误差。

(6) 焊接材料的品种、规格、性能等应符合现行国家产品标准和设计要求。检查数量：全数检查。

(7) 重要钢结构采用的焊接材料应进行抽样复验，复验结果应符合现行国家产品标准和设计要求。

(8) 钢结构连接用高强度大六角头螺栓连接副、扭剪型高强度螺栓连接副、钢网架用高强度螺栓、普通螺栓、铆钉、自攻钉、拉铆钉、射钉、锚栓（机械型和化学试剂型）、地脚锚栓等紧固标准件及螺母、垫圈等标准配件，其品种、规格、性能等应符合现行国家产品标准和设计要求。高强度大六角头螺栓连接副和扭剪型高强度螺栓连接副出厂时应分别随箱带有扭矩系数和紧固轴力（预拉力）的检验报告。

7.7.6 不锈钢栏杆及楼梯扶手工程

7.7.6.1 工艺概述

不锈钢栏杆及楼梯扶手是建筑工程中的安全设施。在使用中起分隔、导向的作用，使被分割区域边界明确清晰，设计好的栏杆及扶手，同时具装饰意义。

7.7.6.2 施工工艺流程

预埋件复验→不锈钢栏杆及楼梯扶手安装→验收。

7.7.6.3 施工控制要点

不锈钢室内护栏安装前，经抄平放线，严格控制基础部位与支承面的纵横轴线和标高，注意护栏支撑地面的平整度，如果有倾斜应及时调整保证护栏的垂直度。

7.7.6.4 质量控制要点

(1) 不锈钢栏杆及楼梯扶手使用的材料品种、规格应符合设计要求，管壁厚度如设计无要求时，应大于 1.2mm。

(2) 栏杆及楼梯扶手安装位置应正确、牢固，扶手坡度与楼梯的坡度应一致，栏杆应垂直，间距正确。

(3) 栏杆立柱与扶手的接口应吻合，焊缝密实，焊口表面光洁度及颜色应与原材料一致。

(4) 扶手转角为弧形角时应圆顺、光滑、不变形；直拐角接口割角应正确，接缝严密，外形美观。

(5) 栏杆扶手安装直顺度允许偏差 1mm，垂直度允许偏差 1mm，间距允许偏差 2mm。

8 试验检测管理

8.1 现场试验室设施人员的配置及验收

根据《房屋建筑和市政基础设施工程质量检测技术管理规范》GB 50618—2011 规定："见证取样是在见证人员见证下，由取样单位的取样人员，对工程中涉及结构安全的试块、试件和建筑材料在现场取样、制作，并送至有资格的检测机构进行检测的活动。"

（1）对于承担建设工程施工检测试验任务的检测机构，应符合下列要求：

1）应配备满足试验需要的试验人员、仪器设备、设施及相关标准。

2）检测机构的检测试验能力应与其所承接检测试验项目相适应。

3）检测方法应符合国家现行相关标准的规定。

4）检测机构应确保检测数据和检测报告的真实性和准确性。

（2）施工单位根据工程需要在施工现场对试样制取、养护、送检以及对部分检测试验项目进行试验时，可建立现场试验室。现场试验室的配置的应满足以下基本条件：

1）应建立健全检测试验管理制度，施工项目技术负责人应组织检查检测试验管理制度的执行情况。

2）根据工程规模和试验工作的需要配备试验员 1～3 人，试验人员应掌握相关标准，并经过技术培训。

3）一般配备的仪器设备包括天平、台秤、温湿度计、混凝土振动台、试模、坍落度筒、砂浆稠度仪、尺子、环刀等。

4）现场试验室的环境应满足检测试验工作的要求，应配置标准养护室，温湿度应满足规范要求，做好温湿度记录。

5）取样、送检人员必须确保提供的检测试样具有真实性和代表性。

（3）承担建设工程施工检测试验任务的检测机构的验收：

1）将检测机构的资质证书、计量认证等表明检测业务范围的证明文件，机械设备标定证书以及人员证书，报送工程监理方审批。

2）监理、业主方共同对检测机构进行实地查看，综合评价检测机构是否符合建设项目的施工检测要求。

8.2 工地试验员的职责范围

（1）严格按照国家、地方政府的有关工程建筑材料检验检测的法律法规、规章制度等，建立"工程项目部建材检验检测制度"。

（2）在项目技术负责人的领导下，认真贯彻国家有关法规、标准、规范、规程和公司各项质量、检测试验管理制度，根据规范标准及设计图纸要求，编制工地的检测试验计划，及时报验监理单位审批。认真实施项目的建筑材料等取样送检工作。

（3）工程开工前，按照监理、业主要求按照国家行业标准，建立现场的养护室，并配备基本的检测试验工具，形成台账，并做好定期标定。

（4）根据工程所需的建筑材料及工程检测试验计划，按照国家标准、规范、规程规定的原材批量要求及取样方法，对现场的建筑材料及时取样送检。在接到物资部门的取样通知后，及时报请驻现场的见证员，在监理见证员的监督下（理论上见证试验应不小于试验总量的30％），按照规范要求和试验标准要求的取样方法、数量进行取样，形成见证记录，双方签字盖章确认，将样品送到具有相应资质的试验检测机构进行相关指标的检测，并及时取回检验报告报验监理单位。

（5）根据工程进度，提前委托有相应资质的机构做好各类配合比试验，并及时报验监理单位审批。

（6）建立项目检验及试验设备台账，对设备进行日常的维护、保养，按照规定的鉴定周期进行检验试验设备的校验（主要是养护控制设备）。

（7）对现场的对焊、电渣压力焊等焊接件进行取样送检，检验合格后方可及时通知成批焊接，并按时间、部位做好记录。

（8）混凝土、砂浆搅拌前，应到搅拌站，抽检原材料。

（9）按照规范要求的数量、方法对现场混凝土、砂浆在浇筑、使用地点进行取样，按规范要求制作试件，并按要求养护、保管，同时做好坍落度、温度、稠度等测量，并做好记录。

（10）每次检验完毕后，及时将试验结果通知施工现场各部门，并报送到监理方审批、存档。经检验不合格的材料及时通知相关人员禁止使用，避免给工程造成工期延误或经济损失。

（11）对项目的检验、试验资料要及时进行收集、整理、归档，防止资料丢失。

（12）完成领导临时交办的其他任务。

8.3 试验检测计划管理

（1）项目开工前，标段项目部应执行设计文件、相关规范制定标段试验检测总体计划，并报监理、指挥部审批。

（2）项目在施工过程中标段项目部应执行试验检测总体计划与项目部施工计划制定标段试验检测月度计划，月度计划作为标段项目部内部管理、考核使用。

（3）标段项目部对比较复杂的大型试验检测，标段项目部应编制专项试验检测方案并报监理与指挥部审批，审批通过后方可实施。

（4）指挥部应指导、审批标段项目部的试验检测总体计划与专项试验检测方案，通过试验检测周报、月报和在日常试验检测检查中督促标段试验检测计划执行，如有偏差的及时纠偏。

8.4 试验检测器具管理

(1) 试验检测器具购置与养护室建设

项目开工后标段项目部应制定相应的仪器设备购置计划，购置计划需报指挥部审批后实施。标段项目部应根据地铁项目施工内容配置试验检测器具，主要包括混凝土养护室自动控温控湿仪、混凝土坍落度测定仪，混凝土试模、砂浆试模、水泥胶砂试模、温度计、混凝土回弹仪、游标卡尺、钢直尺，其他仪器可以根据实际需要进行配备。

标段项目部应根据站点和区间位置制定养护室建设方案，养护室建设方案需报指挥部审批后实施。养护室建设应满足施工高峰期混凝土试件数量要求且养护室面积不得低于30m^2，相邻站点或区间可以共用一个养护室，但站点距离不得超过4km。为便于试验检测操作与试验检测器具存放，养护室旁应设立独立的试验工作室。

(2) 试验检测器具、养护室使用与运行

标段项目部应在项目施工过程中应建立试验检测器具台账，定期检定或校定试验检测器具，建立相应的仪器设备台账、养护与使用记录，确保量值传递准确的统一与准确。

标段项目部应在项目施工过程中按规范要求维护养护室的运行。定期检查设备运行情况，建立温度和湿度记录、设备维修记录，确保养护室的温度和湿度满足规范要求；按规范要求标识和放置砂浆或混凝土试件，并填写混凝土试件出入库台账，确保试件与台账对应，养护室不得有空白、过期试件。

(3) 监督管理

指挥部应根据项目工程量与建设项目特点指导、审查标段的养护室、工作室的建立，并对养护室进行验收检查，验收检查合格后方可使用。

指挥部应定期检查标段仪器设备保养与标定情况、养护室的运行情况，检查应包括试验检测器具台账、试验检测器具标定与保养、养护室的温度和湿度、混凝土试件、混凝土出入库台账、温度和湿度记录等，指挥部在检查中若发现不满规范要求的，应及时进行纠正。

8.5 委托试验检测管理

(1) 委托试验检测单位资质管理

指挥部应组织施工自检委托检测单位的招标工作，检测单位应取得省、自治区、直辖人民政府建设主管单位颁发的相应的资质证书，资质证书应包括专项检测类资质、见证取样检测类资质，具体检测资质内容和建设项目检测内容应基本一致。

招标前由指挥部将检测单位名录、招标文件、检测合同报送建设单位审批，审批通过后指挥部组织招标。招标工作完成后指挥部将中标单位资质、合同报业主备案。

(2) 委托试验检测单位管理

指挥部应通过委托检测合同约定试验检测报告数量、委托接样和送样方式、出具试验检测报告期限、不合格检测结果处理流程等内容。指挥部根据约定内容定期考核委托检测单位履约情况，对未履行合同的检测单位及时予以纠正或处罚，直至解除合同。

(3) 委托试验检测工作管理

项目开工后，指挥部应根据地铁项目主要试验检测内容及检测项目，对标段试验人员进行交底。标段项目部应负责施工材料进场抽样、砂浆、混凝土施工过程中的试件制作、养护、委托送检工作并督促检测单位及时出具试验检测资料。

指挥部应监督标段项目部是否按要求进行委托送检，检测频率是否满足规范，检测项目是否满足设计要求等。对于委托试验检测工作滞后的标段项目部，指挥部应进行重点帮扶、督促整改，必要时应向施工单位发函，敦促施工单位共同监督整改。

指挥部定期检查试验检测报告的及时性、准确性、有效性，避免未及时检测、未依据现行规范、未按委托内容检测等情况。

8.6 试验检测资料管理

项目开工后指挥部应根据建设单位与城建档案馆的要求统一试验类资料表格、试验检测台账格式与试验检测资料的数量，并对标段项目部试验人员进行交底；委托检测单位依据合同与标段项目部要求及时出具试验检测报告；标段项目部应及时收集试验检资料，及时完成试验检测资料的报审、评定、汇总、归档工作。

指挥部应定期检查标段试验检测资料情况，避免出现资料滞后或不全等现象。需要检查的试验资料主要包括试验检测台账、试验检测报告、报审表、见证取样单、合格证明材料、资料汇总表、资料评定表、资料归档等内容，并督促检查委托检测单位出具的试验检测报告是否及时、有效。对试验检测资料工作滞后的标段项目部或检测单位要及时提出整改意见并督促整改，确保试验检测资料准确、完整、有效。

8.7 混凝土质量管理

地铁项目的主体结构基本以混凝土工程为主，因工程部位不同，对混凝土的性能要求也不同。但地铁项目混凝土多为地下结构，针对地铁项目混凝土用量大、对混凝土工作性能要求较高的情况，指挥部在开工后应根据合同文件要求对各标段确定的商混站资质进行审查，并报送建设单位备案，完成备案的商混站方可供应混凝土。

(1) 管片厂试验检测资质管理

当管片厂试验检测工作采用外部委托模式时，指挥部应审核委托检测单位资质；若管片厂设置工地试验室，指挥部应组织对其工地试验室进行验收，验收合格后方可开展试验检测工作。工地试验室验收项目主要包括试验人员配置及人员资格、母体试验室资质、工地试验室检测参数、仪器设备及标定情况、试验室建设等。

(2) 商混站、管片厂主要试验检测工作管理

指挥部应在施工过程中对商混站、管片厂的试验检测工作进行监督、检查，内容包括：定期抽检管片厂、商混站原材料；定期对管片厂、商混站的生产配比进行检查；审核管片厂的管片专项试验检测方案，包括三环拼装、管片抗渗、管片抗折试验，定期检查管片专项试验检测工作开展情况。指挥部在检查过程中应形成检查记录，对不满足规范要求的情况，及时下发整改意见。

8.8 不合格试验检测项处理

原材料检测过程中，自检单位与第三方检测单位应及时对样品进行检测，原材料检测合格后方可投入使用。若自检不合格，自检检测单位要及时告知指挥部和标段项目部，标段试验室应建立不合格台账，并按规范要求做好复检工作。若复检结果仍不合格，该批原材料应立即退场。若第三方检测单位检测不合格，标段项目部还需将原材料退场处理情况书面报送指挥部及业主；标段试验室应对不合格检测项建立台账，做好处理记录。

现场检测或工序检测过程中，自检与第三方检测单位检测合格后方可进入下道工序。若自检不合格，自检单位要及时告知指挥部和标段项目部，指挥部组织标段项目部进行原因调查、分析、研讨、论证以及处理工作。若第三方检测不合格，标段项目部应立即报告指挥部，共同进行不合格项处理。

9 施 工 测 量 管 理

城市轨道交通建设工程中的施工测量是一项基础性的工作，建设工程质量直接关系工程安全、经济社会发展和人民群众的切身利益，而施工测量质量是工程质量的基本保障。为加强城市轨道交通工程测量成果质量的控制，保障建设工程的质量与安全，提高测量成果质量水平，在建设工程中必须要加强施工测量管理与质量控制。

9.1 基本要求

针对工程建设中的施工测量工作特点，在施工测量管理中，必须建立测量管理机构，为实现建设项目的测量目标进行筹划，并制定实施计划，工程中进行组织、协调和控制等。具体工作内容包括确定工作内容、测量组织架构、多级复核体系、测量岗位职责、测量人员和仪器配置、制定考核标准等。

9.1.1 确定工作内容

城市轨道交通建设工程中的施工测量工作内容主要有控制测量、地形测量、管线测量、施工测量放线及标高抄测、竖井联系测量、盾构施工测量、暗挖施工测量、高架施工测量、竣工断面测量、轨道CPⅢ控制网测量、铺轨加密基标测设、轨道精调测量、机电装修设备安装定位测量等。

9.1.2 测量组织架构

测量组织架构要适合测量工作的开展与管理，因此应根据测量项目的特点设计组织架构，具体工作包括测量项目的组织形式、组织层次、各层次的组织单元以及相互关系框架等。

建设指挥部层级在技术管理部设测量业务经理职位，另外建设指挥部招标引进了两家专业精测队，协助测量业务经理加强对项目部测量工作的管理，各项目部层级设测量组，其中测量主管由测量中级工程师担任。

9.1.3 多级复核体系

项目部测量组至少建立二级复核体系，通常为三级，包括自检和互检、后台公司测量中心复核。

建设指挥部层级主要由精测队负责对项目部重要测量环节及测量成果进行复测检核，由测量业务经理进行审核。

9.1.4 测量岗位职责

测量岗位职责的确定要能满足项目目标实现的要求，要以事定位。工作岗位确定后，要确定各个工作岗位的工作职责，并使之满足项目工作的要求。

9.1.5 测量人员和仪器配置

要根据工作岗位和工作内容、数量、工程规模来配置相应的测量人员和测量仪器，要以事定岗，以岗定人。

9.1.6 制定考核标准

为了保证项目目标的实现与工作内容的完成，必须对组织内各岗位制定考核标准。考核标准包括考核内容、考核时间和考核形式。

9.2 测量质量控制方法

测量质量控制方法有多种，应根据实际需要，有针对性地选用。对于测量工作质量控制方法可分为技术方法、组织方法和管理方法等。

9.2.1 质量控制的技术方法

质量控制的技术方法包括编制施工测量方案、车库方案的审批、测量技术交底、测量方案的实施和过程中的质量检查、测绘产品的质量验收和质量评定、技术创新等。

9.2.2 质量控制的组织方法

质量控制的组织方法主要是建立测量质量体系、推行质量责任制、实施质量审核制度等。

9.2.3 质量控制的管理方法

质量控制的管理方法包括开展测量质量管理活动、进行质量监理与监督、制定质量奖惩制度并进行质量奖惩、加强测量分包合同管理等。

9.3 测量质量控制内容及措施

城市轨道交通工程在土建施工阶段的测量质量控制包括为结构施工所进行的地面控制测量、联系测量、地下控制测量、贯通测量以及变形监测等质量控制工序，内容包括测量技术方案设计、测量过程、产品成果质量控制等，保证结构贯通测量中误差：横向为±50mm，竖向为±25mm；为防止重大安全事故发生及时提供施工中基坑支护体系、建筑结构变形、周边环境及重大风险源的变形预警信息。

铺轨和设备安装阶段的质量控制内容包括测量技术方案设计、测量过程、产品成果质量控制等，确保全线铺轨线型质量、平顺度符合设计及相关验收规范要求，设备安装按照设计准确定位，满足相关规范要求。

测量质量控制点是根据测量重要的质量特征控制要求而选择的测量质量控制重点部位、重点工序和重点因素。

选择了测量质量控制点，就要对每个控制点进行控制措施设计和控制实施。控制实施中要进行技术交底，作业人员按设计要求认真操作，质量控制人员重点指导、检查、验收，保证质量控制点验收合格。

9.4 施工测量内容、管理目标和质量控制

城市轨道交通工程建设中的施工测量包括土建结构施工阶段、轨道工程施工阶段、站后设备安装施工阶段的测量工作，施工测量主要内容、管理目标和质量控制见表 9.1。

施工测量主要内容、管理目标和质量控制一览表 **表 9.1**

工程建设阶段	测量内容	管理目标	质量控制
土建结构施工阶段	地面控制网复测、控制网加密测量、施工测量放线、竖井联系测量、地下控制测量、盾构姿态测量、管片姿态测量、贯通测量、竣工断面测量、变形监测等	线路结构贯通测量中误差：横向≤±50mm，竖向≤±25mm，结构不侵入建筑限界	可成立精测队或委托第三方测量队进行多级复核测量
轨道工程施工阶段	底板控制点交接桩复测、铺轨基标测量或CPⅢ控制网测量、加密基标测设、轨道精调测量等	轨排定位准确，轨道线型质量满足相关规范要求	轨道精调测量成果可委托第三方评估单位进行检测验收
设备安装施工阶段	设备安装定位测量放线及标高抄测、轴线放样、综合管线图和专业图测量等	设备安装位置误差满足相关规范要求	竣工测量成果可组织专家进行验收

9.5 测量岗位及测量职责

在业主、第三方测量队、监理单位、总包商指挥部和承包商项目部的管理机构中应设立测量管理岗位，安排专人负责对日常测量工作进行管理。

《建设工程质量管理条例》规定，测绘单位对其所提供的测绘产品承担产品质量责任；测制测绘产品必须执行国家标准、行业标准；用户有特定需求的，必须在测绘合同中补充规定，并按约定的标准执行；所使用的测绘计量器具，必须按照有关计量法律、法规、规章的规定进行检定或者校准；测绘产品必须经过检查验收，质量合格的方能提供使用。

根据上述测量质量要求，测量管理人员在日常工作中的职责就是针对测绘单位和测绘产品质量，组织制定测量管理制度，对测绘单位资质、技术标准的执行、测量仪器的使用进行审查，并对测量方案进行审核，对测量成果进行评价、验收，协调日常测量工作，总结推广测量经验，分析解决测量工作中的问题等，保证测绘产品质量合格。

承包商测量组的岗位职责如下：

（1）承包商测量组对所承包的工程项目测量质量负全责，完成所承包工程项目需要的一切加密控制测量和施工放线、标高抄测，按第三方测量移交的地面 GPS、精密导线、二等水准控制点以及设计施工图纸组织完成本标段的全部施工测量任务。

（2）承包商测量组在进行测量放样时，应注意与相邻标段的贯通衔接，后施工的工程必须与其相邻先行施工的工程进行联测，以保证相对位置的准确。

9.6　测量规章制度

为使施工测量工作成为建设工程的有力保障，必须提升施工测量管理水平，实行施工测量工作标准化、规范化、制度化。要针对工程特点建立起一整套施工测量保障制度，使工程建设中的各级施工测量工作有章可循，使每一个测量环节有量测、有检核，增强施工测量的最大追溯性、可靠性和协调性。归纳起来应制定如下内容：

（1）施工测量管理规定。

（2）施工测量技术管理规定。

（3）各级施工测量职责和工作内容。

（4）测量仪器管理办法。

（5）测量人员管理办法。

（6）测量控制点交接、保护规定。

（7）测量成果复核及检验规定。

（8）测量资料管理规定。

（9）编制统一测量表格模板。

9.7　日常施工测量技术管理

建立施工测量机构和管理制度后，关键要加强日常监督、检查、培训、落实和总结、提高工作，才使施工测量有效地开展，为施工建设提供有力保障。

9.7.1　围绕施工测量质量目标积极开展工作

施工测量的目的是确保城市轨道交通工程的全部建（构）筑物、线路、设备和管线等按照设计要求准确定位，达到既定质量目标要求，防止因测量工作的粗差而导致施工设计方案的修改，从而造成经济损失。为达到这一目的，要将这一质量目标详细地分解到施工测量每道工序中，使事故测量每个环节的工作始终在总目标监控下，有条不紊地开展工作。

9.7.2　严格施工测量作业过程管控

（1）制定完整可行的测量工序管理流程表（图），明确工序质量责任，保证工序产品质量。上一道工序产品必须合格达标后方可进入下一道工序环节。

（2）强化作业现场管理，在关键工序点，重点工序设置必要的质量控制点，实施现场检查，如桩基施工时再次测量复核桩心坐标，结构边墙混凝土浇筑前再次复测调校模板位置等，将施工误差控制在质量规定的限差范围内，并做好质量检查记录。

（3）执行测量成果质量负责人制度，质量负责人对测量作业全过程实施质量监督，对测绘产品、成果质量负全责，并有权行使质量否决权。

（4）坚持三级管理中的"三级检查、二级验收"制度，严格过程检查和最终检查。对验收不合格产品、成果坚决返工，并及时对测量产品质量进行跟踪检查，做好质量检查记录，测量产品、成果返工完成后要进行二次验收。

9.7.3 技术培训、总结和交流

定期召开施工测量技术会议，组织测量系统人员培训，结合现场情况进行测量技术总结和交流。经常开展测量先进技术方法、先进经验的推广活动，使测绘生成不断发展，测量质量不断提高。

9.8 测量质量控制管理方法

测量质量控制主要采用以下技术管理方法，对施工测量质量进行控制。

9.8.1 图纸会审方法

图纸会审是承包商熟悉设计图纸、了解工程特点、设计意图和关键部位质量要求的手段。测量组应参加图纸会审，以便了解对测量的精度要求，制定合适的施工测量方案，以满足设计、施工需要。

9.8.2 施工测量规划和设计

测量人员应了解施工组织设计和施工工期节点目标，以便根据施工要求，提前规划施工测量工作，编制施工测量方案或专项测量方案。

9.8.3 测量技术交底

测量技术交底是由监理单位的测量专业监理工程师对全线测量控制网的布设要求、施测方法和测量技术指标，施工测量采用的测量技术标准、质量要求及质量评定标准等进行交底。

9.8.4 测量检查与验收

根据测量技术标准和质量要求，由监理单位的测量专业监理工程师采用现场实测、旁站监督、指令承包商复测以及对施工单位项目部的测量方案、测量计算资料和成果的复核等监理方法进行检查，对重要项目组织专家对测量成果进行质量验收。第三方测量单位应采用仪器检测、成果复核等手段对承包商的测量产品、成果进行检查复核。

10 样板工程管理

“样板”是工程施工有目的施作的、能够较好满足质量标准和功能要求，具有推广价值的工艺工序。“样板”也是一种有效的施工管理方法。把“样板”作为实物进行质量技术交底，使工程项目施工的质量目标和验收标准一目了然，有利于提高项目参与人员的质量意识。因此每个分项工程或工种（特别是量大面广的分项工程）都要在开始大面积操作前必须做出示范样板，统一操作要求，明确质量目标。

“样板”主要有样板模型、工程实体样板和样板工序/段。考虑到地铁施工场内环境和成本因素，标段项目部视情况确定是否设立样板模型展示区、工程实体样板展示区，主要以样板工序/段管理为主，本章着重介绍样板工序/段管理。

10.1 样板工序/段定义及范围

10.1.1 样板工序/段定义

（1）样板工序：各系统各专业率先施工的重要工序、严格按图纸设计和规范施工。经样板工程验收小组验收，评定为具有代表性和推广价值的工序。

（2）样板段（样板间）：各系统各专业建设单位要的或有代表性的施工部位或区段、严格按图纸设计和规范施工。经样板工程验收小组验收，评定为具有代表性和推广价值的部位或区段。

10.1.2 样板范围

开工前根据合同、建设单位相关规定和工程量相对较大、重要性较高、影响比较广泛的工序、部位编制样板管理办法，明确需要实施样板的专业和整体范围。样板工序/段范围主要有桩间网喷混凝土、卷材防水层、钢筋工程、砌体工程、管片拼装、供电安装、涂料涂饰、饰面板安装、轨道安装等。样板工程划分可参照表 10.1 相关内容。

样板工程划分 **表 10.1**

分部工程	子分部工程	分项工程	样板选定
基坑围护及地基处理	支护、土方	钻孔灌注桩	一批 5 根
		土钉墙	一个施工段
		桩顶冠梁	一个浇筑段
		横撑支护	一批 10 根
		锚杆(索)	一批 20 根
		桩间网喷混凝土	一批 10 根桩间

续表

分部工程	子分部工程	分项工程	样板选定
基坑围护及地基处理	支护、土方	混凝土垫层	一个浇筑段
		土方开挖	一个开挖段
		土方回填	一个回填段
	地基处理		一个处理段
防水工程		防水混凝土	一个施工段
		水泥砂浆防水层	一个施工段
		卷材防水层	一个施工段
		涂膜防水层	一个施工段
		膨润土防水毯	一个施工段
主体结构	混凝土结构	模板及支架	一个施工段
		钢筋	一个施工段
		(防水)混凝土	一个浇筑段
		装配式结构	一个安装段
	砌体结构	砖(配筋砖)、石砌体	一个砌筑段
		混凝土小型空心砌块砌体	一个砌筑段
		填充墙砌体	一个砌筑段
隧道结构	盾构	管片拼装	百环
	暗挖	初支、二衬	一个施工段
附属结构	联络通道	与相应工法主体工程相同	
	泵房	与相应工法主体工程相同	
	出入口、风井、风道	与相应工法主体工程相同	
轨道工程	轨道行区	轨道安装	一个施工段
装饰装修工程	车站	顶棚、地面、墙面	一个施工段

10.2 样板工程实施流程

样板实施流程如图 10.1 所示。

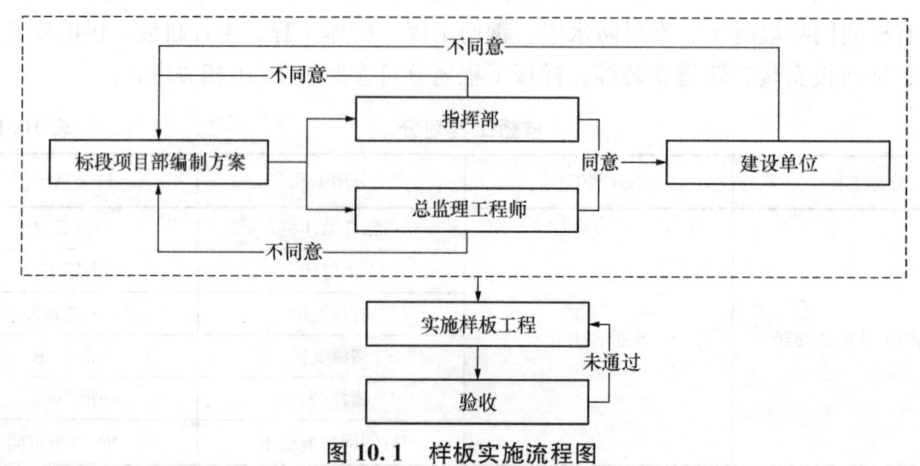

图 10.1 样板实施流程图

10.2.1 申报

各专业编制各自的样板实施方案，对样板工序、实施位置、具体范围、工艺选择、材料选择、工期安排等进行详细的描述。样板工程实施方案经监理单位、承包管理部及建设单位认可后方可实施。

10.2.2 实施

（1）应根据样板工程实施方案实施，所有材料进场前均须经现场确认并封样，对不满足招标文件及设计文件要求的材料严禁进场。

（2）选取最早进行施工的工区进行样板打造，严格按照图纸及标准要求组织人员进行施工。

（3）样板段务必做到工艺美观，具有操作性、推广性。

10.2.3 验收

（1）成立样板工序/段施工验收小组。

（2）验收依据：经审批后的样板工程实施方案、施工图及深化设计图、施工图会审答疑文件、施工标准及相关验收规范。

（3）样板工程验收小组按照专业分组对已完成的样板工程进行验收。各标段项目部的样板段经验收合格后及时挂牌，标明该工程名称、专业、工序名称、工序轴线位置并予以保护。样板工程验收小组将评选出材料选择、施工工艺、实体质量最优秀的标段项目部，作为其他标段项目部施工的标准，同时对该标段项目部进行通报表扬，积极向质监站、建设单位、行业协会等推荐为质量观摩工地。样板工程验收中不符合验收要求的，无条件返工，并在规定时间内整改，直至验收合格为止。由此造成的工期延误等一切损失，由标段项目部自行负责，不另作调整。

11 地铁工程质量管理的思考

地铁工程建设的特点决定了其质量管理人员配置与房建领域的不同。因其标段项目部众多、地理位置分散、空间距离大、涉及专业多，根据工程特点，设立“两条线”管理思路。一是区域线，按照区域划分设立区域线，设区域质量主管，负责区域内各专业质量的日常管理工作。二是专业线，根据不同专业设置专业主管，每名质量主管分管一至两个专业，对专业内质量管理方面的重难点进行管理。两条管理线路相互交叉、相互补充，达到全方位质量管控的目的。

参 考 文 献

[1] 沈荣．地铁车站土建工程施工过程质量管控研究[D]．武汉：华中科技大学，2018.

[2] 黄瑶．建设工程质量监督标准化模式研究[D]．武汉：华中科技大学，2017.

[3] 中建三局第一建设工程有限责任公司．GY-1-4-2018 地铁工程施工工艺标准[S]．北京：中国建筑工业出版社，2018.

[4] 厦门轨道交通集团有限公司．城市轨道交通工程土建施工质量标准化管理技术指南[M]．北京：中国建筑工业出版社，2019.